# Trois fils
## et un ange

www.quebecloisirs.com

UNE ÉDITION DU CLUB QUÉBEC LOISIRS INC.
© Avec l'autorisation du Groupe Homme inc., faisant affaire sous le nom de
Les Éditions de l'Homme
© 2009, Les Éditions de l'Homme
Dépôt légal — Bibliothèque et Archives nationales du Québec, 2009
ISBN Q.L. : 978-2-89430-974-2
Publié précédemment sous ISBN : 978-2-7619-2658-4

Imprimé au Canada

# Christian Tétreault

# Trois fils
## et un ange

# Début de l'été 2008

Il y a un avantage à passer sa vie avec la même femme. Après un certain temps, on n'est plus obligés de se parler.

Voici une situation typique. Elle et moi, nous sommes dans l'auto, nous allons chercher notre petit Félix, 25 ans, chez lui, au coin de Drolet et Villeray. Félix, c'est notre fils aîné. Ce soir, on va souper indien dans Parc-Extension. Il y a un resto pas cher qu'il veut nous faire connaître. Oignons *bahji, plum sauce,* pain nan, carottes explosives et Félix, toujours un très bon mélange. Ça remplit la panse, la tête et le cœur. Pour France, c'est aussi le goût de son adolescence qui lui revient. Elle a passé six mois en Inde, en 1972.

Dans l'auto, on ne se parle pas. Pas un mot. La radio joue entre nous deux, mais ni elle ni moi ne l'écoutons. La musique devient une porte entre nous, une porte fermée mais pas barrée. Elle aime mieux penser que parler. Même chose ici. On peut passer de longs moments côte à côte, sans se dire un mot. Nos esprits sont chacun dans leur ailleurs privé, sans que ce soit inquiétant ou indisposant pour l'autre.

Puis, pour marquer le temps, d'elle ou de moi, arrivera la question.

— À quoi tu penses ?

Peut-être y aura-t-il une réponse, peut-être pas. Hier, je pensais à l'amour.

# Rétrospective

## *Je m'appelle Marie*

Entre septembre 2007 et mai 2008, ma petite fille Marie et moi, on a été ensemble continuellement. Ça a été la grande aventure de *Je m'appelle Marie*.

Mon ami François m'avait dit : « Tu vas voir, ça va changer ta vie, ce livre-là… » Il avait bien raison. J'ai reçu des témoignages qui étaient plus que des félicitations pour le beau livre. Marie et moi, on a ouvert une fenêtre dans la vie de bien des gens qui avaient les rideaux baissés. Nous deux, comme une seule personne, on est devenus des messagers. On a ramené la vie de plein de gens sur le chemin quotidien du petit amour précieux, du gentil bonheur disponible et facile à cueillir. Redonné des papilles à des gens blessés qui n'avaient plus jamais goûté rien.

Chaque fois que je partais pour deux ou trois jours dans un salon du livre, c'était un beau petit voyage. J'avais toujours hâte. Nous sommes allés à Québec, à Trois-Rivières, à Gatineau et en Abitibi. L'année que j'ai passée avec Marie a été la plus belle de ma vie. Tous ces week-ends, seul avec ma petite fille… Elle et moi, on était sur la job, éclaireurs de coins noirs, allumeurs de fanaux au bout des tunnels. Amenez-en des tunnels, la petite et moi on est des fabricants de lumière.

Au salon de Sept-Îles, il y avait Simon, mon plus jeune fils, avec nous. C'était encore plus formidable. Il y a un lien particulier entre Simon et Marie. On est allés au merveilleux Ristorante Pasta, sur le boulevard Laure. Des dames serveuses nous ont invités à faire du bateau entre les îles, l'été prochain. Les pâtes étaient très bonnes, les serveuses étaient encore meilleures. Simon, Marie et, moi dans l'hiver de la Côte-Nord.

* * *

Mes trois fils sont maintenant des adultes. Même si Francis et Simon habitent encore avec nous, ils sont partis pour leur grand voyage comme je l'ai fait au même âge. Ils me laissent derrière, à la maison, comme moi avec mon père et lui avec le sien. Je reste un passager dans leur galère. Je ne suis plus aux commandes, c'est tout. Marie, ce n'est pas la même chose. Elle ne me quitte pas. Ma petite fille ne s'éloigne jamais.

Il n'y a rien de plus beau sur la Terre qu'une petite fille de deux-trois ans. Regardez-les. Ces petites filles sont parfaites. L'amour qu'on éprouve pour sa petite fille, c'est l'amour parfait, total. Elle est si belle. Elle baragouine des phrases étonnantes. Elle court, elle sent bon, elle a des yeux presque trop grands, trop ronds, trop brillants. Elle a des yeux bavards et un petit nez. Elle a des pieds tout potelés, tout ronds. Des doigts courts avec déjà des petites lignes dessinées dans le creux de ses petites mains. Son index droit est le plus débrouillard et le plus actif des dix. Il fouille dans le fond des boîtes de raisins secs ou dans le coin de sa petite narine, il gratte le coin de l'œil et pointe partout.

Elle me serre dans ses bras et son rire est tout neuf et éclatant, un rire qui rebondit comme un caillou plat qui court sur l'eau. Ses malheurs sont légers, sont des bulles faciles à chasser. Aimer sa petite fille : c'est inévitable et merveilleux. C'est à cet amour-là que je pensais dans l'auto, tantôt.

— À quoi tu penses ?

— Je pense à l'amour.

Cet amour-là existe. Ce n'est pas un amour illusoire. C'est un vrai amour, qui fait tout ce que l'amour doit faire : il transforme tout en beau, il fait grandir, il fait sourire et aussi pleurer. Il inspire confiance, il remonte, il stabilise, console et conseille.

— À quoi tu penses ?

— J'aime Marie.

Je ne l'aimerai jamais à l'imparfait. Ça ne sera jamais : « J'aimais Marie ». Dans la vie de tous les jours, ici-bas, on associe l'existence et la réalité des choses au temps, à l'espace ou à la matière. Ce que je ne vois pas, n'entends pas, ne sens pas, ne peux toucher et ne peux mesurer en kilos, en décibels, en mètres ou en minutes, ça n'existe pas. L'amour fait la preuve du contraire. Il y a une vie vraie et réelle, bien au-delà de l'apparence et de la mesure.

## La mort

Pendant quelques mois, j'ai discuté de la mort en public et en privé avec des dizaines de journalistes et d'animateurs. J'imagine que c'est une chose que de se faire interviewer à la suite de l'écriture d'un roman, les romans ont un début, un milieu et une fin, mais c'est autre chose de discuter publiquement de la mort. *Je m'appelle Marie* est un livre à la gloire de la vie, mais il traite de la vie à travers la mort, ce mot avec lequel je suis mal à l'aise, à cause de sa résonance sinistre, du mystère et de la peur qui lui font écho.

Les entrevues portaient beaucoup sur la mort, ce petit sujet tranquille. Il fallait donc que j'élabore mon point de vue. Expliquer ma vision et décrire ce que je ressens quand je pense à la mort. Mon interprétation de la mort. Voilà: quand on vit l'expérience de la mort à travers une petite fille de deux ans trois mois et quatorze jours, la perspective est bien différente. Ça n'est pas régulier. Quand la mort frappe d'un coup sec, impitoyable et imprévu une enfant si belle, si petite, si innocente et si pétante de santé, une réflexion s'impose. Une réflexion s'installe et pousse par elle-même. La conclusion de cette réflexion, pour moi, se résume à un mot de trois lettres: FOI.

Ma foi n'a pas d'église ni de curé, ni de clochers et pas de prière, sinon un rire occasionnel. Ma foi n'a pas de règles, ni de jeûne. Pas de Ramadan ni de Pâques, ni de Rosh Hashanah. Ma foi est toute petite, elle vient de quitter la couche. Une petite fille sans fin ni commencement qui n'est faite que d'amour. Quand tu déclares sur les tribunes que ta petite fille, c'est Dieu, il faut que tu sois capable d'étoffer un peu et d'élaborer, sinon, on dit de toi que tu es un homme troublé, encore sous le choc du décès de sa fille. Un homme qui tente d'y survivre en échafaudant une théorie bizarre sur l'éternité. Une béquille pour mieux supporter la douleur. Pour justifier le fait qu'il ne se lève pas tous les matins en pleurant, le sans-cœur.

— Ma petite fille, c'est Dieu.

— Hum. Intéressant. Avez-vous pris vos médicaments?

La foi est un concept facile à défendre en discussion. La foi, c'est un aveu de défaite par rapport à la logique, au débat philosophique et à l'échange intellectuel. La foi, c'est admettre son imperfection et passer le témoin à ce qui est inexplicable, au nom de l'amour. Quand la foi est expliquée, intellectualisée et raisonnée, elle perd sa valeur. Quand la foi se réfugie derrière des lois, des histoires et des cris, je n'y suis plus.

Quand la foi a besoin d'une croix ou d'une épée, d'une voiture ou d'une ceinture bourrée de dynamite, quand elle a besoin d'embrigadement et de processions, la foi me perd.

Il n'y a pas de lien entre la foi et la religion. La foi doit être intime et n'obéir qu'à un seul règlement, un seul et unique principe : aimer. Aimer, c'est la clé. Aimer l'instant. Aimer le voisin. Aimer la terre et tout ce qui grouille et ne grouille pas. Et la première à aimer sur la liste, c'est elle, ma petite. Marie, ma petite, je t'aimerai toujours et en tout lieu, pour des siècles et des siècles. Ainsi en est-il.

Mais supposons que non. Supposons que j'aie tout faux. Supposons que Marie n'est pas Dieu. Qu'elle n'est pas du tout la preuve de l'éternité. Que l'amour pur et parfait que je vois en elle, c'est ma béquille. Que tous les enfants envolés, ceux que nous allons tous être un jour, c'est de la fumée, et rien d'autre. Que Marie n'a fait que tirer un mauvais numéro, la malchanceuse, qu'elle a vécu et qu'elle est poussière. Mettons que lorsque, au nom de ma fille et de ma foi, je laisse courir l'araignée au lieu de l'écraser, je le fais dans le vide. Que lorsque je flatte le chien du voisin plutôt que de l'ignorer, je le fais pour la gloire du rien. Que ça ne change rien à rien, tout ça, que j'aime dans le vide, que je fais ça dans le beurre.

Il se passe quoi si j'ai tort ? Le pire qui sera arrivé, c'est qu'une araignée aura continué à filer sa toile et qu'un chien se sera senti bien pendant 22 secondes. C'est un beau bilan quand même ! Je me dis que, même dans le beurre, le jeu en vaut la chandelle. De toute façon, je suis paresseux, et aimer c'est beaucoup moins exigeant et moins compliqué que le contraire.

Aimer, je dis ça juste de même, c'est une anagramme de Marie. Juste de même, en passant…

Voilà pour ce qui s'est passé.

# Perspective

## Trois fils et un ange

Je fais de la radio depuis toujours. J'y suis entré alors que j'avais 20 ans, pour écrire des commerciaux. J'y travaille encore.

J'aime beaucoup la radio à cause du contact intime avec la personne qui écoute. La radio, ça s'écoute seul. On n'écoute pas la radio en groupe, comme on assiste à une conférence ou à un spectacle, ou comme on regarde la télé ou un film. On écoute toujours la radio en solo. Le seul conseil que je donne à ceux qui veulent bien m'en demander un, c'est ça : être toujours conscient de cette intimité. Il n'y a pas 100 000 personnes à l'écoute, il y a 100 000 fois une personne.

L'an dernier, j'ai réalisé qu'un livre c'est encore plus intime que la radio. Un livre, alors là, c'est l'intimité totale. On est tout à fait seuls vous et moi. Juste séparés par le temps. Nous sommes en relation intime. Vous êtes en vacances, vous êtes dans l'autobus, dans votre lit, dans votre fauteuil de lecture. J'essaie de penser à notre intimité au fur et à mesure que je tricote mes phrases.

Je veux vous raconter l'histoire de *Trois fils et un ange*, vous dire comment cela a pris forme, malgré moi. Je ne pensais jamais écrire un autre livre. Je l'ai même dit à l'éditeur.

— Une fois que j'aurai raconté l'histoire de Marie, j'aurai tout dit ce que j'ai à dire.

Il ne m'a pas cru. Quand j'ai commencé à écrire ce qui est devenu *Trois fils et un ange*, je ne savais pas du tout où j'allais aboutir. Je suis parti dans un *nowhere* littéraire. Le vrai coup de départ, je le raconte en page 31, c'est Yolande. Elle est sortie de sa voiture et m'est apparue, avec son fils Jean-François, comme un sujet extraordinaire. Elle a dit une phrase, une petite phrase toute simple, tellement ordinaire et banale : « Il me garde jeune, mon Jean-François. »

C'est parti comme ça. Je l'ai eu dans le front. Mon histoire d'amour avec Marie est belle, mais il y en a d'autres à raconter. Comme celle de Yolande et de Jean-François qui, à la naissance, présentait plusieurs anomalies. Grâce au courage et à la persévérance de sa mère, qui a réussi à faire participer toute la famille et même la communauté au bien-être de son fils, Jean-François vit heureux et apprécié de tous… Alors tranquillement, au fil du temps et des hasards, les autres histoires ont croisé mon chemin comme ça, sans que je les cherche. Celle de Michel, cet artiste plus grand que nature qui, après avoir connu le triomphe puis être descendu aux enfers, a décidé d'aimer son père, enfin. Celle de Jean-Louis, artiste peintre qui a vécu des retrouvailles improbables avec un père autoritaire et rigide, et enfin, celle de Marie-Pier, ce petit ange de dix ans et demi qui a laissé des traces de bonheur dans le cœur de ceux et celles qui l'aiment. Ils sont devenus mes trois fils et mon ange.

Pour chacune de ces quatre histoires, je raconte le contexte et les hasards qui ont mené à ces rencontres. Comment, où et pourquoi elles ont doucement éveillé ma curiosité. Le hasard et la destinée.

*Trois fils et un ange* raconte quatre histoires d'amour. Des fils, des pères, des mères et un ange.

# Jean-François, fils de Yolande

## La plus grande histoire d'amour

*À sa naissance, Jean-François avait plein d'anomalies congénitales,
physiques et intellectuelles. D'épreuve en épreuve, il a grandi,
il a vieilli et s'est développé grâce à une mère exceptionnelle,
qui chaque jour a fait triompher le courage et l'amour.
Jean-François, malgré ses capacités réduites,
est devenu un modèle improbable, à nul autre pareil.*

# Prologue

Printemps 2007, une première. Je suis dans le bureau de Pierre Bourdon, le directeur général des Éditions de l'Homme. Il y a aussi Erwan Leseul, l'éditeur, et Sylvie Archambault, la directrice des communications. C'est grâce à Sylvie si je suis là. Le contact s'est fait d'abord entre elle et moi. Elle m'avait envoyé quelques livres sur le sport, publiés chez elle et faisait le suivi. Un jour, je lui ai envoyé le manuscrit de *Je m'appelle Marie* et le reste est connu. Dans le bureau, on a d'abord échangé les politesses d'usage.

Ce jour-là, je sais que je vais publier l'histoire de ma petite fille, de sa genèse jusqu'à aujourd'hui. C'est comme lui redonner une vie. Je vais la présenter au monde et je suis heureux.

Pierre a le même âge que moi, c'est un intellectuel brillant mais espiègle, joueur et ricaneur. Il m'a dit qu'il s'est beaucoup reconnu dans l'époque et le décor de la première partie du livre. Cela se passe à Laval, au temps des bungalows et des sous-sols finis en… préfini. La banlieue n'a pas une place de choix dans nos romans et nos histoires. Dans nos livres, les drames se déroulent sur le Plateau ou dans le bas de la ville. Ou alors, si ce n'est pas en ville, c'est en campagne, dans le Bas-du-Fleuve, en Abitibi, sur la ferme ou dans les mines.

Sainte-Julie, Boisbriand, Lachenaie et leurs quartiers résidentiels, ça ne fait pas très dramatique. Or, *Je m'appelle Marie* c'est la banlieue. Le cœur de l'histoire se situe dans un semi-détaché de Laval.

Pierre aime aussi la musique et la balle.

— J'ai beaucoup aimé toutes tes allusions au baseball… je suis un amateur.

— Tu veux dire quand je parle de Francis, à la fin ?

— Oui, et toutes les autres fois.

Je n'avais même pas remarqué. J'ai parlé de baseball tant que ça ? J'ai relu le livre et j'ai noté les passages où je métaphorise avec la balle. C'est vrai. Ça revient tout le temps. Je le fais presque toujours pour exprimer de la joie, comme un réflexe. J'en ai déduit que plus souvent qu'autrement, quand je suis heureux, j'ai une balle dans la tête.

J'ai compris pourquoi *Je m'appelle Marie* est plein d'allusions à la balle : c'est un livre sur l'enfance. À chaque page, l'enfance est au centre de l'action. Mon enfance, c'est le baseball. J'ai sept ans, je joue avec mon père, mon oncle et mon cousin dans la rue ou la cour. J'ai dix ans et je collectionne les cartes. Les premières, je les découpais derrière les boîtes d'Alpha-Bits. Ensuite, je les achetais par paquets de quatre (plus une gomme rose par paquet) pour cinq cents chacun au magasin de monsieur Guzzi. Je faisais fortune en servant la messe sept jours par semaine. À 20 cents la messe, c'était 112 cartes.

Les samedis d'été de mon enfance, au début de l'après-midi, je regardais les parties de baseball diffusées au canal 2 sur l'immense télévision Admiral en noir et blanc au sous-sol, avec Guy Ferron, René Lecavalier, Mickey Mantle et Willie Mays. Quand les Expos sont arrivés, j'avais 15 ans et j'étais déjà un amateur et même un connaisseur de baseball depuis plus de 10 ans. Mes souvenirs d'enfance sentent les céréales, la gomme baloune et le cuir *Spalding*.

Alors, 30 ans plus tard, quand j'ai vu mon deuxième fils, Francis, lancer et frapper tout naturellement, cela a été un bonheur extraordinaire. J'ai réalisé que le baseball ferait aussi partie de son enfance et que la mienne se poursuivrait. Suivant la tendance instaurée par son grand frère, Simon, mon plus jeune, est aussi devenu un joueur. Pas seulement un joueur, mais aussi un arbitre, à 15 dollars la partie.

Au baseball, le marqueur, c'est le raconteur, c'est la mémoire. Le baseball est le seul sport où un spectateur peut écrire le match au complet, lancer après lancer, sur une grande feuille imaginée à cette fin : la feuille de pointage. Des petites lettres, des chiffres, des formules qui racontent la partie comme une histoire. Tout jeune, Simon a un grand cahier rouge et marque méticuleusement les parties des Expos quand on va au Stade. Dans l'auto, en revenant, je lui pose des questions, pour voir.

— Shane Andrews, à sa troisième présence au bâton… ?

Il regarde sa feuille.

— *Out* 4-3. Roulant au deuxième but.

— Quel compte ?

— Une balle, deux prises.

— Des coureurs ?

— Jose Vidro avance du deuxième au troisième. Mais il n'est pas rentré, Fletcher est mort sur un « K ».

— Décision ?

— Sur élan.

J'ai passé des étés de rêve à aller voir jouer mes fils, accoudé à la clôture au fond du champ centre, derrière l'arrêt balle ou dans l'estrade de bois, jasant avec un fier papa ou une jolie maman portugaise. Ces estrades sont des refuges. Il y a sur ces planches délavées des moments de bonheur parfait avec des gens parfaits.

Un match de baseball peut se regarder de plusieurs façons. On peut le transcrire dans son grand cahier rouge, on peut aussi lire un livre en même temps, je l'ai fait cent fois. On peut regarder distraitement et parler politique avec un Anglais qu'on ne connaît pas, un Américain de Philadelphie. On peut même ne jamais regarder. On peut se fermer les yeux et se laisser bercer par le rythme du jeu, dicté par les incantations des joueurs et les propos amusants des témoins spectateurs. Des phrases qui sont souvent les mêmes, qui servent de repères à quiconque somnole en digérant ses deux *steamés*. On peut regarder sans voir, comme on regarde les étoiles ou un feu de camp. On peut entendre sans écouter, comme on fait avec Charlie Parker, Willie Nelson ou Mônica Freire.

On peut aussi regarder le match en se concentrant sur l'action qui se déroule en bas. Alors, on n'a pas assez de deux yeux pour tout voir, tellement il s'en passe des choses sur cette surface. Toute la stratégie en parallèle avec ses codes secrets. Quel signal le receveur donne-t-il au lanceur? Quel signal le gérant a-t-il convoyé au receveur en passant sa main droite sur sa palette tout en se grattant l'oreille gauche, puis la droite? Quel signal le *coach* au premier coussin relaie-t-il à son coureur, installé au deuxième coussin? Le prochain frappeur est-il gaucher ou droitier? Est-il rapide ou puissant? Qu'a-t-il fait la dernière fois contre ce même lanceur?

Comment vont se positionner les joueurs à l'avant-champ? Ils seront devant? Derrière? Et les voltigeurs? Vont-ils sacrifier le double pour tenter de couper le point? Il y a trop d'action tout le temps.

À l'été 2004, Francis a mérité un poste de lanceur avec une équipe junior à Sainte-Thérèse, les Artilleurs. Simon l'a rejoint deux ans plus tard. Francis est un lanceur étoile tête en l'air, bon vivant, pas sérieux, sympathique, rieur et blagueur, relax et sensible. Simon est un voltigeur de gauche réfléchi. Autour de cette équipe de balle, il y a un univers, comme une famille élargie. Il y a monsieur Limoges, un ancien professeur à la retraite qui a enseigné toute sa vie à des enfants du primaire, un homme discret, simple et bon. C'est un peu l'homme à tout faire des Artilleurs. Des fois, il s'occupe du petit restaurant, et alors, il sert des cafés et des hot-dogs. D'autres fois, il ramène les balles frappées hors limites jusque sur la rue Ducharme ou dans le stationnement, jusque chez les pompiers, derrière. Il est aussi le statisticien et, occasionnellement, il écrit un résumé de match sur le site des Artilleurs.

Mais monsieur Limoges est surtout un papa. Ses deux fils sont au cœur de l'équipe. J.-F., le plus jeune, est dans la haute vingtaine, c'est le gérant, le *coach* des Artilleurs. Son autre fils, Alexandre, est le marqueur, le journaliste et l'annonceur officiel. Il passe ses hivers à la poursuite d'un doctorat en littérature française à l'université Yale (où George Bush père a triomphé au premier but). Non mais, quand même, les jeunes joueurs savent-ils que celui qui résume leurs matchs, écrit leur bio sur le site, annonce les joueurs et marque les parties est un docteur en littérature française qui lit Julien Gracq?

Lors du match d'ouverture de la première saison de Francis avec les Artilleurs, je remarque que le type qui vend des billets « moitié-moitié » est d'une humeur particulière. Ici, il faut préciser que le tirage moitié-moitié est une tradition dans les parcs de baseball au Québec. On vend des billets, et la moitié des profits va à l'équipe locale, et l'autre moitié à un spectateur chanceux. Ainsi, celui qui vend les billets ne crie pas, au contraire. Il s'approche de chacun des spectateurs et offre ses billets en marmonnant de façon à peine audible, comme s'il faisait une confidence...

— Moitié-moitié… Moitié-moitié…

Il ne regarde personne dans les yeux, il est d'une timidité extrême et bégaie quand on lui adresse la parole. Il s'appelle Daniel et son âge est impossible à deviner. Daniel est autiste.

# Jean-François

J'ai rencontré Jean-François pour la première fois à ce match d'ouverture. Jean-François Papin est une figure connue du tout Sainte-Thérèse sportif. On le voit partout. Il passe l'hiver à l'aréna et l'été au parc Ducharme. C'est un spectateur assidu des matchs des Voltigeurs, des Artilleurs et des Brewers. Il assiste aussi aux matchs « des vieux », comme il dit, et il suit les équipes de soccer, de football et de hockey.

Jean-François est dans la quarantaine, mais il n'est pas comme les autres hommes de son âge : il est sans âge. Sans âge ou de tous les âges, c'est-à-dire que des fois, il a cinq ans, des fois huit ans, et d'autres fois 14 ans, mais jamais plus que ça. Il n'est pas trisomique, ni autiste, mais quelque chose entre les deux. Je ne sais pas exactement, sinon qu'il est toujours souriant.

Il arrive au parc par le stationnement sur son gros tricycle bleu avec sa veste orange pour être bien visible en tout temps. Il a une casquette et arbore un sourire en permanence sur son visage un peu difforme. Il a de tout petits yeux sur une toute petite tête. Ses yeux semblent plus rapprochés que la normale, mais surtout, ils pétillent plus que la normale.

La première fois qu'on s'est rencontrés, il m'a reconnu. Il m'avait vu à la télévision à l'époque où j'étais le sous-fifre de Jean-Pierre Coallier à l'émission *Ad Lib*. Il était impressionné. Cette fois-là, il n'a pas détourné les yeux de mon visage, il m'a scruté toute la soirée. Pour un petit garçon de sept ans, fut-il dans le corps d'un homme de 43 ans, le fait de voir un personnage de la télévision sorti de la boîte dans son salon, assis dans les mêmes estrades que lui, c'est fascinant. Il m'a demandé si je connaissais Line Laramée.

Line Laramée? Ce nom me dit quelque chose, mais je n'arrive pas à le replacer? Il me rappelle que c'est la belle jeune femme qui assistait Guy Mongrain à *La Poule aux œufs d'or*. Il aurait bien aimé rencontrer Line Laramée, mais il devra se contenter de moi, qui, malgré tout, suis nettement mieux que rien.

Je le vois comme un extraterrestre. Je connais quelques personnes bipolaires, j'ai rencontré des gens atteints de schizophrénie et un joyeux bouquet de paranoïaques. Mais je ne connais personne comme Jean-François.

Ce soir-là, quand je lui ai dit que je travaillais avec Mitsou tous les matins, il était assommé.

— Tu connais Mitsou !

— Si je la connais? C'est une de mes bonnes amies.

— Est-ce qu'elle va venir voir les Artilleurs, au parc?

— Je vais lui demander. Je vais lui dire qu'il y a un gars qui aimerait bien la voir. O.K.?

— O.K.

Au début, je ne sais pas comment me comporter avec Jean-François, ce personnage pas ordinaire. Comme avec un enfant? L'affaire, c'est qu'avec les enfants je me comporte comme avec les adultes. Alors, je vais faire comme d'habitude et on verra bien.

Jean-François est amoureux des femmes. Il voit une femme et son visage change. Il est si ému par la beauté des femmes que j'ai cru voir des larmes couler sur ses joues devant une jolie fille. Toutes les femmes sont belles à ses yeux et le match de baseball ou de hockey perd tout intérêt devant elles. Seule la beauté des femmes existe. Il connaît toutes les mères et les blondes des joueurs, et toutes font battre son cœur. Avec ma France, cela a été le coup de foudre. Au début, il y a eu un malaise, mais j'ai vite compris que son regard est tout à fait innocent et dénué de toute perversité. Il est simplement touché par la beauté des femmes, leur voix, et leur façon d'être.

Pendant quatre ans, Jean-François et moi, on a développé une amitié de spectateurs, une relation d'estrade de baseball, ce qui est souvent plus grand que l'amitié. De la fin du printemps, tout au long de l'été et jusqu'aux premiers froids d'automne, nous étions membres du *fan-club* des Artilleurs de Sainte-Thérèse. Moi, parce que j'aime mes deux fils et le baseball et lui, parce qu'il aime la vie, la joie et les femmes qui sourient. Et il n'y a rien de plus vivant qu'une estrade. Nous avions des conversations pleines de riens.

— Salut, J.-F., Mitsou te fait dire bonjour.

— C'est vrai?

— C'est vrai, certain. Mitsou aime les hommes matures. Je lui ai dit que tu avais 43 ans.

— Quarante-deux ans. J'ai 42 ans. Pas 43. Tu t'es trompé, monsieur Christian Tétreault.

— Tu as l'air d'en avoir 43. Tu te négliges, je trouve. Tiens, c'est pour toi. Une photo autographiée de Mitsou…

Mitsou m'a donné une photo d'elle. Elle a écrit: «À mon beau Jean-François, Mitsou, xx.» Je lui ai lu la dédicace. Il est content. Il a pris la photo, l'a pliée en quatre, et l'a mise dans ses poches. Mission accomplie. Jean-François est content. Je m'assois et je regarde la partie.

Jean-François est un spectateur qui participe. Il ne saisit pas trop ce qui se passe sur le terrain: la stratégie, les codes et tout ça, mais son plaisir, c'est les autres. Son intérêt c'est d'être là, de se savoir avec les siens et de voir tout le monde s'amuser.

Ces gens heureux le stimulent. Il respire la joie et c'est souvent lui qui en est à l'origine. Il est très vocal et il ne se gêne pas pour encourager. Sauf qu'il doit attendre que quelqu'un d'autre se manifeste et lance un cri. Il ne prend pas l'initiative de l'encouragement, parce qu'il ne sait pas trop quand il faut encourager qui ni pourquoi, et quoi dire précisément, mais quand la mère de Mikaël crie, il s'en fait l'écho. C'est presque toujours la mère de Mikaël qui part le bal parce qu'elle connaît tous les slogans, tous les cris de ralliement, tous les noms et les surnoms des joueurs. Jean-François est heureux de répéter avec enthousiasme les refrains de la chanteuse principale.

La mère de Mikaël crie : « *Let's-go*-les-Art's ! » et Jean-François répète : « *Let's-go*-les- Zrrawt's ! » Il a de la difficulté avec la deuxième partie du slogan. « Les *Z'Art's* » est prononcé à l'anglaise, c'est le diminutif d'Artilleurs. Jean-François n'arrive pas à prononcer l'anglais comme il faut, mais il ne s'empêtre pas dans les détails et le dit comme il le pense. Aussi, la mère de Mikaël crie : « *Let's go* les Art's ! », et Jean-François répète : « *Let's-go*-les- Zrrawt's ! »

Jean-François allume l'estrade et il est rapidement devenu mon spectateur favori. Je sais qu'il est impressionné par la radio et la télévision. Un jour, j'ai parlé de lui dans un commentaire à Radio Énergie sans le lui dire d'avance. Il est une figure connue à Sainte-Thérèse, il va sûrement en avoir des échos. Je l'imagine se faire arrêter à tout bout de champ dans la rue. Il a un petit côté star. Il va aimer ça :

— Aye, J.-F., y ont parlé de toi à la radio !

[...] Il y a au Québec des milliers d'équipes. Dans les écoles et les paroisses, en ville et en campagne. De Gatineau à Sept-Îles, en Abitibi et en Mauricie, en passant par le Saguenay et à Québec, sur la rive sud et la rive nord, et à Montréal, plein d'enfants et plein d'adolescents, garçons et filles, qui jouent au soccer, à la balle, au football. Et ils vous attendent. Toutes ces équipes sont prêtes à livrer la commande, à vous donner des victoires. Il suffit de les adopter.

Par un beau soir d'été, allez dans un parc près de chez vous. Vous y verrez une équipe. Elle s'appellera les Aigles, les Bleus, les Tigres, les Mignonnes ou les Éclairs. Arrêtez-vous et prenez le temps de la regarder. Et adoptez-en une. Et retournez la voir jouer la semaine suivante et la semaine d'ensuite. Vous constaterez qu'à force de regarder toujours les mêmes jeunes jouer, vous vous prendrez au jeu et vous vous attacherez à eux. Vous deviendrez des partisans. Cela répondra à un besoin chez vous et cela vous coûtera beaucoup moins cher qu'au Centre Bell. Et, en même temps, vous rencontrerez d'autres partisans avec qui vous partagerez les hauts et les bas de vos nouveaux héros.

Ici, à Sainte-Thérèse, nous n'avons peut-être pas toujours les meilleures équipes. Des fois, ça va bien, d'autres fois, moins bien. Parfois on est les champions et d'autres fois, on n'est pas dans la course. Mais nous avons le roi des partisans, le meilleur au Québec, et c'est J.-F., une sommité à Sainte-Thérèse. Connu et aimé de toute la communauté, J.-F. suit les activités de plusieurs équipes ici, l'hiver à l'aréna et l'été au parc de balle. Il a 42 ans et un sourire irrésistible, 100 % positif. Il arrive en roulant sur son gros tricycle bien équipé, avec son panier et quelques autocollants voyants, prudence oblige. J.-F., notre partisan, est un éternel enfant. Joyeux, positif, il laisse entendre ses cris d'encouragement et ses rires éclatent dans la foule.

J.-F. aime les filles. Il est content quand il me voit arriver avec ma très chère. Pas pour moi, pour elle. Immanquablement, il me demande des nouvelles de Mitsou. Et je lui dis que Mitsou lui fait dire bonjour. Ses yeux s'allument et son sourire illumine. Je sais que quelqu'un lui dira qu'il a entendu parler de lui à la radio et je sais que la prochaine fois que je le verrai, il aura le torse bombé.

Deux soirs plus tard, les Artilleurs ont un match et Jean-François y assiste, comme d'habitude. Il me voit arriver et vient vers moi. Je lance la conversation.

— J'ai parlé de toi à la radio !

— Je le sais, me dit-il avec une joyeuse fierté non dissimulée.

— Es-tu content ? T'es une vedette !

— Mets-en ! Je vais mettre des étampes en fin de semaine à l'aréna.

— Des étampes ?

— Sur la main à la porte.

— Tu vas signer des autographes, gages-tu ?

— Ma mère veut te voir, monsieur Christian Tétreault.

— …Ta mère ?

— Ma mère veut te voir. Elle est dans son auto.

Sa mère ? Je n'avais aucune idée où habitait Jean-François. Je me disais qu'il devait habiter dans un centre pour personnes handicapées, mais qu'avec son degré d'autonomie acceptable on lui laissait plus de liberté qu'à d'autres. Il doit être pensionnaire quelque part avec Daniel, celui qui vend des billets moitié-moitié confidentiellement. Il y a aussi Raymond dans la foule partisane qui a un handicap cognitif mais plus difficile à définir. Raymond crie toujours « Ah, ben ! » Il lance une série de « Ah, ben ! » sur différents tons, différents volumes, mais juste « Ah, ben ! » C'est tout ce qu'il dit, à ma connaissance. Raymond, Daniel, Jean-François… il doit y avoir une maison pour abriter tous ces amateurs de baseball un peu particuliers.

Mais non, Jean-François habite chez sa mère. Comme il a 43 ans, sa maman doit bien avoir quelque part entre 70 et 75 ans. Je me fais une idée de ce à quoi elle peut ressembler : un peu triste, au bout de la corde, une pauvre femme. Jean-François reste là sans bouger. Je m'attends à ce qu'il m'indique où se trouve l'auto de sa maman, mais il a oublié ce détail.

— Elle est où, l'auto de ta mère, mon mélangé, toi ?

Il m'accompagne et une dame, une petite femme aux cheveux tout blancs sort d'une voiture.

— Vous êtes la mère de Jean-François ?

— Oui.

Elle me tend la main. La mère de Jean-François s'appelle madame Papin. Yolande Papin. Elle est magnifique. Je ne saurais trop le dire. Une des plus belles dames que j'aie vue. Toute menue avec un sourire délicat d'une belle chaleur, toute en humilité. Elle a 83 ans, en paraît 10 de moins et habite seule avec son fils.

— Il me garde jeune, mon Jean-François.

Pause. Je viens d'assister à un moment unique. La conversation n'a pas encore duré une minute que j'ai vécu un instant spécial. Je n'ai jamais vu dans les yeux ou entendu dans la voix d'une personne plus d'amour que ça. Ce n'est pas une déclaration flamboyante avec des mots longs comme ça, juste cette petite phrase : « Il me garde jeune, mon Jean-François. » Il y a dans cette petite phrase-là une moyenne charge d'amour. Un record mondial. En prononçant ces mots, elle a regardé son fils et elle a caressé de sa main ridée et délicate la joue de l'homme-enfant. Ce petit homme de 43 ans qui n'est pas le plus beau. Cet homme qui est tout petit et qui a un visage vieilli un peu croche. Cet homme qui affiche un sourire malhabile mais permanent. Le regard qu'elle a posé sur cet homme est d'une telle douceur…

— Il me garde jeune, mon Jean-François…

Un moment inoubliable. Jean-François regarde sa mère, lui aussi. Une dame de 83 ans allumée et volontaire. L'addition de ces deux regards, c'est l'amour aller-retour et je suis aux premières loges !

Madame Papin a été touchée par les propos que j'ai tenus sur son cher enfant à la radio. Des gens l'ont appelée. Jean-François est très heureux. Quelqu'un lui a copié mon commentaire sur CD. Dans le panier de son tricycle, Jean-François transporte maintenant un lecteur CD et il fait écouter ces louanges à tous ceux qui n'ont pas eu la chance de les entendre. Il fait sa vedette, Jean-François.

Au milieu du stationnement du parc Ducharme, par un beau soir d'été, Yolande Papin m'a raconté un bout de sa vie. Jean-François est son bébé, son sixième enfant. Les cinq autres sont des professionnels et ne sont pas comme Jean-François. Elle a élevé sa famille toute seule ou presque.

— Êtes-vous veuve ?

Elle me dit que non, mais je sens qu'il ne faut pas insister. Elle me parle aussi de la photo de Mitsou qui est bien rangée dans le tiroir de Jean-François. Dépliée. Elle me donne une petite carte à remettre à ma célèbre amie. Une carte de remerciements écrite par une des sœurs de Jean-Francois, Lisanne, qui est médecin.

— Elle connaît très bien Mitsou, Lisanne. C'est elle qui l'a aidée à accoucher.

— Qu'est-ce que vous dites ?

— Une de mes filles, Lisanne, est obstétricienne et c'est elle qui a suivi Mitsou pendant sa première grossesse. C'est elle qui l'a aidée à accoucher de la petite Stella Rose.

La sœur de Jean-François, qui est elle aussi en amour avec Mitsou, naturellement, est son obstétricienne ! Pincez-moi ! Le lendemain, à la radio, j'en ai parlé à Mitsou en lui lisant la petite carte du docteur. Elle était renversée.

Yolande m'a parlé de Jean-François avec beaucoup d'amour et de fierté. Jean-François est un grand amateur, et même un connaisseur d'opéra et de musique classique. Il est touché par cette musique, il la connaît. Par exemple, il aime Nicolai Rimsky-Korsakov. C'est presque toujours comme ça chez les gens comme Jean-François. Ils sont très sensibles à la musique classique et peuvent même être de remarquables interprètes, s'ils n'ont pas de problème de motricité, mais Jean-François a un problème de motricité et de coordination et de ce fait, ne peut pas jouer.

— Des fois, quand il écoute, je le vois pleurer pendant un solo de violon. Il peut l'écouter trois, quatre, cinq fois, dix fois, toujours avec la même grande émotion de joie.

Jean-François et Nicolai Rimsky-Korsakov ? Où suis-je ?

Jean-François aime aussi la géographie, surtout celle des États-Unis. Il connaît tous les États et toutes les grandes villes.

Ça allait devenir un de nos jeux favoris, dans les estrades : d'un bout des estrades, je crie « Seattle ? », et l'écho de Jean-François à l'autre bout, répond : « Wa-Shing-Ton ! »

Après cette rencontre avec Yolande Papin, mon attachement pour Jean-François a pris un nouveau tournant, une nouvelle allure. La grande beauté de sa mère, tout cet amour et cette fierté m'ont beaucoup inspiré. J'ai réalisé que, de tous les hommes de 42 ans que je connais, c'est lui le plus heureux, le plus souriant, le plus affable et, sans aucun doute, le plus aimé.

— Baltimore ?
— Ma-ry-land !
— Chicago ?
— Il-li-nois !

## Qu'est-ce que la beauté ?

Est-ce que Jean-François est beau ? Maintenant, lorsque je le vois, je suis habité par un sentiment et une impression de bonheur. Voir cet homme-petit garçon, me fait toujours du bien en dedans. Ça ressemble à ce que la beauté est supposé faire, non ? J'imagine qu'il doit être comme un poème symphonique de Rimsky-Korsakov, ardu au début, mais de plus en plus beau, au point de transcender la beauté.

\* \* \*

Les Artilleurs jouent ce soir au bord du fleuve, à Pointe-aux-Trembles. C'est le deuxième match de la série finale et le formidable Francis, mon lanceur gaucher favori, sera sur la butte. J'ai téléphoné chez Jean-François et j'ai demandé la permission à Yolande d'y inviter mon partenaire d'estrade, le très positif Jean-François Papin, vedette de la radio.

Je suis passé le prendre vers 18 heures. Sa mère l'a fait souper tôt et il est tout pimpant, le Papin. Elle m'attend sur le trottoir avec lui. Elle me donne sa seule directive : le ramener après la partie. Comme je n'ai pas mangé, rendu à Pointe-aux-Trembles, je cherche un excellent McDo. Il doit bien s'en cacher un quelque part. Ce n'est pas le défi du siècle, en entrant dans une ville, que de trouver un McDonald's. La plupart du temps, ils ne sont pas très bien cachés. Je jase avec Jean-François, mon passager tout beau, tout propre. Où est le satané resto ? On a tourné et tourné dans toutes les directions. Je sens que la situation inquiète Jean-François. Je le sens anxieux. J'ai l'impression qu'il se pose des questions. Il se passe quoi si on ne trouve pas de McDo ? On fait quoi ? On cherche jusqu'à quand ?

Je ne le connais pas beaucoup et je ne l'ai jamais senti comme ça. Une petite hausse de pression. Heureusement, elle s'est vite dissipée. Le gros « M » qui calme les appétits et les anxiétés est juste devant nous.

— Regarde Jean-François. Un McDo. On est sauvés.
— On est sauvés.
— *Gimme five !*
— Guémé faille !

Je lui ai acheté une petite frite à laquelle il n'a pas touché. J'apprendrai bientôt que j'ai mal interprété sa « hausse de pression », et je saurai aussi pourquoi il n'a pas mangé sa frite. Deux faits anodins qui expliquent l'essentiel du personnage.

Arrivé au parc à Pointe-aux-Trembles, j'ai jasé avec Martin Fiset, le président des Artilleurs avec qui j'aime discuter d'un peu tout, mais surtout de baseball. Martin est une encyclopédie reliée avec des petites cordes rouges. Je réalise au bout de quatre minutes que je ne vois plus Jean-François. Je regarde à gauche, à droite : pas de Jean-François.

Oups. Je demande aux gens autour, aux joueurs sur le terrain. Personne n'a rien vu.

Là, c'est moi qui commence à m'inquiéter. Je pousse la recherche. Comme quand mes propres fils étaient petits. Quelqu'un chez les partisans des Jets peut-être…

— Il est parti aux toilettes avec le gardien du parc, là-bas.

Au pas de course, j'y vais. J'ai perdu mon Jean-François. Je le vois au loin. C'est bien lui qui danse vers moi. Il revient des toilettes avec le jeune gardien. J'ai eu chaud ! J'ai remercié le jeune homme et je n'ai pas relevé l'affaire avec Jean-François. Je ne veux pas qu'il voie mon inquiétude. Peut-être qu'il culpabiliserait ? Je ne sais pas.

Le match est fini. Défaite des Artilleurs, mais Francis a bien lancé et a sorti une balle du stade par-dessus la clôture au centre, jusque sur le *court* de tennis.

Dans l'auto, sur le chemin du retour, Jean-François me ramène malgré moi dans mon passé récent, du temps où mes fils étaient des petits garçons et qu'on jasait dans l'auto. Des discussions pleines d'images nouvelles et de questions originales. C'est très agréable d'être avec un petit garçon heureux. Nous voilà arrivés chez lui. Il descend et, juste avant de partir, il se penche et me regarde avec sa drôle de tête. Il a une question pour moi :

— Est-ce qu'on est des amis pour la vie ?

— Mets-en !

Il a répété : « Mets-en ! », puis il est rentré chez lui avec sa mère. En dansant.

# Montréal 1948

La guerre est finie depuis quelques années. La crise économique est terminée. Une période prospère s'annonce. Pour le pharmacien Caron, propriétaire de trois pharmacies, père de six filles et de deux garçons, toutes et tous aux études, il est moins *malaisant* d'être, comment dire... riche. Monsieur Caron fut l'un des cofondateurs des Pharmacies Universelles, en 1931, à Montréal. Les Pharmacies Universelles sont les précurseurs de nos chaînes actuelles.

Être riche dans les années 1930 à Montréal, en pleine crise économique, c'est en effet gênant, à moins d'être malhonnête, profiteur ou héritier, ce que n'est pas monsieur Caron. Avoir un chalet est un luxe que seules les familles très privilégiées peuvent s'offrir. Le pharmacien loue un grand chalet à Saint-Donat. Dans les familles croyantes de 1948, il n'y a pas d'honneur particulier ou de fierté ostentatoire à *avoir les moyens*. Faut être reconnaissant et humble. Chez les plus dévots des Caron, il y a un poids à être du bon côté du sort, sans l'avoir nécessairement mérité, juste parce que papa a bien travaillé et a été intelligent. Sur la montagne, après tout, on entend « heureux les pauvres... »

Monsieur Caron adore ses enfants. Il leur apprend l'humilité et leur montre la prière. Il les encourage à poursuivre leurs études. Madame Caron est plus flamboyante. C'est une enseignante, une intellectuelle brillante. Elle joue au bridge dans les salons à Outremont et aime bien le statut social que lui confère le succès de son mari. Monsieur Caron, par contre, est bien avec ses enfants et un peu mal à l'aise en « société »... Il disait à ses enfants : « Voyez où est votre talent, faites ce que vous aimez, faites-le sérieusement, faites-le avec un but. Sachez que je serai toujours là pour vous aider... mais en faisant ce que vous aimez, vous n'aurez jamais besoin de mon aide.

## Les enfants Caron

Louise, la plus vieille des enfants Caron, a été victime de la terrible scarlatine, mais elle a quand même passé bravement à travers la vie. Guy était un étudiant exceptionnel. Il a obtenu des diplômes en génie et en pharmacie. Il a enseigné à Poly. Il est décédé à 49 ans, victime d'une crise cardiaque. Il y a Yolande. Gisèle a travaillé en comptabilité à l'école Polytechnique.

Les jumelles inséparables, Mariette et Denise, ont été liées toute leur vie par un amour qui dépasse les mots, et ce, même si leurs destins étaient aux antipodes l'un de l'autre. Mariette faisait son cours d'infirmière à l'Hôtel-Dieu quand elle est allée au Mexique. Elle y a fait la rencontre de Jean-Claude, un jeune homme d'affaires originaire du sud de la France. Elle l'a épousé six mois plus tard. Elle habite encore le Mexique. Denise, sa jumelle, est devenue religieuse missionnaire chez les Sœurs de Sainte-Anne. Elle a vécu une grande partie de sa vie au Chili et elle s'est toujours beaucoup intéressée à la littérature, au cinéma et à la culture en général. Même si elles vivaient loin l'une de l'autre, elles sont demeurées en contact quotidien toute leur vie, et encore aujourd'hui. Elles ont fait le tour de la planète ensemble.

Il y a aussi Céline, et le plus jeune, Jean-Claude, un grand ingénieur, spécialiste des mines. Un homme connu partout sur la planète qui a passé sa vie à voyager d'un contrat à un autre.

Aujourd'hui, c'est la veille de Noël. En 1948, c'est une grande occasion. Tous les pharmaciens de l'Ordre et leur famille sont conviés dans un grand hôtel de Montréal pour le bal annuel des pharmaciens. Cette année, on soulignera l'apport de monsieur Caron à la profession.

Yolande a 24 ans, la troisième des enfants Caron est très belle. Elle a un visage expressif d'une grande douceur et des yeux noisette. Elle est délicate et toute douce. Mais sous son aspect menu, il y a une femme forte. La jeune Yolande a un baccalauréat en musique, une bourse qu'elle a gagnée, plus jeune. Les religieuses reconnaissent son grand talent et elles ont de grands projets pour elle.

Ce soir-là, pour faire honneur et plaisir à son père, les organisateurs ont sorti un beau piano à queue et Yolande a joué du Chopin devant la salle. Elle a aussi joué à la radio de Radio-Canada aux concertos du dimanche matin. Le talent est au rendez-vous, mais il y manque le feu, la passion. Yolande est une jeune femme intelligente, vaillante et dévouée. Elle est à la recherche d'une passion. Cette passion, ce n'est pas la musique. Ce soir-là, au bal des pharmaciens, elle va la découvrir.

# Gérard

Il y a une coutume dans les grands hôtels qui organisent ce type de bal. On embauche des étudiants de l'université pour assurer le service, des jeunes gens bien éduqués, polis et de bonne famille, qui font un excellent travail. Une fois le repas terminé et les convives servis, repus et desservis, une fois la vaisselle propre et le premier café bu, une fois le devoir terminé, les jeunes étudiants troquent le tablier pour l'habit de soirée et font danser les jeunes filles. Ça fait partie de leurs tâches.

C'est ainsi que Yolande a découvert sa passion, sa vraie passion, l'amour. L'amour s'est présenté sous l'apparence d'un jeune étudiant en dentisterie : Gérard. Gérard, bon danseur, grand charmeur, un homme au regard doux qui connaît tous les bons mots. Yolande est tombée sous le charme. Gérard a vite appris que la jolie Yolande est la fille du célèbre pharmacien Caron. Un bon parti. Ils ont le même âge, ils sont instruits tous les deux, il a un brillant avenir, elle voit en lui la clé de son rêve. L'horizon enchante.

À la grande joie des deux familles, le mariage et le voyage de noces sont venus sceller leur union, et déjà le tournant définitif arrive : Yolande est enceinte. Sa raison d'être prend forme sur sa silhouette : sa famille. Son rêve se réalisera : elle aura une famille.

La famille a pris racine rue des Érables, à Montréal. Il y a eu Marie-Claude en 1951, puis Jacques en 1953, Luc en 1955 et Lisanne, juste avant de partir pour Sainte-Thérèse. Là, dans la grande maison de la rue Dagenais, vont s'ajouter Monique et le petit dernier, Jean-François. Avec l'arrivée des enfants, les uns à la suite des autres, Yolande est entrée dans un véritable tourbillon, une danse, et elle ne manque jamais un pas avec ses jeunes enfants. Son mariage bat de l'aile, mais elle est toujours très attachée à son beau dentiste. Elle fait confiance à la vie et à Dieu. Elle demeure une épouse fidèle, modèle, aimante et dévouée, mais elle est surtout une mère exceptionnelle. Gérard consacre toujours ses fins de semaine à ses enfants : il les emmène au chalet de la famille dans les Basses Laurentides pour faire du ski. Il aime voir ses enfants faire du sport.

## Le 8 mai 1964

Le jour où le sixième et dernier bébé Papin est arrivé, le 8 mai 1964, à la naissance de Jean-François, Yolande entreprend le voyage de sa vie.

Qu'en est-il de Yolande Papin, le 8 mai 1964 ? Elle est à l'aube de la quarantaine et son univers a deux noyaux. Le premier, ce sont Marie-Claude, Luc, Jacques, Lisanne et Monique, ses cinq enfants. Cinq enfants magnifiques qui ne manquent de rien, surtout pas d'amour. Les plus vieux voient bien que tout ne tourne pas rond entre maman et papa, mais comme eux, ils font semblant de rien. Le deuxième noyau, c'est Jean-François, son sixième enfant arrivé aujourd'hui.

Jean-François arrive à l'air libre, seul avec sa mère. Un héros qui s'ignore. Jean-François ne le sait pas encore, mais il a sauvé Yolande. Il l'a sauvée, parce qu'il est arrivé au monde avec un message pour elle. Un message urgent, un message important, un message majeur qui ne s'adresse qu'à elle, sa mère, Yolande Papin, fille du pharmacien Caron. C'est un message et une mission qui auront beaucoup d'importance et prendront beaucoup de place. Rien ni personne ne la fera dévier de cette mission. Le message de son petit garçon, son benjamin, son dernier bébé, est percutant : « Maman, aime-moi. Aime-moi comme les autres. »

Jean-François arrive au monde comme un prophète, un sauveur d'âmes à la dérive. Dès les premiers jours, à sa sortie de l'hôpital, les problèmes s'accumulent. De sa maison à Sainte-Thérèse, Yolande est en communication constante avec les médecins de l'hôpital. Jean-François n'est pas bien. Elle prend des notes et se démène du mieux qu'elle peut. Elle agit au meilleur de sa connaissance. Elle ne dort pas. Son bébé ne prend pas de poids, il refuse de boire, son teint devient de plus en plus jaune et son pipi est très foncé, trop foncé.

Jean-François a à peine trois mois quand il est hospitalisé pour la première fois au Montreal Children's. Il y est resté 35 jours. Chaque jour, Yolande va le voir, souvent accompagnée d'un ou de plusieurs des enfants. Pendant ces 35 jours, elle se refuse à penser au pire. Pendant ces 35 jours, elle prie.

Quand un tout petit bébé quitte l'hôpital après 35 jours d'hospitalisation, il est normal d'espérer qu'il est guéri, ou au moins qu'il va guérir un jour. Il est normal d'espérer que le bébé ira un peu mieux, mais non, le bilan de santé de Jean-François n'est pas bon. Et ce n'est que le premier d'une longue série de bulletins lourds.

## Bulletin de santé

Enfant de petite taille avec une coloration jaune verdâtre de la peau. Œdème péri-orbital marqué; arrivé à l'hôpital avec la tête en position d'hyperextension. Il a la langue large et protubérante et une masse cervicale a été notée. Les veines du cou sont distendues et on note une masse centrale derrière le sternum, diffusant des deux côtés du cou. Il y a à l'apex un souffle cardiaque systolique de grade III/IV. Le foie de 3 cm est palpable. Le bébé présente habituellement un tonus augmenté. Diagnostic: hépatite, hypothyroïdie, masse thymique dans le cou. Obstruction de la jonction de l'uretère pelvien gauche.

Jean-François a subi deux opérations : l'ablation de la masse thymique au cou et une biopsie du foie. Jean-François doit prendre des antibiotiques et des hormones de substitution pour sa thyroïde chaque jour, et il devra retourner à l'hôpital dans deux semaines.

La grande histoire des allers-retours à l'hôpital est commencée pour Yolande et son petit garçon. C'est dans l'auto avec sa mère que s'est écrite la vie de Jean-François. Cette première fois, il n'est donc revenu à la maison que pour quelques semaines. Les médecins l'ont retourné chez lui pour qu'il puisse «prendre des forces» et se reposer en vue de sa prochaine hospitalisation, le 11 décembre de la même année.

C'est le début de décembre, et Yolande a cinq autres enfants en bas âge. Les médecins lui ont proposé d'hospitaliser Jean-François pour le temps des Fêtes. Au Montreal Children's Hospital, il sera bien traité, en sécurité, sous haute surveillance et Yolande pourra préparer et fêter Noël. On dit bien « fêter », c'est-à-dire rire, chanter et développer des cadeaux…

Il est important que les cinq autres enfants ne ratent pas une seconde de la joie de Noël. Comment Noël pourrait-il être joyeux avec une mère inquiète et triste ? Mais loin d'être une source de stress ou d'inquiétude, Jean-François est déjà une source d'inspiration et de courage. Il en arrache, le pauvre petit, ses sourires sont rares, mais ils n'en sont que plus gratifiants. Yolande Papin a un moral inébranlable. Elle n'est jamais triste. Elle n'a ni le temps ni le droit d'être triste. Ce Noël de 1964 sera le seul passé sans Jean-François. À partir de l'année suivante, Jean-François Papin, de la rue Dagenais à Sainte-Thérèse, deviendra même l'inspiration de la fête, l'incarnation de la joie.

Durant les mois qui ont suivi l'accouchement du mois de mai 1964, Yolande a un horaire complètement fou, un agenda submergé. Ça déborde de tous les côtés : avec cinq enfants à la maison et un bébé mal en point, elle est continuellement sur le qui-vive, avec tous ces repas, ces devoirs, le lavage, le ménage et mille imprévus. Yolande est déterminée et ne s'accorde pas le droit de se plaindre. Si son Jean-François passe à travers toutes ces épreuves à l'âge de trois mois, de quoi va-t-elle se plaindre, elle qui a une excellente santé ?

Un nouveau médecin est assigné au dossier : le docteur Frederick Andermann. En 1964, il est dans la jeune trentaine et débute une carrière qui s'avérera exceptionnelle. Il est promis à un brillant avenir. Il deviendra au fil des ans une sommité internationale et sera décoré de plusieurs prix, dont le Prix du Québec en sciences. Le docteur Andermann est l'un des plus éminents neurologues pédiatriques au monde. Il a grandi en Roumanie. Le jeune Frederick avait neuf ans quand la guerre a éclaté en Europe et il a vu sa mère risquer sa vie de nombreuses fois en faisant des pieds et des mains pour sauver des orphelins. Arrivé à Montréal à l'âge de 20 ans, il a fait ses études en sciences à l'Université McGill, complété sa médecine à l'Université de Montréal, puis s'est spécialisé en neurologie. Frederick Andermann a épousé Eva, née Eva Deutsch, une neurogénéticienne de grand talent. Les deux forment un couple exceptionnel. Frederick et Eva se sont mariés un an après la naissance de Jean-François. Pour le docteur Andermann, le petit Papin est un cas enrichissant et fascinant. Un cas d'étude. Pour les chercheurs, c'est un joyau.

Ainsi, à chaque fois qu'il l'examine ou qu'il lui fait passer des tests, qu'il approfondit l'étude de ce cas rare, le petit lui pose un défi professionnel. Voici un jeune individu qui pique la curiosité et qui le pousse à la réflexion et à l'investigation. Le petit Papin présente un ensemble de symptômes sans précédent ; il est un territoire inconnu pour ces explorateurs de la physiologie humaine. Pour sa part, la jeune maman n'exige qu'une seule chose du docteur Andermann, ce grand de la science médicale et de son équipe, et quand elle lui dit en le regardant droit dans les yeux, il comprend qu'il a intérêt à respecter cette exigence.

— Ne lui faites pas mal. Jamais.

Jean-François est revenu du Montreal Children's Hospital le 27 janvier 1965, après un séjour de 50 jours. Cette deuxième fois, il a subi trois opérations majeures : une biopsie de la peau, une biopsie musculaire et une pyéloplastie, afin de rétablir le passage normal de l'urine vers la vessie. Il revient avec un nouveau bulletin de santé. Il en arrache encore, le petit : on le soupçonne de souffrir du syndrome Hurler-Hunter, dont les symptômes sont semblables aux siens : petite stature, visage difforme, retard intellectuel. De plus, on note que Jean-François souffre d'une obstruction de l'urètre pelvien gauche et d'une infection du canal urinaire. Il reviendra à l'automne, cette fois pour trois semaines.

À peine âgé de 18 mois, Jean-François a déjà séjourné à l'hôpital pendant trois mois, sans compter les visites ponctuelles aux cabinets de différents médecins. Il requiert une attention et des soins constants. Yolande a toujours un moral d'acier et tout va bien pour elle. Le miracle quotidien s'opère et elle ne se pose pas trop de questions. Comment réussit-elle à s'en sortir avec tous ses morceaux? Mystère.

Pendant les périodes où il est à la maison, entre ses longs séjours à l'hôpital, Jean-François est très exigeant, bien malgré lui. Il est fragile, il souffre constamment, il a des difficultés à dormir et il pleure. Mais il échappe de plus en plus ses joyeux sourires. Rue Dagenais, toute la petite famille craque pour le petit bagarreur. Les enfants, témoins de l'attitude courageuse et déterminée de leur maman, s'en inspirent et vont dans la même direction qu'elle. Autour de cet enfant pas comme les autres, il y a énormément d'amour.

Les médecins, les plus grands spécialistes au Canada, sont unanimes. Jean-François ne vivra pas vieux. Le mot «jamais» revient à toutes les phrases. Jamais il ne sera autonome. Jamais il ne sera capable de manger tout seul. Jamais il ne pourra traverser la rue. Jamais il ne pourra courir ou nager. Jamais. Toujours jamais: Jean-François, c'est un cas lourd.

— Vous n'en viendrez pas à bout. Ce n'est pas «trop difficile», c'est impossible. Votre enfant est condamné. Il n'a que des faiblesses, que des problèmes. Il est tout petit. Il pleure tout le temps et souffre; il a une langue hypertrophiée, une petite tête, un long cou, il est minuscule. La lumière dans ses yeux est confuse. Il n'y a rien à faire. Il ne tiendra pas le coup. Vous ne tiendrez pas le coup, non plus. Surtout pas avec cinq autres enfants en bas âge…

Yolande entend ça depuis le jour de la naissance de Jean-François, en mai 1964.

«Il ne vivra pas vieux.» Ça veut dire quoi, ça: six mois, deux ans, trois ans, condamné, faiblesses, problèmes? Le jour où le premier médecin a décrit la situation de Jean-François en ces termes, les oreilles de Yolande Papin se sont bouchées. Ces mots, tout d'un coup, ont cessé d'exister. Ces mots ne sont pas des mots ennemis, ce sont des mots vides. Des sons.

Tous ceux et celles qui l'entourent, ses amis, ses parents, les médecins et les spécialistes, tous ces gens bien intentionnés pensent que Yolande entame une longue procession dans le triste univers de la maladie infantile. Pas du tout. Ça n'a rien à voir.

Et ce n'est surtout pas triste. Pour elle et son petit Jean-François, c'est le début d'une extraordinaire histoire d'amour.

Elle n'entendra plus jamais personne parler ainsi de son petit homme. Comme elle n'est pas belliqueuse, elle ne contredit jamais les autres : elle ne les entend tout simplement pas. Elle n'entend ni le prêtre, ni le bien pensant, ni le pédiatre, ni le psychiatre, ni le neurologue ou autre spécialiste. Personne ne va jamais la faire douter de la force de son petit homme, ni de son importance, ni de sa raison d'être. Jean-François est comme les autres. Il n'est pas mieux, il n'est pas pire. Il vivra. Il vivra longtemps et heureux. Comme les autres. Point.

## Un projet familial

En 1967, Jean-François est retourné au Montreal Children's Hospital pour la quatrième fois depuis sa naissance. Il y est entré le 6 juin, il en sortira le 16. Pendant ces 10 jours, il faut procéder à une mise à jour, à une réévaluation complète de son état de santé, à de nouveaux examens et, surtout, en arriver à un diagnostic clair.

Il n'est plus un poupon, il vient d'avoir trois ans. Depuis son dernier séjour, il a été suivi consciencieusement par le docteur Andermann et son équipe. Le neurologue est toujours fasciné par ce cas rare. Il est positif, l'enfant va bien, malgré tous ses problèmes. D'ailleurs, Jean-François a encore eu un bulletin de santé chargé.

## Bulletin de santé

L'enfant marche avec difficulté, atterrissant sur les orteils plutôt que sur les talons. Il ne parle pas, il émet des sons qui ressemblent à des grognements. Il boit au verre et ne mange que des aliments en purée. Il commence à interagir avec les autres, il est très sociable. Il ne va pas à la toilette tout seul et est toujours affecté par une conjonctivite purulente. Il fait du strabisme. Il a un foie minuscule d'à peine trois ou quatre centimètres, ce qui l'oblige à suivre une diète sévère. Pour les autres organes internes, tout semble à peu près normal. Il a les oreilles un peu basses et un faciès de gargouille : nez aplati, bouche volumineuse et langue hypertrophiée. Il a les mains et les pieds courts et larges. De plus, pour la première fois, on parle de *mental retardation*.

Il est toujours impossible à cette équipe d'éminents médecins d'en arriver à un diagnostic précis. Impossible de mettre le doigt dessus. Ils nagent encore en pleine brume et ne savent plus quoi faire ou quoi dire à cette petite maman qui n'a jamais l'air démoralisée. Son fils est atteint d'un mystérieux syndrome. Lequel ? Les gens du Montreal Children's invitent Yolande à envisager la possibilité d'envoyer Jean-François en permanence à l'hôpital de l'Annonciation, une institution spécialisée. L'idée a frappé un mur de béton armé.

— Ils en prendront bien soin et les visites sont illimitées.

— Jamais. Faites-vous à l'idée. J-a-m-a-i-s. Ce sera toujours J-A-M-A-I-S.

Dans l'esprit de Yolande, cet enfant est la fin du monde et le commencement de tout. Peu importe comment les autres le voient. Il va habiter chez lui, dans SA maison. Sa maison, c'est un chic et grand bungalow avec une piscine creusée, la seule de la rue. Son adresse, c'est le 44 rue Dagenais, à Sainte-Thérèse. C'est clair ? Ce n'est pas un centre hospitalier des Hautes Laurentides, sa maison. C'est ici, avec ses trois sœurs et ses deux frères !

— Justement, répètent les médecins, avec cinq autres enfants en bas âge, c'est trop exigeant. C'est une tâche impossible. Soyez raisonnable.

Vers la fin des années 1930, le président Franklin D. Roosevelt a beaucoup fait pour son pays en le sortant non seulement du désespoir mais en semant l'espoir autour de lui, entre autres, par différentes mesures pour relancer le pays. Notamment, il a créé le March of Dimes, un organisme sans but lucratif qui avait pour mission d'aider et d'assister les enfants atteints de la polio et de faire de la recherche. La poliomyélite faisait des ravages à cette époque. Lui-même a probablement été victime, à l'âge de 39 ans, de cette terrible maladie qui l'a laissé avec une paralysie des jambes. Deux décennies plus tard, dans les années 1950, il y a eu la création au Québec de la Marche des dix sous. L'organisme a élargi sa clientèle et fournit désormais des soins et des services non seulement aux enfants atteints de polio, mais également d'« autres maladies ». Yolande a contacté cet organisme.

Un soir, un thérapeute de la Marche des dix sous est venu à la grande maison de la rue Dagenais pour montrer à Yolande comment faire «travailler» son enfant. Tout le monde est au salon et très attentif. Jean-François est le cobaye. Le thérapeute enseigne des approches, explique comment lui faire des massages et propose des exercices spécifiques afin que le petit puisse développer ses muscles et exercer ses articulations, et que des connexions s'établissent entre ses membres et son cerveau. Jean-François doit faire des efforts et Yolande doit rajouter une autre fonction à son agenda : éducatrice physique. Le cours d'initiation a duré toute la soirée. Après le départ du thérapeute, Marie-Claude est allée mettre le petit au lit. Ensuite, Yolande a réuni tout le monde au salon. Elle leur a exposé la situation, la vraie. Elle l'a fait clairement et sans oublier de détails.

— Les médecins ne savent pas ce qu'il a. Ils ne peuvent rien me dire, à part qu'il ne vivra pas vieux. Ils me disent qu'avec tous mes enfants, Jean-François c'est trop d'ouvrage, que je ne serai pas capable. Ils me disent d'envoyer Jean-François à l'Annonciation, loin dans le Nord, dans un hôpital spécialisé, en pension. Ils me disent qu'il faudrait qu'il parte, qu'il quitte la famille. Vous me connaissez, je leur ai dit qu'il n'en est pas question. Mais la vérité, c'est que je pense qu'ils ont raison. Pour moi, ça va être trop d'ouvrage et je ne pourrai pas tenir le coup. Je ne pourrai pas faire ça toute seule. Ce soir, on va décider en famille de ce qui va se passer. C'est sûr que c'est surtout moi qui vais m'en occuper, mais je vais avoir besoin que vous m'aidiez pour ça et pour tout le reste. Je veux que le projet de garder votre petit frère à la maison, ce soit une affaire de famille. Nous, tous ensemble. On se donne la main. On ne le laisse pas derrière. On l'amène avec nous autres. Mais moi je ne peux pas vous forcer à décider. Vous êtes assez grands.

Pour ces cinq enfants, âgés entre 7 et 14 ans, il n'y a jamais eu besoin de consultation. C'est dans un élan unanime, joyeux et sans équivoque qu'ils ont accepté ce défi. Ce soir-là, Yolande s'est couchée l'âme en paix et souriante. Cette volonté commune manifestée par ses enfants d'accompagner Jean-François, ça décuple sa propre force et sa résilience. Une fois la tête sur l'oreiller, quand elle se retrouve seule avec ses pensées, comme on l'est tous le soir en se couchant, elle a réalisé qu'elle a toujours su que ses enfants allaient suivre. Autant cette manifestation commune et décisive l'a touchée, autant elle n'en a pas été surprise. Jean-François est déjà la lumière de cette famille. Il est dans le cœur et les pensées de tout ce monde.

Yolande se souvient d'un des premiers Noëls de Jean-François. Il avait reçu un train de bois. Il fallait abaisser un petit levier pour laisser passer le train. Il fallait prendre la petite main de Jean-François et lui montrer comment faire. Il a fallu le faire et le refaire, et le refaire encore, pendant des heures. Puis Jean-François, le toujours souriant Jean-François, a enfin réussi à abaisser le levier. Le train passe et c'est la fête. Les trains sont devenus pour cet enfant un symbole de joie, et toute sa vie il en raffolera.

Chaque jour, Yolande constate que la promesse de ses enfants n'est pas vaine. Chaque jour, elle les voit attentifs envers le petit et envers elle. Jean-François est magnétique. Il se souviendra toute sa vie de son enfance, entouré de ses frères et sœurs et de dizaines d'autres enfants, parce qu'il y a une armée d'enfants dans le voisinage des Papin à Sainte-Thérèse. Des familles de cinq, six enfants, des fois plus, il y en a presque à toutes les portes. Les Cardinal, les Mercier, les Plouffe, les Laramée, les Chénier…

La maison des Papin est très populaire à cause de la piscine. Tous les étés, cette maison devient une colonie de vacances. Dans la plus grosse maison du coin, il y a un va-et-vient continuel, et il y a le petit Jean-François qui n'est pas comme les autres. Quand les enfants viennent pour nager et s'amuser dans la piscine, Yolande rappelle la règle aux amis et aux petits voisins :

— Jean-François, il est comme vous. Il joue comme vous tous. Il a son tour pour aller chercher des sous dans le fond de la piscine, il saute du tremplin. Il est comme vous. Pas plus, pas moins. Pareil. Comme les autres. C'est compris ?

Gérard est un des rares dentistes à Sainte-Thérèse et les affaires vont bien. Il a une solide réputation. Un grand dentiste. Mais, comme ça arrive dans plusieurs foyers, il y a eu une brisure et le mariage a fini par céder. Bien sûr, Yolande souffre de cet échec, mais elle n'a ni l'espace ni le temps de panser sa blessure. Elle constate que les blessures dont on n'a pas le temps de s'occuper, celles qu'on abandonne en chemin, peuvent finir par disparaître. Gérard n'a jamais raté une fin de semaine de ski avec les enfants. Les cinq plus vieux dévalent les pentes et Jean-François s'amuse à la garderie du centre de ski avec un casse-tête où il faut faire entrer des cubes de toutes les formes dans des trous jumeaux. Il est vite devenu un expert à ce jeu ; il est même prêt à affronter n'importe quel adversaire qui pense le faire plus vite que lui.

## L'école

Yolande est incapable d'avoir pitié de son fils. Elle est incapable de voir son enfant comme un « déficient ». On a eu beau écrire *mental retardation* dans les rapports médicaux, elle ne perçoit rien de ça. Quand il a eu cinq ans, ça a été le temps de l'école maternelle.

Yolande frappe aux portes et demande gentiment, c'est son truc. Si c'est non, elle trouve une autre porte et n'entretient jamais de rancœur. Cela a souvent été non. Plus souvent non que oui, en fait. Mais le non est toujours bien reçu, sans amertume. Yolande comprend. Elle ne comprend pas, mais elle comprend. Yolande s'est rendue chez madame Petelle, la dame qui dirige la maternelle dans sa paroisse. Elle lui a demandé :

— Prendrais-tu mon Jean-François ?

— Sûr que je vais le prendre.

Toute sa vie, Yolande se souviendra de cette journée où Jean-François a fait son entrée à la maternelle, comme les autres. Naturellement, toute l'année, les enfants de la maternelle se sont occupés de lui comme d'une poupée. Ils le prennent, l'aident, lui font attention, savent qu'il est fragile et voient qu'il est différent. Il a le même âge qu'eux, mais on jurerait qu'il est deux fois plus jeune. Il est le centre d'attraction. Comme il n'y a rien de didactique à la maternelle, qu'on s'amuse plus qu'on apprend, tout se passe bien. Très bien, même. Yolande remarque que partout où va son enfant, les gens autour de lui deviennent meilleurs. Il sème la joie. Il fait du bien aux gens, aux petits comme aux grands.

Jean-François a eu six ans le mois dernier. Le 22 juin 1970, Yolande conduit son petit garçon au Montreal Children's pour une cinquième hospitalisation. Cette fois, il restera 12 jours. Physiquement, rien n'inquiète Yolande. Elle connaît le portrait. Le but, ça n'est pas le bilan de santé physique. Le but, c'est septembre, la première année. Les apprentissages sont didactiques en première année. Il apprendra à lire et compter. Est-ce que tout ira trop vite pour Jean-François ? Le système est-il adéquat pour lui ? En son for intérieur, Yolande, qui vit collée sur son enfant sait qu'il peut aller à la même école que les autres. Elle le sait. La commission scolaire demande une évaluation, exige une preuve médicale que Jean-François est apte à faire sa première année avec les autres dans une classe ordinaire ? Soit. Il a passé un test. Les résultats arrivent :

## Rapport d'évaluation

Les capacités d'apprentissage de Jean-François sont aux limites inférieures de l'échelle, au niveau du retard mental. Son âge mental correspond à celui d'un enfant de 3 ans et 7 mois, et son quotient intellectuel (Q.I.) est de 54. Son niveau a été établi à environ 3 ans. Cet enfant ne pourrait se comparer à un autre de 3 ½ ans. Il semble inconfortable avec les livres et les images. Il peut replacer une photo coupée, agencer des photos d'animaux, agencer deux couleurs, ce qui correspond à la compréhension attendue à cet âge. Son vocabulaire est celui d'un enfant de 4 ans. Il peut aussi agencer des figures géométriques et faire des analogies simples. La coordination et la perception oculomotrice sont celles d'un enfant de 3 ans. Son dessin d'une figure humaine est celui d'un enfant de 4 ans. Elle consiste en une tête avec quelques détails essentiels mal représentés. En conclusion, Jean-François souffre de déficience mentale avec un âge mental de 3 ans et 7 mois et un Q.I. de 54.

Il ne pourra pas entrer en première année. Bon. Qu'à cela ne tienne, elle ira frapper à d'autres portes, c'est tout. Par un beau matin de la fin de l'été, elle est partie de Sainte-Thérèse et s'est présentée avec son petit garçon au centre Immaculée-Conception, au coin de Papineau et de Rachel, à Montréal. Elle a rencontré le célèbre père Marcel de la Sablonnière.

Le père Sablon a regardé l'enfant avec un certain étonnement. La différence entre lui et les autres enfants saute aux yeux. Il ne fait pas son âge. Jean-François a un faciès inhabituel, il est tout petit, il marche sur le bout des pieds et bouge toujours, comme un métronome. On dirait qu'il bat la mesure. Le père Sablon fait très plaisir à Yolande en lui disant:

— Écoutez. S'il ne se jette pas à l'eau, s'il suit les consignes et s'il n'accapare pas le temps et l'attention de ses professeurs, pourquoi pas?

Oui à la maternelle, et maintenant, oui à la piscine du centre Immaculée-Conception. Ça va bien.

Au début, à la piscine, ça n'est pas facile. Yolande doit entrer dans le vestiaire, déshabiller Jean-François, lui mettre son petit maillot de bain et le guider. Elle voit l'inconfort des autres parents devant ce petit garçon «particulier», mais elle est fière de son fils qui saute dans l'eau et qui fait comme les autres. Tout seul.

Toutes ces ballades en auto avec Jean-François grugent beaucoup de temps, mais jamais elle ne les perçoit comme une tâche ingrate, au contraire. Ce sont des îlots de temps, du temps de qualité passé à construire, seconde après seconde, un monde d'amour sans limites. Des heures, seul à seul, dans cette auto, à se parler et à se comprendre, à échanger, à faire de l'autre la part essentielle de soi-même. Elle est épatée par ce petit bonhomme qui lance plein de remarques étonnantes. Un petit enfant émouvant de naïveté, toujours de bonne humeur, joyeux. Intelligent. Intelligent avec un grand «I». *Mental retardation*? Pas pour Yolande Papin. L'enfance de Jean-François Papin ne s'envolera jamais. Elle en prend conscience un peu plus chaque jour.

Même s'il n'ira pas à la même école que les autres, Jean-François ira quand même à l'école. C'est la grande aventure de l'école spéciale à Deux-Montagnes. Il y a là une toute nou-velle école : l'école des Érables pour les jeunes qui souffrent d'un handicap intellectuel de moyen à sévère. L'autobus prend le petit Jean-François à la même heure chaque jour devant chez lui.

Yolande s'est pliée au verdict de la société et du docteur Thomas, mais toute sa vie elle sera viscéralement convaincue que si son enfant avait eu accès à l'école régulière, il aurait appris à lire couramment et à écrire, comme les autres.

## Janvier 1974

Jean-François a neuf ans. Il est bien vivant, plus que jamais même. Il est loin d'être l'enfant à l'agonie qu'avaient craint les médecins lorsqu'il était bébé. Il fait des progrès continuelle-ment. Il n'aime pas beaucoup l'école des Érables. Les autres sont presque tous plus mal en point que lui. À cet endroit, c'est vrai qu'il n'est pas comme les autres. Yolande le sait, mais elle n'a pas le choix.

Ses frères et ses sœurs sont maintenant des adolescents. Le fossé entre Yolande et Gérard s'élargit, mais les enfants se sont habitués à la dynamique entre leurs parents. Des fois il rentre tôt, d'autres fois il rentre tard ou pas du tout. Yolande accepte la situation. Son cœur saigne encore, mais moins. De toute façon, où trouverait-elle le temps de pleurer ? Et puis, Gérard est un excellent pourvoyeur et un père attentif qui va à la montagne tous les week-ends avec ses enfants.

Arrive le moment où Jean-François doit retourner de nou-veau à l'hôpital pour un long séjour. Le sixième. Une pause de l'école des Érables, histoire de faire une mise au point. En plus du fameux neurologue Frederick Andermann et de son épouse, le docteur Eva Andermann, deux autres médecins le voient régulièrement depuis quelques années, le docteur Silverman du Montreal Children's et le docteur Blanchard, de Sainte-Thérèse. Tous se sont entendus sur une date et sur une nouvelle batterie de tests. Le but du séjour : *reassessment of mental retardation*. Yolande a donné son accord.

— Faites ce que vous avez à faire, mais NE LUI FAITES PAS MAL.

Cette fois, il restera à l'hôpital 18 jours. Il n'est plus au Montreal Children's, il est maintenant au Montreal Neurological Institute and Hospital, une branche du Royal Victoria. Il a gradué, quoi. Il subit quotidiennement toutes sortes de tests, sagement, sans jamais pleurer ni rechigner. C'est d'ailleurs le premier constat généralisé de la part des médecins et des préposés : quel petit garçon agréable, sage et souriant. Le pauvre Jean-François est trimballé à gauche et à droite, il voit plein de spécialistes, plein de monde qui analyse tout ce qui est analysable.

Il a rencontré des psychologues. À ceux-là, Yolande a dit oui, parce que ce sont des cliniciens, mais selon Yolande, Jean-François n'a besoin ni d'un psychologue, ni d'un sexologue, ni d'un psychanalyste, ni d'un psychiatre, ni d'un pédagogue. Elle n'en veut pas autour de son homme. Son quotient intellectuel a été établi à 51, son âge mental, entre quatre et cinq ans, et il aura dix ans dans quelques mois. Pour Yolande, ce sont des chiffres, juste des chiffres qui ne veulent rien dire d'important.

Les médecins ne peuvent toujours pas diagnostiquer le mal dont souffre Jean-François. Ils se perdent dans leurs analyses et n'arrivent pas à tout rattacher ensemble. Ils ne savent pas. Ils constatent des choses, mais sont incapables de les relier à un point central, à un diagnostic précis, connu. Une maladie avec un nom. Ils se grattent la tête.

Yolande Papin continue d'être fière de son Jean-François, qui a été gentil avec tout le monde à l'hôpital et qui ne se plaint jamais. «On va s'ennuyer de toi, Jean-François...», lui ont dit les infirmières. Yolande a souri. Tout le monde l'aime. Il est retourné à la maison et a continué à fréquenter l'école des Érables.

Tout ce qui concerne son petit frère spécial captive la jeune Lisanne, adolescente. Tous ces médecins qui s'en mêlent et qui ne savent pas. Elle aimerait tant savoir. Un jour, Lisanne deviendra médecin, c'est écrit dans le ciel.

## Une patinoire, un camion et un train

Cet hiver-là, en revenant de l'hôpital, Jean-François a commencé à découvrir un univers qui va le fasciner toute sa vie : le sport. Il ne comprendra jamais les règlements, les statistiques ou les stratégies. Ce qu'il va aimer toute sa vie dans le sport, c'est la joie qui va avec.

Cela a commencé à la patinoire du coin, juste à côté de l'école, à deux pas de la maison. Sur cette patinoire, tous les jours après l'école, il y a plein d'enfants qui jouent au hockey. Quand il y a une partie de hockey, il y a toute l'ambiance qui va avec, les cris et les rires, et même des chicanes des fois, mêlées aux encouragements et aux bravos. Les bruits autour d'une patinoire sont magiques aux oreilles de Jean-François. Il veut des patins. Il veut jouer aussi. Les enfants savent qu'il n'est pas comme les autres. Patiner, c'est impossible pour lui et il a fallu que Yolande le lui dise.

— C'est trop dangereux, tu vas te faire mal. Il faut être habitué...

Les enfants du coin, qui considèrent Jean-François comme leur petit protégé spécial, trouvent la solution : Jean-François

Papin est officiellement nommé gardien de but. Enthousiaste et heureux, il est devenu le Ken Dryden de la patinoire.

Lors de ces parties de hockey improvisées sur les patinoires de paroisse, il y a toujours quelques papas. L'un d'eux habite sur la rue Vaillancourt. Il a vu Jean-François qui garde tant bien que mal l'entrée de sa cage. Comme tout le monde du voisinage, il connaît Jean-François, le petit dernier des Papin.

— Tu es le gardien, toi? Je pense que j'ai quelque chose pour toi.

Il est allé chercher un cadeau pour lui, des jambières de gardien de but. Des vraies jambières. Des jambières qui feront de lui un vrai gardien de but. Des jambières usagées qui sont pour lui des trésors et qui lui donnent accès au pays des patinoires qui crient. Jean-François a enregistré dans sa mémoire le visage de son nouvel ami, de ce monsieur qui, avec ses jambières, lui a permis de devenir un demi-dieu.

Cet homme a posé la première pierre d'une grande amitié. Il est devenu un «ami pour la vie». Au cours du même hiver, l'amitié s'est développée. Ce monsieur conduit un camion à benne qui ramasse la neige en suivant les souffleuses. Un jour, il offre à Jean-François de faire un tour.

— Veux-tu venir avec moi ramasser de la neige avec mon camion?

Jean-François Papin de Sainte-Thérèse n'a jamais reçu d'offre plus alléchante: faire des tours de camion en discutant de tout et de rien avec un monsieur qui ressemble à un ange et qui donne des jambières aux gardiens de but de cours d'école, ça ressemble au paradis. Dans le camion, Jean-François écoute aussi la radio.

Yolande est heureuse. Son enfant a un nouvel ami. À partir de cet hiver-là, pendant plusieurs années, il y a eu deux têtes dans le camion du monsieur. Ils sont devenus des partenaires, de vrais amis. Jean-François est devenu un gars du déneige-ment. Bienvenue *kid*. Et, naturellement, quand on est un gars de la gang du déneigement, on a le droit de se servir du *C.B.*, la radio à ondes courtes, cet outil de communication extraordi-naire que chaque camionneur a à ses côtés. Dans le camion du monsieur, c'est Jean-François qui est le responsable du *C.B.* Il est devenu un excellent *C.Ber.* Il connaît les codes : « 10-4, Roger ».

La souffleuse avale la neige, la digère et la recrache en jet dans la boîte des camions. Il regarde le processus et essaie de comprendre comment ça marche. Une fois plein, le camion file sur la route. Il est plus haut que toutes les autos. Il s'en va *dumper* la neige. La boîte se lève tranquillement, la lourde porte de métal s'ouvre et la neige glisse hors du camion. La boîte redescend lentement et alors la porte de métal frappe lourdement sur le camion, poussant en bas la neige qui est restée collée aux parois. Cette chorégraphie mécanique cap-tive Jean-François.

Le petit a une autre passion : les trains. Il éprouve une véri-table fascination pour les trains, les gros. Le premier jouet qu'il a reçu, c'était un petit train de bois, ces voitures atta-chées les unes aux autres, devenues le symbole du lien avec les siens, synonyme de joie avec ses frères et sœurs.

— Pousse sur le petit levier et le train va pouvoir passer.

Cette image s'est imprimée sur le côté joyeux de sa mémoire et les trains sont devenus une autre de ses grandes passions. Un train c'est vivant, comme une souffleuse qui avale et recrache, comme un camion qui parle aux autres camions. Le train est fort, le train a plusieurs wagons accro-chés les uns aux autres et il va vite. Yolande se souvient d'un voyage en train jusqu'à Chicoutimi où elle remarque que l'es-prit de Jean-François est totalement absorbé par le train.

— Comment ça marche maman ?

— Il faut que tu demandes au monsieur.

Quand le train s'est arrêté, Jean-François s'est levé. Avec sa démarche typique, il s'est approché d'un employé du train et il lui a demandé.

— Comment ça marche ?

On lui a présenté le chauffeur du train. Après le départ de tous les passagers, le chauffeur a invité Jean-François à monter avec lui. Yolande regarde la scène mais reste à l'écart. Son petit garçon est haut perché dans la gigantesque locomotive qui tire un train géant. Il est aux contrôles. C'est lui qui conduit. La locomotive avance un peu et il est embrasé par la joie. Le train recule un peu. Même effet. Même zone extrême. Son petit garçon qui ne devait pas vivre, celui qu'on devait envoyer à l'Annonciation dans une chambre d'hôpital pour le reste de sa vie, est actuellement aux contrôles d'une locomotive ! Il fait avancer et reculer un train. Et il le fait siffler, en plus. Ses petits yeux asymétriques font des flammèches. Jean-François n'est plus jamais débarqué du train. Il y est resté toute sa vie.

Yolande remarque que Jean-François enregistre tous ces moments dans sa mémoire. Il les emmagasine et en parle avec joie. Il provoque plusieurs de ces moments. Comme s'il forçait plein de personnes à être à leur meilleur. Ces gens prennent plaisir à lui faire plaisir. Il attire le regard à cause de sa différence et il renvoie aux autres l'image d'un petit garçon heureux. Une image vraie et apaisante. Qu'y a-t-il de plus apaisant dans l'univers qu'un petit garçon heureux ?

## Août 2008

Jean-François a 44 ans au moment où commence l'écriture de ce livre et Yolande aura 84 dans un mois. Par pudeur, j'ai appelé le docteur Lisanne, la quatrième des enfants Papin – Mitsou m'a donné ses coordonnées – et je lui ai demandé la permission de parler de mon projet de livre à Yolande. Je ne connais pas la condition de Yolande, ni son état de santé, ni ses préoccupations, ni son quotidien. Je ne veux pas l'énerver avec mon livre. Lisanne me dit qu'il n'y a aucun problème et me donne le feu vert.

J'avais rencontré Yolande un an auparavant dans le stationnement du parc Ducharme. Nous nous sommes revus une fois à l'automne. Elle est venue me voir à la librairie Carcajou de la Place Rosemère, où j'avais une séance de signatures. J'étais content de la revoir. Cette rencontre imprévue m'a fait le même effet que la première fois : Yolande Papin est une femme inspirante. Un rare mélange de douceur et de force. L'idée d'écrire sur elle et Jean-François a d'ailleurs commencé à germer dès notre première rencontre, dans le stationnement.

J'ai téléphoné à Yolande. Lisanne lui avait dit que j'allais le faire. Elle sait de quoi je veux lui parler. Elle est étonnée, parce qu'elle ne croit pas que sa vie avec son fils soit matière à écrire un livre, mais Lisanne trouve que c'est une bonne idée.

— L'histoire d'amour entre Jean-François et vous est une belle histoire. J'aimerais la raconter.

Elle est flattée, mais sceptique. C'est une histoire trop simple.

Yolande et Jean-François habitent maintenant dans un petit *townhouse* à Sainte-Thérèse « en haut ». Rien à voir avec le 44 rue Dagenais du temps de la famille. C'est minuscule et il n'y a pas de cour. L'arrière du *townhouse*, c'est le stationnement. Il y a à peine assez d'espace pour faire pousser quelques arbustes qui assurent une toute petite intimité sur 1,5 mètre carré. Je suis allé à vélo. Du stationnement, on ne voit pas les petits balcons derrière les arbres. Jean-François m'attend. J'entends sa voix à travers les branches.

— Monsieur Christian Tétreault ! C'est ici !

J'ai stationné ma monture. Jean-François est assis dehors sur une chaise et feuillette des copies du *7 jours,* du *Lundi* et du *Échos Vedette*s. Il revient de la bibliothèque, un de ses endroits préférés, et il en a « acheté » une pile. Des numéros périmés.

— Combien t'as payé ?

— Rien.

— Tu les as achetés gratis ?

— Oui.

Regarder les magazines de vedettes, c'est un des passe-temps favoris de Jean-François. Il regarde surtout les filles et aime seulement celles qui sourient. On comprend pourquoi il aime Mitsou. Dans la maison, en entrant, il y a une table et des chaises en chêne solide. L'ensemble date des années du bungalow.

— Ça prend des chaises solides parce que Jean-François bouge beaucoup. Il se balance tout le temps.

Il bat la mesure.

Yolande m'a invité à m'asseoir à la table et s'est tout de suite excusée de n'avoir rien à m'offrir. Pas de liqueurs, ni de bière, ni rien.

— Un peu de jus peut-être ? Un verre d'eau ?

— Un verre d'eau, merci. Je pars pour la Grèce avec France. Je reviendrai dans deux semaines.

Jean-François veut me montrer une vidéo. Yolande le sait. Il veut me montrer la scène du Club Med, bien sûr. Un souvenir qui le fait bien rire, où il a été la vedette de la soirée. Il est monté sur scène, et tout et tout. Jean-François a un petit côté *showbiz.* La scène se passe au Club Med de Paradise Island. Il y a un grand spectacle donné par les gentils membres, plus une quinzaine de touristes, danseurs amateurs, qui y vont d'une chorégraphie endiablée, au son de la Compagnie Créole. Ils sont déguisés avec des chapeaux et tout le monde rit. Au milieu de la troupe de danse, Jean-François Papin, un petit garçon heureux de 40 ans se prend pour Ricky Martin ! Et tout le monde applaudit et tout le monde il est content. Surtout la vedette.

Lorsque je regarde cet extrait de sa carrière de gentil membre au Club Med, il ne regarde pas l'écran, il me regarde. Ce qui l'intéresse, ce n'est pas de se regarder, mais de me voir, moi, le regarder. De me voir rire et m'amuser. Bien sûr, je ris. Parce que c'est drôle. Je ris parce que je suis touché en plein cœur.

Je suis revenu d'Athènes deux semaines plus tard, j'ai rappelé Yolande et nous avons pris rendez-vous chez elle. Elle aime mieux que Jean-François n'y soit pas. J'ai apporté des casquettes pour lui. Je les lui remets, elle me remercie et les pose sur un fauteuil. Nous sommes assis sur une chaise solide à la table.

Il y a en permanence sur cette table une grande mappemonde plastifiée, parce que Jean-François est fasciné par cette vue du ciel sur le vaste monde. Quand il entend dire qu'un joueur de baseball ou un joueur de hockey a été échangé et passe d'une ville à une autre, il s'installe devant sa carte géographique et se pose les questions fondamentales : comment le joueur a-t-il décidé de voyager entre Chicago et Miami ? A-t-il pris l'avion ? A-t-il préféré le train ? S'il a choisi le train – le bon choix, selon J.-F. – a-t-il pris le temps de s'arrêter à Kansas City pour visiter ? A-t-il aimé ce qu'il a vu par la fenêtre, tout le long du trajet ? Il a sûrement longé le Mississippi pendant un bout de temps… Jean-François a passé des heures à voyager sur la mappemonde posée sur sa table de cuisine.

Cet après midi-là, Yolande m'a raconté sa vie. J'ai pris des notes et je suis retourné chez moi. Depuis cette première rencontre, je communique souvent avec elle.

— Madame Papin, qu'en pensez-vous si je passais vous prendre avec Jean-François ? J'aimerais voir la maison de la rue Dagenais, voir votre voisinage à l'époque. Avez-vous une petite heure ?

Jean-François m'attend encore derrière sur son petit balcon avec ses magazines. Nous sommes allés voir ça, le 44 rue Dagenais. C'est juste là, tout près de la belle église de Sainte-Thérèse, à deux pas du Séminaire, devenu depuis longtemps le collège Lionel-Groulx. Il se souvient de tout. Il se souvient de qui habitait quelle maison. Il se souvient de l'école, juste au coin de la rue. Yolande trouve que tout a changé, à commencer par sa propre maison qui a été agrandie et qui est maintenant un centre d'hébergement pour personnes âgées. Au son de ces deux voix, j'entends bien que tout est encore très présent et très doux à leur mémoire.

Avant de retourner chez elle, nous sommes passés par chez moi. Yolande a beaucoup aimé le jardin de France. Toutes ces fleurs, ces arbustes, ces dessins. Jean-François partage l'éblouissement (je le soupçonne de le faire par politesse, le vlimeux…)

Joséphine, notre labrador, s'approche des visiteurs, la queue joyeuse, pleine d'intentions bienveillantes. Je ne sais pas si Jean-François a peur des chiens. Joséphine est douce et pacifique et il ne montre aucun signe de crainte.

J'ai rappelé Yolande le lendemain. J'aime nos conversations téléphoniques. J'en apprends toujours un peu plus sur mon ami pour la vie. Je ne savais pas si Jean-François avait peur des chiens. Jean-François n'a peur de rien, ni des animaux, ni de l'avion, ni des gens, ni de l'avenir, ni des piqûres, ni des médecins. Il n'est pas peureux. Avant, tout ce qui faisait beaucoup de bruit l'inquiétait, mais il n'est plus comme ça, au contraire, il aime tous les moteurs. Plus ils sont puissants, plus ils le fascinent. Les ascenseurs, tiens. Il en avait très peur et maintenant, les ascenseurs le passionnent. Il ne subsiste qu'une seule peur : la foudre. Jean-François est terrorisé par la foudre.

Quand Yolande parle de la peur que son enfant ressent quand le tonnerre gronde, on entend tout son tourment de mère. Et il n'y a rien à faire. Quand le tonnerre explose, Jean-François est en pleine torpeur et souffre beaucoup. Comme s'il vivait en plein cauchemar. Il s'enferme dans la salle de bain ou dans sa chambre. Autour du store de la fenêtre de sa chambre, il y a des agrafes, afin de bloquer complètement la fenêtre. Lorsqu'il sent l'orage arriver, son cœur bat très fort. Quand il est dans la salle de bain, il actionne le ventilateur pour enterrer le bruit et il attend que ça cesse, en espérant s'en sortir vivant, une fois de plus. Yolande a tout tenté pour chasser cette peur. Mille fois, elle lui a expliqué qu'il n'y avait aucun danger, elle lui a répété que les chances que la foudre s'abatte sur eux sont inexistantes.

— Il n'y a pas moins de danger dans la salle de bain, seul avec le ventilateur, que juste ici à côté de maman.

Rien n'arrive à chasser cette phobie incontrôlable. C'est peine perdue, c'est une peur viscérale. Il sent arriver la rage du temps, il voit venir le gros temps comme un petit animal et il va immédiatement se terrer chez lui jusqu'à ce que tous les nuages se soient dissipés. Il ne s'est jamais fait prendre dehors. Pendant un orage, il ne mange pas et ne bouge pas : il est figé de terreur. Depuis que Yolande m'a raconté la peur de Jean-François, chaque fois que le noir se pointe à l'ouest, que le temps s'alourdit, je pense à lui.

Jean-François Papin n'aime pas les «cochonneries», ni les chips ni la liqueur, ni les bonbons, ni le chocolat. Et il n'aime ni les frites – je comprends maintenant pourquoi il n'a pas touché à la frite que je lui avais offerte –, ni la moutarde, ni le ketchup. Il est discipliné côté alimentation et cela ne lui demande pas d'efforts. Un enfant modèle, quoi. Il aime et mange des fruits, des légumes, des céréales, un peu de viande, et il ne fait jamais d'excès. Pas d'alcool, pas de tabac.

Dans sa petite enfance, les médecins ont averti Yolande qu'à cause de son foie presque inexistant et de son système digestif ultra-fragile, il faut être prudent. Jean-François a une alimentation très saine et frugale. D'ailleurs, il a développé le goût des bonnes choses et il a un talent certain pour la modération.

Il y a sûrement quelque chose de bon dans son régime, parce qu'il est en forme, le gars. Sa maison est à Sainte-Thérèse «en haut». Pour aller au parc ou à l'aréna, avec son gros tricycle, c'est facile : il descend la longue pente. Mais pour revenir, il a intérêt à avoir du ressort, le mollet solide et la cuisse ferme, le vieux Jean-François. Il se tape le trajet plusieurs fois par jour.

Jean-François reste indifférent devant un cadeau. Quand je lui ai rapporté des casquettes la dernière fois, j'ai bien senti que Yolande a été polie et n'a pas voulu m'embarrasser en les refusant. Elle les a posées sur le fauteuil et on a parlé d'autre chose. Il ne ressent rien quand il reçoit un cadeau. Mes casquettes vont tomber dans le néant. Six casquettes neuves ? Pourquoi ? Posséder un objet qui ne sert pas, ça ne l'intéresse pas. C'est toujours pareil. Développer un cadeau est un exercice qui le laisse sans l'ombre d'une joie, que ce soit à Noël ou à sa fête. Par contre, il aime l'effervescence autour de sa fête. Il adore être le roi de la journée et insiste pour qu'on lui téléphone pour lui souhaiter bonne fête. Bien mal pris celui ou celle qui ne lui téléphone pas assez vite à son goût, car il appellera lui-même le fautif ou la fautive.

— Monique ? As-tu oublié de m'appeler ? C'est ma fête, j'ai 44 ans.

Le 8 mai, il aime être la vedette du jour. Il aime quand tout le monde est rassemblé autour de cette chose avec du crémage et des chandelles allumées. Un gâteau auquel il ne goûtera pas. Le cadeau, l'objet emballé, à moins d'exception, cela l'indiffère. Il aimera une chose utile. Comme un baromètre ou une lampe de poche. Ou une photo de Mitsou. Ça, ça le pince un petit peu. Il la plie quand même en quatre et la met dans ses poches, mais Mitsou c'est Mitsou et elle a droit à un battement de cœur.

À l'aréna de Sainte-Thérèse, il y a des activités, même pendant l'été. Cette année, Dominique Roussel, un ancien joueur de la Ligue nationale de hockey, dirige une école de gardiens de but. Tout le monde sait que Jean-François a eu une belle carrière de gardien de but. Il passe ses journées là. Ce sont de tout jeunes gardiens de but, des enfants entre 10 ans et 16 ans. Alors, qui dit enfants dit mamans. Jean-François y est heureux comme au paradis. Avec toutes ces jeunes mamans souriantes et en voix. Lorsque c'est congé de hockey à l'aréna, il va à la bibliothèque pour se livrer à une de ses activités favorites, regarder des destinations touristiques sur le Net. Il lui arrive aussi d'emprunter un jeu de table. Il y en a plein. De plus, Jean-François travaille à la bibliothèque. En septembre, à la rentrée scolaire, il y est presque tous les jours. On lui confie trois tâches.

1. Il démarre les ordinateurs en entrant le matin.
2. Il replace les bandes dessinées que les enfants rapportent.

3. Il remplace les revues périmées par les nouveaux numéros.

Les bibliothécaires sont toutes en amour avec lui. Pour Jean-François, les mamans à l'aréna et les intellectuelles à la bibliothèque sont sur le même pied, pourvu qu'elles sourient. Avant de quitter la maison pour accomplir sa tâche à la bibliothèque ou pour toute autre raison, Yolande lui dit d'aller se regarder dans le miroir.

— Jean-François, regarde de quoi t'as l'air. Tu peux pas sortir comme ça. Rentre ta chemise dans tes culottes. Attache ta ceinture comme il faut…

Pour lui ce sont des détails sans importance qu'il ne remarque même pas. Mettre sa chemise dans les culottes? Pourquoi? Et quand il enfourche son tricycle, il a toujours droit aux mêmes recommandations de maman:

— N'embarque dans l'auto de personne. Ne va nulle part sans que je le sache.

Tous les jours depuis qu'il est tout petit, chaque fois, c'est la même rengaine.

— Je veux savoir où tu es, parce que si je ne le sais pas, je ne pourrai pas te retrouver.

Jean-François obéit à la lettre aux directives de sa mère. Une dame que Yolande connaît, une voisine, en le voyant marcher loin de la maison, lui a offert de le raccompagner. Il a refusé. La dame a rapporté l'épisode à Yolande, qui a été rassurée.

Parfois, Jean-François fait rire sa mère. Cet été, ils ont passé beaucoup de temps dans la piscine chez Lisanne, à deux pas de leur petit *townhouse*. Jean-François s'y rend sur son tricycle et il a appris le code pour ouvrir la porte du garage. Il gare son gros tricycle à pédales comme si c'était une auto: actionner la porte du garage, garer sa grosse machine, c'est le fun. Yolande trouve ça comique.

## 1976

Jean-François a maintenant 12 ans et il continue de fréquenter l'école des Érables à Deux-Montagnes. Les autres enfants Papin poursuivent leurs études avec beaucoup de succès... et Yolande en a toujours plein les bras! Elle se demande encore par quel miracle elle arrive à boucler ses journées. De très tôt le matin à très tard le soir, elle n'arrête jamais, jamais.

Elle s'est finalement habituée au *statu quo* avec Gérard, mais un jour, ils en sont venus à l'inévitable: la séparation. Les semaines et les mois qui ont suivi ont été difficiles. C'est à ce moment que Jean-François a commencé à faire du psoriasis. Il en fera toute sa vie. Son traumatisme se manifeste non seulement dans son corps, mais son moral aussi est affecté. Ce sont les jours les plus sombres de sa vie. Jamais Jean-François n'a été si déprimé et si triste et jamais par la suite il ne le sera autant.

Comme Gérard a de très bons revenus et des économies, il assumera tous les coûts. Les enfants qui fréquentent différentes institutions privées continueront d'y aller. La maison de la rue Dagenais est désormais la maison de Yolande et de ses six enfants, et Gérard paie l'hypothèque et les dépenses courantes. Il versera aussi une pension pour nourrir et habiller la famille et fournira une auto, un élément essentiel. Yolande n'a pas voulu changer son nom et revenir à Caron, son nom de fille. Elle s'appelle Papin et portera ce nom toute sa vie.

À partir de là, une tradition s'est instaurée entre Gérard et Jean-François: chaque année, ils passent ensemble une semaine à la mer. Pendant cette semaine, année après année, ils partent tous les deux en voiture et Gérard fait les quatre volontés de son fils. Déjà, Jean-François a commencé à s'intéresser aux grandes villes américaines. Il n'est donc pas question de passer à New York sans aller écarquiller les yeux devant ses principaux monuments. Il faut voir et regarder surtout l'Empire State Building, la statue de la Liberté et Times Square. Et après New York, il y a Philadelphie (Pennsylvanie, répondit l'écho…). De plus, Jean-François a une chose merveilleuse sur les genoux: une carte routière. Et un guide, avec des images. Après Philadelphie, c'est Washington: le Capitole, la Maison Blanche, le Pentagone. On ne peut pas contourner Washington et se priver de ces merveilleuses choses qu'il a vues dans les livres. Gérard acquiesce aux demandes de son fils sans jamais rechigner. Comme un bon père.

Rendu à destination, sur une plage de Virginia Beach, ou de Myrtle Beach, ou de Hilton Head ou d'ailleurs, il y a la mer et la piscine. Qui dit mer et piscine dit belles femmes. La vie est bonne pour ce jeune homme. Gérard n'a pas une grande conversation, mais qu'à cela ne tienne, Jean-François se contente de regarder, sans dire un mot. De toute façon, il aurait fallu que Gérard soit diablement intéressant pour détourner l'attention et le regard de cet impénitent scrutateur de sourires de femmes.

Durant ces « vacances », Yolande offre son temps aux cinq autres enfants. Elle sait qu'elle se consacre beaucoup plus à Jean-François qu'aux autres, par la force des choses, alors quand Jean-François part avec Gérard, elle en profite pour se consacrer un peu plus aux autres enfants. Monique, l'avant-dernière, est rassurante:

— Je ne sais pas si un jour je pourrai te remettre tout ce que tu as fait pour moi, maman.

Quant aux hommes et aux fréquentations, pour Yolande, c'est fini. Elle aura connu Gérard, c'est et ça sera tout. Il y a le manque de temps mais il y a aussi le manque d'intérêt. La vie de cette femme est ailleurs. Elle ne le cachera jamais : l'amour, elle l'a connu. La flamme, les yeux dans le vague et le cœur qui bondit, elle a vécu tout ça, et très fort. Avec cet homme qui n'en méritait pas tant ? Peut-être, mais elle ne le reniera jamais. Elle gardera toujours en mémoire sa voix douce qui connaît tous les bons mots. Elle se souviendra de son mystère, de ses manières, de son charme. Il sera toujours un beau souvenir. Bien sûr, il y a eu la peine d'amour. Peut-être était-ce le prix à payer pour avoir le reste. De toute façon, tout ça, c'est loin derrière… Tranquillement, les sentiments de Yolande pour Gérard changent, évoluent et se transforment en quelque chose d'autre. Avec le temps, cela ressemble à de la compassion.

Son cœur n'est plus brisé, il est même en grande forme. Le cœur de Yolande est très occupé. Avec ses six enfants, voilà un cœur qui a une gigantesque charge d'amour, qui donne et qui reçoit. Elle aura toujours de l'affection pour Gérard, qui a contribué largement à son grand bonheur, à tout cet amour que ses six enfants lui donnent. Il est le père, après tout. Elle ne peut pas et ne veut pas le détester ni le mépriser. Elle ne le reniera jamais. Ce n'est pas un mauvais homme. Il a fait les mauvais choix, c'est tout.


## Monoparentale

À cette époque, le cas classique d'une mère monoparentale, c'est une jeune femme un peu miséreuse, à peine sortie de l'adolescence, avec un enfant accidentel, qui travaille comme serveuse dans un restaurant et qui vit dans un petit appartement de Montréal-Nord. Ce n'est pas du tout le portrait de Yolande, une femme de 53 ans, avec ses six enfants, qui demeure dans un bungalow de Sainte-Thérèse.

Marie-Claude, la plus vieille, a 25 ans. Depuis toujours, elle est le bras droit de Yolande. Après le départ de Gérard, elle est aussi devenue son bras gauche. Toute sa vie, Yolande aura craint de lui en avoir trop demandé. Pourtant Marie-Claude ne s'est jamais fait prier. Elle en aurait fait deux fois plus pour sa mère.

En plus d'être sérieux dans leurs études, tous les enfants de Yolande ont travaillé très tôt. Ils ont occupé toutes sortes d'emplois : commis dans les postes de péage de l'autoroute des Laurentides, à deux pas de la maison, plongeurs dans les clubs de golf des environs, et Lisanne a travaillé aux Jeux olympiques de Montréal. Jacques a tout fait au Mont-Saint-Sauveur : il a commencé comme patrouilleur, puis il a été instructeur et enfin, membre de la direction.

Yolande en a plein les bras, mais de voir quotidiennement tous ses jeunes enfants mettre l'épaule à la roue lui insuffle le courage dont elle a besoin. Sa tâche est astronomique et si elle n'avait pas l'aide de chacun de ses enfants, elle serait incapable de faire rouler cette maison et de s'assurer que Jean-François, son adolescent de cinq ans, ne manque de rien.

Jean-François est le pôle central, la flamme, le cœur de la maison. C'est l'enfant sourire, l'enfant aimé. À partir du milieu de l'adolescence, Yolande n'a plus aucun doute : son fils restera toujours un enfant. Il continuera toujours de mûrir intellectuellement, mais c'est comme si le processus de mûrissement était dix fois plus lent dans son cas. Le temps devient un élément très relatif. Ainsi, quand elle raconte ses souvenirs, il lui est impossible de dire quel âge avait Jean-François lors d'un événement ou d'un autre.

## Diagnostic

Au début des années 1980, il y a des avancées dans le domaine de la médecine neurologique. Le docteur Andermann, qui suit notre homme à la trace depuis le début, est passé en quatrième vitesse. Il est de plus en plus déterminé à en arriver enfin à un diagnostic précis. Cette lettre du docteur Andermann à son épouse Eva, neurogénéticienne, témoigne de l'urgence. Elle est datée de la fin novembre 1981.

> Dr Eva Andermann
> Montreal Neurological Hospital
>
> Chère Eva,
> J'aimerais que tu puisses revoir Jean-François Papin. Je l'ai rencontré aujourd'hui avec sa mère et sa sœur, étudiante en quatrième année de médecine. Depuis son séjour à l'hôpital, en 1974, il y a une lente mais constante amélioration. Il a un très bon sens de l'humour et est capable de se rappeler de pièces musicales classiques entendues lors de spectacles de l'Orchestre symphonique de Montréal. Il identifie ces pièces avec précision.
>
> En même temps, sa façon de bouger et de se comporter confirme qu'il a bel et bien un retard intellectuel. Il est quand même le meilleur étudiant de l'école spécialisée qu'il fréquente à Deux-Montagnes.
>
> Lors de l'examen neurologique, il continue de présenter cette spasticité qu'il a toujours eue aux membres

inférieurs et à un moindre degré aux membres supérieurs. Il a aussi une raideur apparente aux articulations des coudes et des mains. Il n'y a pas d'anomalie abdominale notée.

Ce garçon, qui a un nombre important d'anomalies congénitales, mais surtout une apparence très particulière, n'a jamais reçu de diagnostic définitif et précis. J'ai toujours été convaincu que son diagnostic doit être plus spécifique que « nombreuses anomalies congénitales ».

De plus, je crois qu'il pourrait présenter une forme de syndrome de mucolipidose, mais les tests effectués à répétition par le docteur Léon Wolfe n'ont jamais permis de trouver des anomalies ou la présence d'oligosaccharides dans les urines pour confirmer ce diagnostic. Tous les tests effectués concernant les galactosides se sont toujours avérés normaux.

Je suis d'accord avec ta suggestion pour qu'il soit évalué en consultation par les D$^r$ Clarke Fraser et Marilyn Pruce en ta présence et celle de Sammy, car j'espère que vous pourrez nous guider vers un diagnostic plus précis.

Merci à l'avance pour ton aide,

Salutations distinguées,

Frederick Andermann M.D.

Le docteur Andermann sait que son épouse Eva, bien au fait des dernières découvertes en neurologie, a les clés pour dénouer l'énigme. Enfin, après toutes ces années, le diagnostic tombe : Jean-François est atteint du syndrome de Williams, une naissance sur 20 000. Plus tard, on parlera d'une naissance sur 7500. Le syndrome a été identifié par un médecin de la Nouvelle-Zélande, le docteur J.C.P. Williams, au tout début des années 1960, quelques années avant la naissance de Jean-François.

Ce docteur Williams a une histoire singulière et mystérieuse dont personne ne connaît la conclusion. Il était registraire à l'hôpital Greenlane d'Auckland, en Nouvelle-Zélande, lorsqu'il a remarqué qu'un certain nombre d'enfants hospitalisés pour subir des opérations au cœur présentaient des pathologies semblables et avaient des traits du visage communs. Ils étaient tous très sociables, aimaient jaser. Ils étaient tous petits et accusaient des retards intellectuels à divers degrés. Il en a discuté avec les membres du département de cardiologie de l'institution, qui l'ont incité à poursuivre ses recherches. Certaines personnes ayant contribué à ses travaux ont dit de lui qu'il était un homme charmant et affable. Il a travaillé à Greenlane jusqu'en 1964.

On lui a alors offert de joindre les rangs de la célèbre clinique Mayo, aux États-Unis, et il a accepté. Les dirigeants de la clinique l'ont attendu, mais en vain. Il ne s'est jamais présenté. Il est réapparu à Londres quelque temps plus tard, et la clinique Mayo lui a de nouveau offert un poste important. Il a encore accepté, mais encore une fois, il ne s'est pas présenté. Le docteur Williams a tout bonnement disparu. Sa famille n'a plus jamais eu de ses nouvelles. On a retrouvé une de ses valises, laissée en consigne dans une gare de Londres, valise qui n'a jamais été réclamée. Fin de l'histoire.

De pouvoir enfin mettre un nom sur la condition de son fils a satisfait la curiosité de Yolande, mais pas beaucoup plus.

Quel que soit le nom, l'identification scientifique, l'étiquette qu'on va maintenant mettre sur le syndrome qui affecte son fils, ça ne change rien. Je t'aime et tu m'aimes à la vie à la mort, comme d'habitude. C'est pour les spécialistes, tous ces détails, pas pour elle.

Lisanne, jeune médecin, est beaucoup plus curieuse. Elle fait des recherches et découvre des trésors concernant son cher petit frère et les autres gens atteints du syndrome de Williams. Par exemple, il ne faut pas s'étonner de l'intérêt de Jean-François pour la musique classique, l'opéra et la musique en général : les Williams ont l'ouïe hyperdéveloppée. Ceux qui n'ont pas de problèmes de motricité peuvent même devenir d'excellents musiciens. Jean-François devra se contenter d'en écouter. Les personnes atteintes de ce syndrome ont un sens aigu de la rythmique et possèdent l'oreille universelle. Ils peuvent faire la différence, juste au son, entre une marque d'aspirateur et une autre.

Ils ont non seulement une oreille sensible, qui leur permet d'entendre des sons que vous et moi on ne connaît pas, mais ils ont aussi une oreille talentueuse. Une oreille éduquée et raffinée, qui va chercher dans la musique des subtilités que seuls les experts savent habituellement apprécier. Yolande sera la première à constater qu'elle bénéficie de l'engouement de son enfant pour la belle musique. La bande sonore de sa vie à la maison aura été signée des plus grands compositeurs, des plus grands orchestres, et des plus grandes œuvres. À cause de ce petit lutin, elle aura vécu entourée de Mozart, de Chopin, de Maria Callas et de Charles Dutoit.

Il ne faut pas s'étonner non plus que le tonnerre, ce son terrifiant, lui fasse si peur. Les sons violents, les cris et les explosions sont ressentis comme des agressions, surtout quand ils se produisent sans avertissement. Paradoxalement, les sons, même les plus assourdissants, peuvent également être fascinants pour les Williams. Le son des moteurs, entre autres. Plus gros le moteur, plus captivant son langage.

Parmi les autres traits de caractère des Williams, il y a le sourire continuel, la nature joviale, la volonté de plaire et l'intérêt qu'ils portent naturellement aux autres. Avec le temps, Yolande s'est habituée au rythme et aux comportements de son fils, à sa façon d'être. Ce qu'elle découvre depuis le tout début de sa vie, de jour en jour, ce qu'elle constate, c'est que ce petit homme a des leçons à donner à tous, à elle d'abord. Ce petit homme carbure à la joie. Ce petit homme prend la vie comme un cadeau. Il n'est jamais malheureux. Il n'est jamais égoïste, jamais chialeur. Il ne pleure pas. Elle n'aurait jamais, au grand jamais, changé quoi que ce soit à ce qu'il est. Pourquoi l'aurait-elle fait ? Ce petit garçon qui ne vieillit pas est l'être le plus aimable, le plus attentif et le plus gentil qui soit.

Il fait des progrès et des découvertes à tous les jours. Il ne perd jamais le sourire et garde sa grande capacité à s'émerveiller. Jean-François carbure au bonheur des autres. C'est le bonheur des autres qui le rend heureux. Quand il est gentil avec les autres, quand il leur sourit, il reçoit en retour des sourires et des yeux doux. Une roue qui tourne dans le bon sens. C'est un exemple. Yolande comprend tous les jours un peu plus que son enfant est un ange.

## Un mot à proscrire

Les frères et les sœurs de Jean-François sont tous de grands sportifs. L'activité physique fait partie des mœurs familiales, le ski et la natation en particulier. Tous les enfants ont gagné des concours et participé à des compétitions. Comme il éprouve des difficultés motrices, les sports sont dangereux pour Jean-François. Finalement, il est le seul intellectuel de la famille. Le seul à vibrer aux grands orchestres. Le seul à être capable de rester devant un opéra sans bouger, en goûtant chaque temps, chaque note de chaque partition, de chaque instrument. Quand une musique meuble le fond de l'air, quelle que soit la circonstance, cette musique laisse des traces dans son esprit et s'imprime dans sa mémoire.

Jean-François sait nager. C'est-à-dire qu'il peut se déplacer dans l'eau en toute sécurité. Il n'est pas Tarzan ni Flipper. Le ski, c'est hors de question, mais Yolande n'est jamais à court de projets pour son enfant, Yolande cherche un sport. Pourquoi pas le baseball? C'est un jeu social. Il pourrait y rencontrer des gens et il a toujours aimé se rendre au parc en spectateur. Yolande a trouvé un organisme qui donne un camp de baseball «spécial» et elle y inscrit son fils, mais ça n'a pas été facile au début. Yolande accommode un autre petit garçon qu'elle passe chercher et qu'elle amène au camp de baseball.

Jean-François n'aime pas ça. Il est inconfortable en présence de ce pauvre petit garçon handicapé. D'ailleurs, ce mot «handicapé» est proscrit chez les Papin. Dès que Jean-François en a appris le sens, ce mot est devenu un irritant pour lui. Il ne le tolère pas. C'est un mot qui le blesse.

— Pourquoi tu l'amènes, lui?

— Tu ne veux pas l'amener? Bon. Alors, descends de l'auto. Je vais aller le conduire. J'ai promis à sa maman de l'amener au parc. Quand on promet, on tient sa promesse.

Il a fini par accepter la situation. Est-ce la peur d'être considéré comme ce petit garçon? La crainte d'être catalogué sur la même page? Yolande ne le voit pas du tout comme ça. L'autre petit garçon est un cas beaucoup plus lourd que son fils. Plus lourd pour plein de raisons : le père de ce petit garçon a mis fin à ses jours. Alors, voilà une maman qui a besoin d'aide encore plus qu'elle.

Jean-François n'aime pas l'entourage des gens handicapés. Il ne se sent pas dans son élément. Ce n'est pas sa gang. Yolande l'a accompagné dans toutes sortes de soirées, de soupers, de fêtes spéciales, de danses. Il y est allé quelques fois mais sans enthousiasme. Il y va pour faire plaisir à Yolande, pour ne pas lui faire de la peine. Il est malheureux dans ces occasions, Yolande le voit.

Jean-François est un grand jaseur. Il aime faire la conversation, se renseigner. Il est curieux et il est facile de constater que, dans ces rencontres, les gens n'ont pas beaucoup à raconter, alors il s'emmerde. Il ne se reconnaît pas dans ce groupe. Il n'a pas d'affaire là. Yolande ne l'a plus amené.

Une ligue de bowling ! Voilà l'affaire ! Ça, oui. Et pas une ligue de bowling « spéciale », une vraie ligue de bowling avec des vraies filles. Jean-François Papin est devenu une des stars de la ligue de bowling et un joueur pas pire… Ça se passe toujours de la même façon. Quand Jean-François arrive dans un nouveau groupe, au début, les gens sont froids et hésitants. Ils sont distants. Ils ont peur. Ils constatent qu'il est différent et ils se sentent inconfortables en sa présence. Puis, au bout de quelque temps, l'inconfort disparaît et l'entourage est séduit.

Sa carrière de quilleur a duré quatre ans. Pendant quatre ans, à chaque abat de Jean-François Papin, quand aucune quille ne résiste au lancer parfait du *king,* il y a une explosion dans son cœur et les témoins sont heureux. Quelle séquence musicale formidable : le grondement sourd de la boule qui roule sur les planches ; puis la collision et la cascade des quilles qui tombent dans tous les sens ; son cri de joie ; et le cri des autres !

Pendant quatre ans, tous les mardis soirs à 20 heures, Jean-François a mis ses souliers pointure 7 et a été accueilli comme une star.

> Jean-François carbure au bonheur des autres. C'est le bonheur des autres qui le rend heureux

Au bout de ces quatre ans, l'organisation a changé et les nouveaux responsables ont établi des critères que Jean-François ne rencontre pas. On lui a dit de ne plus revenir. Décision ordinaire. Une bien drôle de ligue qui peut se passer d'un tel joueur. Le seul joueur de la ligue qui peut tourner le dos aux quilles, et juste à les entendre, dire combien sont tombées et lesquelles restent debout. Ou presque.

Jean-François n'a jamais souffert de sa situation. Quand il se compare aux autres, il ne se désole pas, il a même une excellente opinion de lui-même. Il fait ce que nous devrions tous faire : il s'aime. Il se trouve bon. Même si, par moments, il beurre un peu épais, comme la fois où son grand frère Jacques a refait le toit de sa maison et où il a invité Jean-François à l'aider. Il est donc monté sur le toit et a planté une demi-douzaine de clous. Très bien plantés, tous les six. Depuis, chaque fois qu'il passe devant la maison de Jacques, il ne manque pas de souligner que c'est lui, oui, lui-même qui a refait le toit ! Ce toit-là, c'est son œuvre. Le plus beau toit de la place.

Étant un résident de Sainte-Thérèse depuis toujours et un habitué des parcs de la ville, de l'aréna et de la bibliothèque, il est connu et reconnu par presque tous. Ainsi, quand vient le temps de faire l'épicerie, Yolande aime mieux y aller toute seule, c'est moins long. S'il l'accompagne, il jase avec tout le monde et embrasse les femmes. Yolande n'a pas le temps de jouer les chaperons.

## Souvenirs de voyages

Un jour, à la gare Windsor, Jean-François s'est arrêté devant une affiche de train qui le fait rêver. Dès son retour à la maison, Yolande a appelé les gens de Via Rail et Jean-François a reçu plein d'affiches de trains.

Il a toujours possédé des cartes postales de trains qu'il regarde avec passion. S'il ne s'était pas pris pour un mécanicien, il aurait peut-être conservé tous les trains électriques qu'il a reçus. Mais aucun wagon n'a résisté à sa curiosité et Yolande a passé son temps à ramasser des bouts de wagons, des pièces, des roues et des bidules qu'elle jetait à la poubelle.

Pour Jean-François, voyager en train, c'est vivre pendant quelques heures, voire quelques jours, dans un film. C'est être au milieu d'un rêve extraordinaire. Les images, le confort, la sécurité des bruits de fond et sa mère juste là, à côté, c'est le paradis. Cette fois, le train amène Jean-François et Yolande en Floride, sur la côte Ouest, à Tampa. Il a le front collé sur la vitre, hypnotisé par le rythme infatigable des wagons et les couleurs qui se déroulent devant lui. Les villages, les clochers, les autos et les enfants qui le saluent. Chaque fois que le train s'arrête en gare pour y déposer et y accueillir de nouveaux passagers, Jean-François voudrait bien aussi débarquer et visiter. Voir les filles un peu.

Ils s'arrêtent à Disneyworld. Mickey Mouse, Pluto, Dingo, les nains, Donald Duck et les autres bibittes célèbres l'indiffèrent complètement… quoique Blanche-Neige a chatouillé son petit cœur, c'est sûr. Les manèges ne l'intéressent pas plus : ça va trop vite, c'est dangereux. Par contre, les filles. Ah, les filles ! Toutes ces jeunes mamans, plus belles et plus souriantes les unes que les autres, quel spectacle ! Le soir, c'est le défilé avec la musique, les chansons et les chars allégoriques illuminés de quatre mille feux. Tous ces regards amusés séduisent Jean-François. L'ambiance, la joie palpable et les couleurs.

Les voyages ont pris beaucoup d'importance dans la vie de Yolande et de Jean-François. Elle ne compte pas le kilométrage parcouru avec son fils en auto, en train, en autobus, en Winnebago, en avion. Ses plus beaux, ses plus mémorables voyages, c'est au Club Med. Oui, madame : ses trois voyages au Club Med : Paradise Island, Varadero et Pointe-au-Pic. Il n'y a pas eu qu'un numéro de danse au Club Med, il y a eu la médaille de Jean-François, obtenue au tir à l'arc, un souvenir cher à la mémoire de ce champion, ce Guillaume Tell des temps modernes.

## L'affaire de la chemise

Celle-là, il l'a trouvée moins drôle. Voici. Jean-François, toujours partant pour avoir du plaisir, a accepté de participer à une mise en scène. Les joyeux volontaires arrivent sur scène en chemise et cravate, s'adonnent à une chorégraphie amusante qui se termine par un *strip-tease*. Les gars saluent la foule en délire, en maillot de bain. En plein le truc qui amuse Jean-François. Sauf que rendu à la fin du numéro, quand il faut procéder au déshabillage progressif, Jean-François est incapable de déboutonner sa chemise. La manipulation de ces petits boutons, avec toute la musique, les cris des gens et la tension, il n'a jamais pu enlever la chemise, ni la cravate. Il a peiné longtemps sans réussir. Et la foule s'est écroulée de rire devant ses difficultés. Ces rires l'ont blessé, il a eu honte de lui-même et en a gardé un souvenir amer.

Quelques années plus tard, les enfants Papin ont fait une photo de famille, un cadeau de Noël à maman Yolande. Pour cette photo, tout le monde est tiré à quatre épingles, mais Jean-François n'a jamais voulu mettre de chemise. Il n'a jamais dit pourquoi. Ses frères et sœurs ne comprennent pas pourquoi il s'obstine à ne pas vouloir mettre cette belle chemise qui lui va si bien. Jamais. Pas d'explication, juste jamais. Yolande s'est souvenue de l'épisode du *strip-tease* au Club Med. Ce vêtement est marqué.

Enfants Papin : Luc, Lisanne, Jean-François,
Marie-Claude, Monique et Jacques

## Août 2008, bis

Yolande ne parle jamais de son fils, elle parle toujours de son enfant. Son enfant de 44 ans. Je suis jaloux. Voici une maman qui a eu son enfant avec elle toute sa vie. Voici une maman qui ne s'est jamais fait dire : « je n'ai plus besoin de toi ». Une maman qui a droit au sourire de son enfant tout au long de ses jours. Dans ses rêves, cet enfant se voit moniteur au Club Med.

— Je veux être un gentil organisateur au Club Med, maman.

— Il faut savoir compter, et il faut savoir écrire pour faire ce travail-là. Tu n'as jamais appris, et maintenant tu es trop vieux.

Il accepte la réponse sans se laisser atteindre, sans chialer, sans bouder. Un enfant « raisonnable » comme on dit. Correction, Jean-François sait lire. Un peu. Quand les lettres sont détachées et que le texte est court. Il ne lit pas de romans, mais un petit paragraphe pas trop compliqué. Il réunit assez de concentration et de réflexion pour y arriver. Il a lu dans le journal que Jean-Guy Chapados était décédé.

— Qui ? lui a demandé Yolande

— Jean-Guy Chapados, le mari de Renée Martel, il joue de la basse. Il a déjà joué avec Ginette Reno.

Pour les chiffres, c'est plus difficile. Il ne comprend pas l'argent par exemple. Il n'a aucune idée de la valeur des choses. Dans sa tête, les choses ne se placent pas dans l'ordre de leur valeur sur le marché. Deux dollars, 200 ou 2000 dollars, ça ne rentre pas.

Par ailleurs, il a une bonne mémoire photographique des lieux qu'il visite. Il reconnaît toujours les routes que Yolande emprunte en l'amenant ici ou là.

Elle ne l'amène presque plus chez Gérard, son père qui ne va pas bien ces jours-ci et qui a beaucoup vieilli. Il n'a pas les mêmes 84 ans que Yolande. Il n'entend presque plus et est encore plus silencieux qu'avant. Jean-François trouve ça ennuyant d'aller voir son vieux père. Yolande a encore plus de pitié pour ce vieil homme malheureux.

— Je n'aimerais pas vivre ce qu'il vit, dit-elle avec beaucoup d'empathie. Ça doit être terrible de ne pas être près de ses enfants.

Le temps fait aussi son œuvre chez Yolande. Elle tente de vivre le bonheur au quotidien, mais elle se préoccupe de l'avenir. Elle a subi une fracture du tibia qui a grugé son temps l'an dernier. Elle a eu besoin d'aide domestique et elle a été obligée de demander. Demander, c'est la pire des choses. Durant la période des fêtes, l'an dernier, elle en était rendue là et elle ne la trouvait pas drôle. La dame qui habite au-dessus lui a donné un coup de main. Monique, Marie-Claude et Lisanne ont préparé les repas. Yolande éprouve aussi des épisodes de vertige positionnel. Elle devient soudainement étourdie et ne peut plus bouger. Il faut qu'elle se repose. Ces petits passages à vide la placent devant une réalité qui l'inquiète : le temps où elle ne pourra plus tenir maison arrive bientôt.

Lisanne, sa fille, ne veut pas en entendre parler : sa mère est bien dans sa maison et elle est toujours parfaitement capable de profiter de la vie avec son enfant. Jean-François se rallie à l'opinion de sa grande sœur. Affectueusement, il s'approche de sa maman et, en la caressant, lui répète :

— T'es encore bonne, m'man. T'es encore bonne. Tant que tu conduis ton auto, ça veut dire que t'es bonne. Au jour le jour. Faut prendre la vie au jour le jour…

Ce n'est pas la mort qui fout la brume dans la vie de cette maman :

— Mourir, ça ne me dérange pas. Je suis prête. Mes papiers sont en ordre et je n'ai aucune inquiétude pour Jean-François. Quelqu'un en prendra soin, c'est certain. Ce que je souhaite, c'est que quelqu'un vienne ici, emménage avec lui. Une femme qui continuera de faire ce que je fais pour lui. Qui lui préparera ses repas, lavera son linge, en prendra soin. Je lui donnerai ma maison, mon auto. Je prie pour que Jean-François continue à avoir quelqu'un pour l'accueillir dans sa maison quand il revient du parc…

Ce n'est pas la mort qui fait peur à Yolande, c'est la vie. Elle craint qu'un jour on la déclare incapable de prendre soin de lui, et cela la terrifie. La vie loin de son enfant c'est pire que la mort. Loin de son enfant qui lui sourit tous les matins. Qui lui dit je t'aime dix fois par jour, depuis toujours. Qui s'inquiète, qui la protège. Qui lui fait les yeux doux, toujours. Juste le fait de savoir que Jean-François est ailleurs, c'est trop difficile.

— Je suis fière de tous mes enfants, mais lui, c'est différent. Il est mon héros, mon exemple, ma raison de vivre, il m'a tout montré ce que je sais. Il m'a gardé jeune toute ma vie.

Non seulement Yolande n'a jamais été amère et n'a jamais considéré que la vie ne lui a pas laissé de chance, au contraire : Jean-François est un cadeau du ciel, une bénédiction. Quand elle a réuni ses enfants dans le salon en 1967, et qu'elle leur a expliqué que Jean-François devait être un projet collectif, elle ne se doutait jamais de ce que l'avenir lui réservait. Aujourd'hui, au crépuscule de sa vie, c'est avec une gratitude impossible à exprimer et une grande reconnaissance qu'elle regarde toutes les personnes autour de Jean-François qui ont contribué à son bonheur. Elle pense à tous les amateurs de baseball dans les estrades et à Daniel, qui vend des billets. Aux douzaines de médecins, infirmières et préposés qui ont pris soin de son petit. Elle revoit tous les petits voisins qui jouent dans la piscine de la maison de la rue Dagenais et leurs parents. Les gens à la bibliothèque ou à l'aréna, les organisateurs de tournois de ceci ou de cela qui confient à Jean-François des tâches capitales comme étamper les mains des spectateurs. Elle pense à tous ces gens de l'école à Deux-Montagnes, du camp à Saint-Alphonse-Rodriguez, dans les trains ou les salles de bowling, à ces milliers de femmes au grand sourire qui ont fait battre le cœur de Jean-François, dont Mitsou et Line Laramée. Au monsieur qui ramasse la neige et qui donne des jambières de gardien de but. Au petit garçon de cinq ans avec qui il fait des legos.

Elle pense à tous ces gens qui ont offert une vie à son Jean-François, tous ces gens qui lui ont créé un monde. Elle pense à tous ces gens qui ont fait de lui quelqu'un comme les autres. Elle se sent en dette avec toutes ces personnes. À tous ceux-là, à toutes celles-là, Yolande dit merci.

— T'es encore bonne, m'man. T'es encore bonne.

# Michel, fils de Serge

## Je n'aurai plus jamais peur

*Michel est un homme béni par le génie du comique,
mais il a grandi en méprisant son père alcoolique et dépressif.
Avec le temps, il découvre qu'il est le reflet exact
de celui qu'il déteste. À travers les chutes, les rechutes
et les rédemptions, la douleur, la gloire et la mort,
ils deviendront par amour, inséparables pour l'éternité.*

# Prologue

Je marche sept kilomètres chaque jour et je suis incapable de
marcher tout seul. Il faut que je sois accompagné. Seul avec
moi-même, j'ai l'impression de perdre mon temps, j'ai peur
de radoter de vieilles pensées ou de cultiver de nouvelles para-
noïas. Aussi, j'ai plusieurs partenaires de marche.

Il y a Joséphine. Mon labrador chocolat femelle. Elle est
née précisément 24 ans après la mort d'Elvis et elle est arrivée
chez nous quelques semaines après le 11 septembre, en 2001.
C'est une grande amie avec qui je m'amuse beaucoup. Mon
jeu favori est de lui taper sur les nerfs et de la faire japper. Elle
adore ça, elle aussi. Je pense. Quand on va marcher, elle sait
que j'ai des gâteries dans la poche gauche de mon jean ou de
mon imperméable jaune. Je n'ai donc pas besoin de laisse
pour qu'elle reste à proximité.

Comme Joséphine passe le plus clair de son temps dans la
cour de notre maison de banlieue à la recherche d'un coin de
soleil, nos promenades deviennent des fêtes. Son terrain de
jeu, c'est partout où elle peut pratiquer l'art d'être un labrador.
La fin de semaine, c'est sur la voie ferrée. La semaine, c'est sur
le chemin en poussière de roche derrière la terre des Gravel.
C'est un sentier tout droit qui longe des pylônes d'Hydro-
Québec. Je connais ces pylônes par cœur, ils sont comme de
grands soldats de plomb, toujours bien droits. Du numéro 3

au numéro 17. Je connais aussi le chemin par cœur : il mesure 2,7 kilomètres plus 3087 pas et il est parfaitement droit avec quelques buttes. On y croise des promeneuses et des chiens.

Du côté nord du sentier, il y a, dans l'ordre (ou le désordre), un sous-bois, un champ de fraises, un verger pouponnière, un étang artificiel pour irriguer les terres, abriter le canard, amuser le martin-pêcheur. Puis il y a d'autres sous-bois et d'autres champs avec des mûres, la paruline à flancs marron qui chante « un huit, un huit, un huit », le tyran huppé, le passerin indigo. Une trentaine d'espèces, au moins.

Quand on marche sur ce chemin, rien ne fait dévier le museau de Jos. Elle marche au pas accéléré, le nez collé au sol, comme aimanté par mille pipis. Rien ne la distrait… à part un son. Un seul son arrive à interrompre sa session de renifle. Il vient du sous-bois. C'est le moqueur chat, tout beau, tout gris, qui fait son numéro : imitation minou qui miaule. Alors, ma grosse dupe brune pointe les oreilles, penche la tête sur le côté, et part à la chasse au mirage.

Simon, mon plus jeune fils, est un partenaire de marche précieux. Il a 20 ans. C'est le seul de mes trois fils avec qui je marche à l'occasion. Quand ils étaient des petits garçons, mes gars et moi on a marché 1000 kilomètres au moins sur les rails derrière le semi-détaché de la rue Tripoli à Laval. Tous les quatre, on cherchait de gros clous, ceux qui servent à retenir les traverses. Quand il y a de longs trains de marchandises qui roulent tranquillement, on met des sous sur les rails, pour que les grosses roues les écrapoutissent. On avait une fortune écrapoutie. J'ai toujours été très mature, c'est une de mes forces.

Simon est un silencieux. C'est un curieux qui ne flâne pas. Quand il s'arrête, ça lui prend une conversation sensée, sinon, il ne dit rien et continue. L'hiver, on marche dans le centre-ville. En plein temps froid, on part du vieux Forum, au coin d'Atwater, et on déroule Sainte-Catherine vers l'est. On s'arrête chez Henri-Henri, au coin de Sanguinet, un monument à la résistance du bon goût. C'est un beau magasin de chapeaux, tenu par une demi-douzaine de spécialistes sympathiques. Ils sont dans la soixantaine, leurs pantalons sont pressés et leur moustache peignée. Henri-Henri est planté au milieu de murs de graffitis, de barbes poussiéreuses et de la misère. On entre, on regarde, on sort, on touche le coin de Saint-Laurent et on revient. Une fois, on a acheté un chapeau. Simon l'a porté à sa graduation.

— À quelle vitesse on marche, papa ?

— Comme si on était en retard à un *meeting* important.

Pour nous récompenser, au retour, on regarde un film à l'AMC. On a vu *Heart of gold* deux fois en deux jours. On a vu *Ray*, *Les trois enterrements de Melquiades Estrada* et plein d'autres. Un père qui va au cinéma avec son fils, c'est un film.

Quand ce n'est ni Simon ni Jos, c'est ma radio. Ma radio est ma grande amie, ma grande passion. Les jours de vacances je vais écouter mon vieux Pagé et Mitsou, pour avoir des nouvelles des amis. Certains soirs d'hiver, Alex Kovalev et tous les autres trois couleurs m'accompagnent : Canadien 4, Boston 3, je les aimerai toujours.

J'écoute Joël Lebigot et tout son petit personnel, comme il appelle ses collaborateurs. Ce sont des partenaires de marche de qualité sur les rails du CN la fin de semaine alors que c'est congé de train. Il y a Richard Garneau. Je connais monsieur Garneau, depuis de longues années. Il voudrait bien que je l'appelle Richard et j'en suis incapable. Monsieur Garneau a gagné tout ce qu'un communicateur peut espérer gagner : l'admiration et le respect unanimes du public et de tous ceux qui font son métier. Il est plus décoré que le sapin de la Place Montréal Trust. Il est aussi beaucoup moins « retenu » qu'à une certaine époque. Il est très comique. Sa plus belle récompense, à 78 ans, c'est le samedi. Tous les samedis, monsieur Garneau travaille aux côtés de son fils, Stéphane. Travailler avec son fils, c'est beaucoup plus qu'un honneur. C'est une chance inouïe. Il y a Annie Desrochers, qui a une voix lumineuse. Monsieur Garneau m'a déjà dit qu'en plus, c'est une jolie femme. Elle a quatre jeunes enfants. Sa belle voix vient probablement de là. Il y a madame Christian, qui dit le temps et qui s'implique. Ses enfants sont un peu plus vieux, des ados. Elle est comme un chêne. Madame Grimaldi sort. Monsieur Vigor jardine. Monsieur Mollé cuisine. Monsieur Fruitier réinvente la gentillesse et nous fait écouter de la belle musique. D'autres lisent, vont au cinéma et nous rapportent leur cueillette. Il y a monsieur Archambault, qui écrit et récite avec sa belle vieille voix. Joël, c'est Joël. Il l'est mieux que personne.

La semaine, c'est Christiane Charrette. J'étais content de l'entendre revenir, après une si longue absence. J'espère qu'elle est éternelle. J'ai vécu un silence avec elle. J'étais son invité et en direct nous avons fait silence. Ce silence est un des deux souvenirs de ma compagne de marche. L'autre est dans mon sac de golf, c'est un *sandwedge*. Un bâton qui aide le golfeur à se sortir des trappes quand, par mégarde, par bravade, manque de talent ou de chance, il s'y retrouve.

Mon *sandwedge*, c'est un vieux bâton qui appartenait à Raymond Charette, le père de Christiane. Nos deux pères étaient des amis golfeurs. Raymond Charette a été un grand animateur à Radio-Canada, hybride de Fernand Seguin et de René Lecavalier. C'était un érudit qui aimait jouer au golf avec mon père. Monsieur Charrette était un homme caméléon, à l'aise et authentique dans tous les milieux et toutes les foules. Aussi bien dans un salon de diplomates que dans un vestiaire de *p'tits mon onc'* tous nus.

J'avais 15 ans. J'étais allé avec lui au Parc Jarry voir un match de balle. Expos 7, Phillies 1. Quand il est décédé, la veuve de monsieur Charrette, la maman de Christiane, a donné ses bâtons de golf à mon père, et lui, il m'a transmis son *sandwedge*. Chaque fois que je suis dans le trouble sur un terrain de golf, je pense au papa de Christiane.

C'est avec elle que je marche le plus souvent, presque tous les jours. J'y rencontre plein de gens et j'entends plein d'histoires. Des fois, elle remet sur mon chemin des gens que j'ai jadis croisés, comme ce matin du printemps 2008. C'est en marchant avec Christiane que j'ai repris contact avec Michel Courtemanche.

# Michel

Michel est devenu un homme de la rue, confortable dans son presque anonymat. Il lui reste encore une aura dont il ne pourra jamais se défaire entièrement, mais il a désormais et pour toujours quitté l'éclairage de la scène. Il réapparaît rarement en public, seulement de temps à autre pour faire la promotion d'une émission à laquelle il participe comme metteur en scène, concepteur ou consultant. Quelquefois aussi, il s'offre un petit rôle. Ou il revient tout simplement pour dire bonjour aux gens. Je ne me souviens pas pourquoi il était chez Christiane ce matin-là, par contre, je me souviens de ses propos.

Après quelques minutes, Christiane a dirigé la conversation sur le père de Michel, Serge, décédé en 2003. Monsieur Courtemanche souffrait d'emphysème pulmonaire aigu et il en est mort. Toute sa vie, Michel raconte qu'il a eu une relation tordue avec son père, qui s'est promenée entre le vide, le mépris, la honte, la haine, l'indifférence et qui a abouti, quelques mois avant sa mort, sur une rencontre. L'extraordinaire et vitale rencontre entre un père et son fils.

## Il était une fois dans un studio de TVA

Depuis le début des années 1980, Ding et Dong, Daniel Lemire, Pierre Verville, RBO (Rock et Belles Oreilles) et quelques autres ont poursuivi le travail amorcé par Yvon Deschamps et chassé les chanteurs et chanteuses du haut de l'affiche. Au Québec, c'est l'humour qui triomphe.

Dix ans plus tard, dans les années 1990, une nouvelle vague d'humoristes déferle sur nous. Les nouveaux fous sont Michel Barrette, Pierre Légaré, Jean-Marc Parent, François Massicotte, Patrick Huard, François Pérusse et Michel Courtemanche. Chacun leur tour, ils viennent faire leur numéro à l'émission *Ad Lib*, animée par Jean-Pierre Coallier, où je travaille tous les soirs comme scripteur et annonceur de service.

L'arrière-scène des humoristes est très intéressante. On a tous entendu les mêmes propos sur les comiques publics. Ils ne sont pas nécessairement très drôles dans l'ombre. Ils n'ont peut-être pas envie de l'être non plus. Yvon Deschamps est fermé comme une huître et reste avec ceux et celles qu'il connaît bien, un timide discret. Pierre Légaré est calme et détaché, il n'a aucune trace de trac ou de prétention. La notoriété lui est tombée dessus passé 40 ans. On dirait qu'il ne s'en est même pas aperçu. Michel Barrette est toujours sur scène. En confidence ou en auto, dans un studio ou une salle de maquillage, sous l'éclairage ou dans le noir, il est sur scène. C'est un conteur, avec ou sans décor, un extraordinaire sculpteur d'anecdotes. Chaque pas qu'a franchi Barrette dans sa vie est digne d'être conservé dans sa prodigieuse mémoire et reproduit sur scène ou dans un corridor, pour le plus grand plaisir d'un seul homme ou de tout un auditoire. François Pérusse est timide et ne se soigne pas. Un véritable ermite dans le fond de son laboratoire et qui rêve probablement d'être invisible. Il serait parfaitement heureux qu'on ne le voie jamais. Et Courtemanche est charismatique. Il est aimanté. Il irradie. Il y a une grande énergie autour de lui. Cette énergie est impossible à définir. Il a une aura «poids lourd». Ce charisme est bien accidentel et arrive avec une certaine gêne et sans prétention. Le charisme est une force avec laquelle on doit composer. Faut faire avec. Mais ça dépend de quel côté de la force on est. On voit bien que Michel n'est pas toujours drôle. Il a tant d'énergie, il doit crever de fatigue par bouts.

Nous sommes en 1993. Mon fils aîné Félix a 10 ans et c'est un fan fini de Courtemanche, cette bande dessinée vivante. Il le trouve trop drôle. Quand Félix rit, la vie devient plus belle pour tout le monde autour de lui. Son rire est très inspirant.

Michel est en spectacle à la Place des Arts et je lui ai demandé deux billets. Après le spectacle, j'ai promis à fiston que nous irions le saluer dans sa loge. Nous sommes assis au centre, dans la onzième rangée et Félix pétille comme un petit fou pendant deux heures.

Le rire est une émotion qui traduit la joie pure. Un enfant qui rit aux éclats, c'est la manifestation de joie la plus pointue et la plus totale. Être ainsi capable, comme Courtemanche, de créer cette joie, c'est magique. Plus encore, être en mesure pendant deux heures de transformer tout le monde en enfants de dix ans qui rient aux éclats, c'est un miracle. Répéter ce miracle soir après soir, devant de plus en plus de gens aux quatre coins du monde, c'est d'une autre dimension. Une dimension qui dépasse l'explication ou l'appréciation. Sans l'expliquer, on constate.

Question de bien vous rappeler Michel Courtemanche, prenez une petite pause de lecture et allez sur le Web. Cherchez une vidéo d'un numéro classique de Michel. Je vous suggère l'haltérophile ou le golfeur.

Après le spectacle, tel que promis, je vais dans la loge avec Félix pour saluer Michel, lui dire merci pour la belle soirée.

Il y a là une dizaine de personnes, des amis, des parents, des *fans* chanceux. Félix est le seul vrai enfant *backstage*. Les autres ne sont que des enfants momentanés. Quand Michel nous aperçoit, il s'excuse auprès des autres et vient à notre rencontre. Je lui présente mon petit Félix.

— Je pense que Félix aimerait bien avoir ton autographe sur son programme souvenir.

Michel a pris le programme de Félix, il y a dessiné un bonhomme et a signé son nom. Il a accompagné le tout d'une belle grimace qui a fait rire mon gars. Un rappel personnalisé. Dans les gestes et l'expression de Courtemanche, on lit la sensibilité et Félix est sur un nuage.

Le jeune débutant, Patrick Huard, qui a fait la première partie du spectacle, est là. Je le salue et lui présente mon compagnon.

— Salut Patrick, c'est Félix, mon grand garçon.

— Salut Félix !

— Veux-tu avoir l'autographe de Patrick aussi ?

— Non merci, c'est pas nécessaire.

Dans l'auto, Félix ne comprend pas ce qu'il a fait qui ne se fait pas. Je dois lui expliquer que le comique est sensible et quand un petit garçon refuse son autographe comme ça, ça peut avoir un impact fatal sur la confiance en soi, et même éventuellement sur la carrière. Mais ce n'est pas grave, Félix. Patrick va peut-être s'en sortir. On verra. Ne culpabilise pas tout de suite. Huard s'en est remis, visiblement !

La série de spectacles que Michel Courtemanche, ce phénomène de l'humour, a donnés à la salle Maisonneuve de la Place des Arts en 1993, a été le point culminant de sa carrière québécoise, et en même temps son point final, parce que la suite s'est passée sur les scènes européennes, où il est vite devenu une mégastar. Il est revenu au Québec pour commettre son célèbre acte manqué, son suicide professionnel comme il le dit lui-même, sur une scène dans le Vieux-Port de Montréal, mais on y reviendra.

J'ai une très haute opinion de l'artiste Courtemanche, le plus grand phénomène de la scène de notre histoire. Aucun artiste venu d'ici n'a atteint son poids de créateur et d'interprète sur les planches. La vraie dimension et la réelle valeur d'un artiste de la scène ne doivent pas se mesurer exclusivement au nombre de salles pleines, de disques et de billets vendus, de pays conquis.

Il est vrai que Courtemanche a foulé bien des scènes, s'est éclaté dans bien des studios d'Europe et d'ailleurs pendant presque une décennie. Mais au-delà de sa popularité, il y a sa créativité, son originalité, sa pertinence, son intelligence et son talent. La notoriété ne doit pas être la seule unité de mesure. Ce que Michel a apporté avec lui sur la scène ne se compare à rien. Ni avant, ni après. Le comparer avec les autres humoristes au Québec, fussent-ils Yvon Deschamps, Olivier Guimond ou Claude Meunier, c'est injuste pour lui et pour les autres. Ce qu'il a fait est tout à fait différent. Il n'a de langage que celui du corps. Un corps tout en esprit. Michel est seul sur sa planète.

Après cette soirée à la Place des Arts, je ne l'ai plus revu.


## Douze ans plus tard

J'ai revu Michel Courtemanche à l'occasion d'un match de golf avec des amis communs, un samedi de la fin août 2005. Huit gars entre 35 et 50 ans qui jouent un match amical. À gagner, une alléchante bourse de 160 $: 100 $ au duo gagnant et 60 $ au second.

Comme bien des gens, je connais le parcours accidenté de Michel Courtemanche. Il est de notoriété publique qu'entre 1993 et 2005, il y a eu des chapitres marquants dans la vie publique et dans la vie privée de l'homme à l'esprit en caoutchouc, sauf qu'on est ici pour jouer au golf, pas pour raconter et se faire raconter un voyage au pays des cauchemars, des tempêtes, des précipices et des enfers, entre la gloire et la souffrance.

Les conversations de voiturette de golf ne sont pas de cet ordre. Entre un coup de départ et un coup de fer 4, je m'entends mal avoir ce genre de conversation avec mon partenaire en bermuda :

— Pis Michel, finalement tu t'es pas suicidé. *Shit*, t'as dû passer proche par bouts, hein ?

— Mets-en. D'après toi, c'est quoi la distance au *flag* ?

— 170-175... avec le trois-quart d'un vent de face.

— Fer 4 ?

— *Punch*-la. Tiens-la basse.

Il frappe sa balle, basse et d'aplomb, et remonte dans le *cart*.

— Qu'est-ce que tu me demandais ?

— Bof, pas grand-chose.

Cette conversation est impossible. Profitons quand même de cette innocente partie de golf pour expliquer techniquement le phénomène Courtemanche. Au cours de ce match de golf, j'ai trouvé la clé.

Je suis chroniqueur sportif. Le sport est une grande source de bonheur. À force de regarder et d'aimer le sport, on finit par comprendre autre chose que le jeu lui-même, plus que les stratégies et les statistiques. On finit par comprendre le talent.

Le pourquoi du comment du talent. Comment un individu est bâti, comment son corps, son esprit, ses émotions et sa mémoire sont parfaitement synchronisés et se mettent à fonctionner dans un ensemble parfait. Le talent. Le golf est en apparence un jeu facile pour retraités semi-actifs. Erreur. Quand il est joué par des athlètes calibrés comme Woods ou Els, le golf est le sport le plus difficile et le plus fascinant qui soit. Au golf, la mécanique est plus précise que dans n'importe quel autre sport. Pour avoir l'élan parfait au golf, il faut que la connexion entre le cerveau et le corps soit d'une extrême précision afin que le corps puisse reproduire au millième de seconde et au millimètre près ce que le cerveau imagine.

Dans sa tête, le golfeur ordinaire *swigne* comme Tiger Woods. Dans les faits, c'est autre chose. Courtemanche, lui, a un élan parfait. Il lui manque la force, la vigueur, la pratique, les 400 balles frappées par jour, mais le mouvement est là. L'élite de la fluidité. Le bâton dessine un cercle parfait à partir du sol vers l'arrière. Les hanches tournent et reviennent en entraînant à leur suite les épaules, puis les avant-bras, les poignets et enfin la tête du bâton. Pendant ce temps, la tête reste immobile, l'œil droit fixé sur la moitié arrière de la petite balle, entre les pieds parfaitement plantés, le droit légèrement ouvert, le gauche un peu en retrait. Entre les deux pieds, un écart de la largeur des épaules, précisément. Les genoux sont juste assez fléchis. Entre la position immobile du départ et la position immobile de l'arrivée, il y a 2000 mouvements de muscles, de tendons, de nerfs, entre le bout des orteils et le bout des doigts.

Le cerveau doit être capable de calibrer tout ça de façon optimale. Le cerveau et le corps de Courtemanche accomplissent ce rare phénomène. *In synch*. Il regarde une autre personne faire un mouvement et peut le reproduire parfaitement, le caricaturer et l'amplifier. C'est pour cette raison que sur un terrain de golf, ses amis le détestent. Il fait chier. Royalement chier. Il se fait chier lui-même aussi, diront ses partenaires. Quand il rate, il ne se rate pas.

Cet après-midi-là, au club de golf Le Challenger de Ville Saint-Laurent, avec Courtemanche revenu d'un long voyage et devenu Michel, j'ai compris son secret : il est capable de reproduire ce mouvement très complexe qu'est l'élan d'un golfeur. Cela donne une idée de la puissance de la connexion entre son cerveau et son corps. Son corps a une telle mémoire qu'il peut tout calquer, tout grossir, tout caricaturer. Son corps comprend tout ce que son cerveau lui dicte. Chaque petit muscle de son visage est obéissant, discipliné et talentueux. Chaque cellule est à l'attention, attend les ordres et les applique. Même ses cordes vocales.

Après le golf, c'est la terrasse et la bière. Nous avons collé trois tables et départagé les gagnants et les perdants de la compétition. Nous avons distribué les bourses et les verres de bière. Michel a pris un Pepsi.

Je lui ai demandé ce qu'il devenait et il m'a mis un peu au parfum du chemin parcouru. Sans aller dans tous les détails, il m'a dit revenir de loin. Derrière lui, il y a des souvenirs difficiles, des chapitres durs. J'ai devant moi un homme en paix, mais un homme plein de cicatrices. Un homme serein. Un homme qui, après avoir été vaincu par toutes les illusions possibles, a trouvé la sagesse. Qui a découvert ce qu'on découvre tous un jour ou l'autre : la sagesse est dans l'autre, c'est-à-dire qu'en faisant passer l'autre avant soi-même, qu'en s'occupant du bonheur et du malheur de l'autre, qu'en découvrant l'autre, on découvre la sagesse.

* * *

Donc, je marche avec Christiane, un matin du printemps 2008, et Michel Courtemanche parle de son père et de son héritage. Je veux connaître cette histoire.

## Les Enfants terribles, rue Bernard

Nous sommes à la fin de l'été 2008. Michel et moi sommes assis au bar devant des tomates, du persil, une pinte de bière, une cannette de Pepsi, un tartare de saumon et une jeune femme blonde très occupée.

Je lui raconte mon plan.

— Je fais un livre. Je veux raconter des histoires de fils. C'est tout ce que je sais. Jusqu'ici, j'ai raconté l'histoire de Jean-François. Toute l'émotion qui émane quand tu parles de ton père, je voudrais essayer de la traduire en mots. J'aimerais que tu sois mon deuxième fils…

La première phrase qui est sortie de sa bouche a été surprenante.

— Excusez, mademoiselle. J'ai demandé un tartare de saumon, pas un tartare de bœuf, je m'en souviens parce que juste la pensée d'un tartare de bœuf m'étourdit.

Du coup, je l'ai replongé dans sa réalité de fils. À 44 ans, quand on a presque l'âge d'être un grand-père, on ne réalise pas qu'on est un fils et qu'on sera toujours un fils. On a tous le choix de devenir père, mais on n'a pas le choix: on est tous des fils. Après avoir réglé ses problèmes de chair d'animal crue avec mayonnaise, vinaigrette et épices, Michel, le fils, m'a dit ce qu'il n'a même pas dit à Christiane.

— Moi, c'est ma mère. Je n'aurai pas assez d'une vie pour redonner à ma mère la moitié de ce qu'elle m'a donné.

La paix qu'il y a autour de lui alors qu'il est accoudé à un bar de la rue Bernard à bouffer du poisson cru, il l'a bien méritée. C'est une paix qu'il a gagnée à la dure. Il a réussi à se défaire de tout l'éclairage qui aurait pu le suivre pas à pas comme un ange tortionnaire jusqu'à la fin de ses jours. Il a dû passer par les ténèbres avant d'aboutir enfin, inaperçu, aux Enfants terribles.

Aujourd'hui à midi, Michel est assis dans la vague banale du quotidien. Il est là, comme une autre fourmi dans la fourmilière. Comme les autres, en train de demander à une jeune femme de retourner dans la cuisine, et tout le monde s'en crisse. Personne ne s'occupe de lui.

Ce midi-là, il n'est là pour personne d'autre que pour lui-même, pour moi et pour la jeune fille souriante, un peu embarrassée. C'est qu'il lui fait du charme, le vilain. Il ne se verra pas jeudi prochain à la une d'*Échos Vedettes* en train de justifier son existence par une photo ou un titre tel que celui-ci :

**Dans un resto de la rue Bernard,**
**COURTEMANCHE FAIT UNE SCÈNE !**

*Détails, pages 2, 3, 4*

Affiche couleur

…repris dans *Paris Match* la semaine prochaine, avec la réaction de son agent et de la jeune serveuse peut-être enceinte, ainsi que le commentaire de Michel Drucker qui l'aime bien et vient à sa défense.

Michel a une nouvelle vie qu'il aime. Il est metteur en scène ou réalisateur, concepteur, homme masqué, caméo occasionnel. Il rajoute une couche de verni, de science et de sagesse aux acteurs qui travaillent avec lui.

Il partage avec eux sa science et sa maîtrise du geste, si petit, le geste. Il est très important pour lui de protéger sa paix. Une paix qu'il chérit comme un trésor. Une paix qui lui permet aussi de traverser ses mauvaises passes en toute quiétude. Cette paix, il la souhaite à tous les jeunes humoristes.

Quand je lui parle de la nouvelle génération des comiques, il grimace. Non pas qu'il méprise leur talent, bien au contraire, il a juste peur des accidents. Il a peur des égarements, il a peur de tout le faux qui se promène dans les arrière-scènes. Ce faux qui tend des pièges terribles. La popularité peut être une salope.

Pour lui, aujourd'hui, c'est la paix. Comme toutes les paix, elle a coûté cher en guerres.

Il termine sa saison à la direction de *Caméra café* à TVA et il est allé aussi dans un cocon en Argentine pour terminer la gestation d'un autre œuf. Un roman ? Une série ? Une bande dessinée ? Il ne sait pas encore quelle forme ça prendra. Entre les deux, on se verra chez lui. Il va nous raconter.

## Face à face

Un mois passe et nous sommes attablés chez lui. Ses murs sont humbles. Michel habite un loft dans un complexe de condos à Outremont. Un loft confortable comme des *runnings* usés. Un loft vivant divisé en coins.

Premier coin : la télé et la musique. Pas de paroles, autant que possible. Peu de mélodie mais beaucoup de rythme.

Toutes sortes de rythmes. Du rythme. Le rythme chatouille l'esprit et le corps en même temps, et c'est la grande spécialité de Courtemanche.

Sur le mur, un foyer inutilisé avec sa tablette. Sur celle-ci, des photos encadrées. Au centre, plus grosse que les autres, une vieille photo en noir et blanc de son père, qui ressemble à Jacques Brel. Cette photo a déjà gagné un concours à New York. Il y a une photo récente de sa mère, devenue une grand-maman. Une photo de famille, une autre avec son vieux copain de cégep, Martin Petit, et des photos de bébés.

Serge Courtemanche

Dans un autre coin, là-bas au fond, il y a une table de travail qui est en même temps une table de cuisine complètement nue. C'est là qu'on s'assoit.

Juste à côté, le troisième coin est vide : pas de meubles. Sur le mur, il y a une multitude de « post-it » jaunes, savamment disposés. Plus d'une centaine, tous placés et annotés dans un ordre précis. C'est le découpage d'un scénario. Celui qu'il est allé pondre à Buenos Aires et dont il ignore la forme finale. Il a écrit toute l'histoire et l'étale devant lui, sur le mur blanc, question d'avoir une vue d'ensemble. Sur chaque morceau de papier au mur, des dates, des noms, des remarques. Comme un grand tableau.

Entre la table de cuisine et le coin du scénario, sur le mur, derrière une porte, il y a sa chambre et la salle de bain. Son lit est blanc. Rien que blanc. Tout ça, relativement en ordre. On se croirait chez un sage célibataire professionnel, jadis appelé «vieux garçon». Michel est né le 11 décembre 1964 à Montréal et sa famille a vite déménagé à Laval. Il a poussé dans l'univers des bungalows avec ses parents, ses deux frères et sa sœur. C'est le bébé de la famille.

La nudité de ces murs-là a quelque chose de chaleureux. Ces murs sont juste timides et n'existent que pour eux-mêmes en accomplissant leur simple devoir d'état. Vous savez comment c'est un mur, ça se prend toujours pour un autre. Ça se transforme en toile d'exposition. As-tu vu mon bon goût? As-tu vu ma gloire? M'as-tu vu? Je suis là sur mon présentoir. Les murs de Michel sont timides. Avec la vie qu'il a vécue et la carrière qu'il a eue, Michel pourrait garnir quelques douzaines de murs, de haut en bas, plus quelques tablettes, et même des placards. Voici des photos, des affiches, des trophées, des honneurs et Drucker. Non. Rien. Juste des murs.

— Tout ce que j'ai est en dessous du lit.

Je pense qu'il blague, mais il est sérieux. Sous son lit, il y a deux caricatures au crayon noir. Ni l'une ni l'autre n'est encadrée. La première a été signée par un artiste belge que je ne connais pas. Il a magnifié d'une façon extraordinaire chaque muscle, chaque membrane, chaque cellule du visage de Courtemanche. Le résultat est une œuvre d'art complètement folle. L'autre caricature est signée Gotlib. N'importe qui de ma génération qui se serait fait dessiner par Gotlib se sentirait **obligé** de mettre ce dessin en évidence. Gotlib, *shit !* Le créateur des *Rubrique-à-Brac* et des *Dingodossiers*. Le maître Gotlib… et Michel laisse le dessin sous son lit !

La modestie a ses limites. Les limites de la modestie sont sous le lit de Michel Courtemanche.

## Duvernay, 1969

Il y a quatre enfants chez les Courtemanche. L'aîné est un garçon, c'est l'image de la famille, celui qui en incarne l'esprit et en assume la pérennité. Le second enfant est aussi un fils, il est l'erratique, le complexe, le troublé. Il y a le troisième enfant, une fille. C'est celle qui rêve, la tête heureuse. Et il y a le dernier, Michel, le clown de service, l'artiste, pas moins troublé que le deuxième, sous les clowneries.

Michel a cinq ans et son père, évidemment, fait des miracles. C'est sa job. Serge a un bureau sur le boulevard de la Concorde, pas loin. Dans les escaliers de son bureau, où il pratique l'art difficile de faire des miracles, ça sent les acides qu'on utilise dans les chambres noires.

À l'époque, la chiropratique est considérée comme une hérésie, du charlatanisme, de la sous-merde thérapeutique. Quiconque se réclame adepte ou praticien de la chiropratique s'expose aux moqueries, aux préjugés et même aux poursuites judiciaires. Et Serge Courtemanche est chiropraticien. Correction, Serge Courtemanche est le meilleur chiropraticien. Nuance importante.

Après un certain temps, quand le loyer du bureau est trop difficile à payer, Serge décide de pratiquer à la maison. Il s'installe dans la chambre des trois gars, la seule assez grande pour lui permettre de faire ses miracles.

Les gens arrivent souffrants à son bureau. Ils sont en béquilles, tout croches, incapables de marcher comme il faut. Un monsieur a le dos tordu. Un autre a un mal incurable aux articulations. Elle a mal à la hanche. Lui, le peintre, c'est le nerf sciatique. Celui-là a un torticolis intolérable depuis des mois. Ils sont tous souffrants, tous mal en point. La médecine traditionnelle ne peut rien pour eux. Ils sont condamnés à la douleur perpétuelle, à moins d'aller là où on fait des miracles.

Le petit Michel rôde autour du bureau, même si cela impatiente Serge. Il voit les patients. Ils sont tristes et ils pleurent quand ils entrent dans le bureau, mais ils ressortent tous en souriant et en trottinant. Michel est fier. Son père connaît tous les secrets. C'est un guérisseur. Pas seulement dans son imaginaire d'enfant, dans la réalité surtout. Serge connaît le corps et décèle ses faiblesses, il les répare avec ses mains, avec sa technique inspirée et créative, avec sa mémoire et sa compréhension des mouvements du corps humain. Il y a quelque chose de touchant à penser à ce que son fils Michel allait faire avec l'art du mouvement.

En ce temps où la chiropratique est à la médecine ce que l'astrologie est à la science, Serge, son père pas comme les autres, redonne la joie de vivre à des gens qui l'avaient perdue dans l'enfer de la saleté de douleur.

## 1974. Un artiste

Michel a dix ans quand ses premiers personnages lui sortent par tous les pores de la peau : le célèbre haltérophile, le claustrophobe et d'autres. Il fait son numéro chaque fois qu'il y a un spectacle à l'école. Il a commencé très tôt à voir tous ces personnages comme des voiles, des masques. Il est content de ce talent qui lui permet de ne pas montrer un visage dont même le père ne veut pas.

À l'école, toutes ses mimiques comiques deviennent vite les plus populaires, les plus recherchées. Ses gestes, ses regards, ses sourcils qui font la vague, ça lui rapporte plein de « je t'aime » en lettres minuscules. Il y a des gens qui aiment les artistes. De la même façon que Michel ne va pas à la chasse avec son père, ce dernier n'assiste pas à ses spectacles. Tout le monde est debout à en redemander encore, encore, encore. Il y a 299 chaises pleines et une vide. Dans sa tête, il crache sur cette chaise vide.

Entre le père et le fils, au cours de toute l'enfance, tout additionné, il n'est finalement resté que deux moments heureux, deux films : *Les douze salopards* (*The Dirty Dozen*), un film de guerre datant du début des années 1970, mettant en vedette une flopée de grands noms : Lee Marvin, l'ancien joueur de football Jim Brown, Charles Bronson, Telly Savalas (Kojak), Donald Sutherland et John Cassavetes, et *Les schtroumpfs*. Pendant cette vague semaine passée dans un camping de Sainte-Agathe, tous les soirs, on présentait *Les douze salopards*, et Michel et son père y sont allés plusieurs fois. Papa adore les films de guerre. Pour ce qui est des *Schtroumpfs*, aucun souvenir du film, sinon que, dans l'auto, Michel et son père parlent schtroumpf. Ils ont du fun. *Les douze salopards* à répétition et *Les schtroumpfs*.

Voilà pour le côté clair de la relation père-fils entre Michel et Serge au cours de toute son enfance. Tout le reste s'est déroulé du côté sombre.

## Tortionnaire

Le formidable Michel, 12 ans, est le roi de son banc de neige et il triomphe sur son sommet, défiant tous les autres. Téméraire et inconscient, il saute au bas, comme Batman, et il se tord le pied bien solide. De peine et de misère, en larmes, sur une seule jambe, il revient à la maison. Il est tout en douleur.

— Ça fait mal, papa, ça fait mal, mal, mal !

Son père, le faiseur de miracles, va le délivrer de sa souffrance. Il examine le blessé et conclut rapidement qu'il y a fracture. C'est l'hôpital tout de suite, car la blessure dépasse les limites des solutions chiropratiques. Rendu à l'hôpital, le papa demande immédiatement qu'il y ait une radiographie, ce qui est aussitôt fait.

Le médecin sur place regarde les résultats sur le gros négatif et se gratte la tête. Le père du *king* du banc de neige au pied décâlissé se permet de regarder la radio par-dessus l'épaule du spécialiste.

— Regardez, il y a une fracture à l'astragale. On la voit, en filigrane, juste ici, regardez. Là, c'est une fracture.

Le médecin se retourne, étonné. Puis regarde l'affaire.

— Vous faites quoi dans la vie ? Si je peux me permettre ?

— Je suis chiropraticien.

— Ah.

Le chiro a bien raison. Il n'y a pas d'autre choix : il faut porter un plâtre. Comme pour tous les enfants qui ont eu la malchance d'être forcés un jour de porter un plâtre, il y a un versant positif à cette montagne. C'est l'aspect héroïque.

Porter un plâtre à 12 ans c'est comme revenir de la guerre blessé. Quand on a un plâtre, on est un homme. On transporte sa blessure comme une décoration au su et au vu de tous, des filles surtout. Seuls les plus courageux peuvent être ainsi décorés.

C'est plus qu'un innocent diachylon sur un genou un peu trop râpé, c'est plus qu'une babine enflée : c'est même mieux que des points de suture. Mesdames et messieurs : un plâtre ! Une jambe cassée... Michel est un grand blessé. Pendant un mois et demi, Michel le téméraire a suscité les oh, et les ah, sauf qu'au bout de six semaines, c'est assez, la parade du héros, il faut enlever le plâtre et ça tombe mal, les hôpitaux sont en grève.

Bon, puisqu'il le faut, enlever un plâtre ce n'est pas sorcier. Le chiro le fait donc lui-même, sauf qu'une fois la chose enlevée, il décèle un problème. Le pied du petit est déboîté, il n'est pas dans le bon axe. La cheville est déplacée de son socle et le pied est croche. Le pauvre garçon ne peut même pas marcher.

Mal à l'aise devant la manipulation à exécuter, le papa bien branché a appelé un ami. C'est un homme qui fait de la lutte et qui est spécialiste de ce genre de chose. Il est ce qu'on appelle communément un « ramancheur ». Cet homme imposant a couché Michel terrifié sur la table. Tous les tendons sont pris comme dans un énorme nœud qu'il faut dénouer. Le guérisseur y va de son plan de match : il faut prendre le pied, le tirer vers le bas, détourner les tendons et l'emboîter comme il faut sur la cheville.

Dans le son de la voix du monsieur, Michel a entendu : ça va faire mal. Pendant que le papa empêche le fils de bouger, le gros homme tire sur le pied de Michel. Michel, délicat et peureux, souffre un véritable martyr. Il éprouve une souffrance atroce, une douleur si vive qu'il a peine à rester conscient. Une douleur si vive que même l'évocation de ce souvenir est difficile à tolérer. Martyrisé, il crie de toutes ses forces et pleure en cascades ininterrompues. Il supplie son père à grands cris d'arrêter.

— Arrête papa ! Arrête ! S'il vous plaît papa ! Arrête, j'ai mal !

Après des minutes interminables à se faire tordre et détordre la cheville, le pied et les tendons dans tous les sens, de 40 façons, la cheville est replacée. Le pied du petit garçon trempe maintenant dans l'eau froide. La douleur est toujours là et la souffrance est encore terrible. Michel est livide.

Pendant que le thérapeute d'occasion masse tant bien que mal le petit blessé, le père s'est retiré un peu et regarde la scène en voilant une partie de son visage avec sa main. Michel sera hanté par cette image de son père qui se tient à distance. C'est en projetant la scène dans sa mémoire plusieurs années plus tard qu'il réalisera qu'en fait, son père pleurait. Perdu dans la tourmente de la douleur, Michel ne s'en était pas rendu compte sur le moment. Tout ce qu'il voulait, c'est que son père le sorte de l'enfer, mais au contraire,

celui-ci le tenait prisonnier pendant que le bourreau accomplis-
sait sa basse besogne.

— Pourquoi, papa, tout le
monde sort de ton bureau soulagé de la douleur et de la misère,
et que moi, tu me fais mal ? Pourquoi y a pas de miracle pour
moi ? Pourquoi, papa ?

Pendant les semaines qui ont suivi, Michel a été en réha-
bilitation à la maison, il doit se remettre à marcher normalement. Papa lui fait des traitements chaque soir afin que tous
les muscles de la jambe et les tendons se replacent. Les deux
derniers mois emplâtrés ont déréglé l'harmonie naturelle des
mouvements. Sur la table, le papa replace la jambe de Michel.
Comme un luthier qui retouche son violon.

L'image de son père qui le laisse souffrir impunément le
hante et a brisé quelque chose en lui. Il ne ressent aucune joie
à le voir maintenant s'occuper de lui. Comme s'il était trop
tard. Il n'éprouve ni bonheur, ni chaleur dans ses gestes et ses
massages. Il perçoit seulement un chiro qui fait sa job. Cer-

tainement pas un père qui caresse son fils. Il n'y a pas de place autour du père pour Michel.

L'épisode de cette blessure a-t-il été le point de départ du vide qui s'est installé entre les deux, comme si la confiance de Michel pour son père s'était éteinte à tout jamais?

## La mort d'un lièvre

Serge Courtemanche aime beaucoup la chasse, la pêche, la forêt, la vie sauvage et le plein air. Il présume que Michel n'a aucun intérêt là-dedans, c'est un «artiste». Il a initié les deux plus grands. Il leur a montré les sports de plein air et la joie de taper brûlots et frappe-à-bord.

À la fin des années 1970, Serge amène Michel à la chasse au lièvre. C'est un automne enneigé, les champs et les sous-bois sont blancs et froids, le vent souffle et c'est pénible. Tout pour déplaire à un jeune artiste banlieusard. Il regarde son père qui épaule sa carabine et vise ce qui semble être une proie. Michel n'a jamais entendu le bruit d'une balle qui explose, à part au cinéma. POW!

Il a les oreilles en feu et le cœur qui veut lui sortir de la poitrine. Cent pieds plus loin, un lièvre agonise sur la neige, les yeux ouverts.

— Va le chercher! Prends-le par les pattes d'en arrière.

Michel reste immobile.

— Va le chercher!

Comment ça «va le chercher»! Un lapin mort, plein de sang! Aller chercher un lapin mort! Michel est terrorisé à l'idée de prendre le lapin encore chaud dans ses mains. Il va puiser le courage nécessaire dans le fond de son puits, et le visage complètement stressé, étire la main et prend les deux pattes arrière de l'animal, mais le lièvre n'est pas tout à fait au bout de son dernier souffle. Il pisse et saigne sur le jeune garçon et sur la neige. Il continue à gigoter, à avoir des soubresauts. Il gigote vigoureusement. Michel pleure, il ne sait plus quoi faire. Serge lui crie :

— Donne-lui un bon coup de karaté dans le cou et il va mourir. Il faut mettre fin à ses souffrances !

Incrédule, Michel ne bouge pas. Le père prend le lièvre dans sa main gauche et il lui assène un violent coup sur le cou avec le tranchant de la main droite. L'animal respire encore. Il lui donne un deuxième coup, le lapin résiste. Un troisième, et l'animal respire encore. Frustré, le père jette l'animal sur le sol et s'empare de son fusil. Il saisit le canon à deux mains et applique une série de violents coups de crosse à la tête. Le geste est d'une violence inouïe. Le lièvre a le crâne complètement défoncé.

Qui est cet homme qui s'acharne ainsi sur un petit animal ? Un monstre sanguinaire, ou un homme qui se sent coupable et qui veut abréger les souffrances de sa proie au plus vite, en paniquant parce qu'il n'y arrive pas ? Michel, traumatisé, n'est jamais retourné à la chasse.

Ces deux étranges expériences éloignent de plus en plus le père et le fils.

## Les démons

Ses deux frères et sa sœur savent que leur père souffre de maladie mentale, mais Michel l'ignore. Étant le plus jeune de la famille, on l'a longtemps mis à l'abri. La condition de son père est entrée très lentement, goutte à goutte, dans le conscient et le quotidien du plus jeune. Les mots pour traduire la réalité de son père sont très durs à l'époque. Ce sont des mots qui hantent. On ne parle pas de «bipolarité». Il n'est pas bipolaire, ni même maniaco-dépressif, il est tout simplement fou.

Cette situation inquiète tout le monde dans la maison de Laval. La maladie suscite beaucoup d'insécurité. La peur suinte le long de tous les murs. Il y a une torpeur continuelle contre laquelle chacun lutte à sa façon. Michel livre bataille avec son arme la plus efficace : les bouffonneries. Ses mimes, ses imitations, ses caricatures sont là pour détourner l'attention, pour voiler la peur, omniprésente. Pour la maman, se battre est plus concret, c'est de voir à tout et d'avoir deux boulots, parce qu'elle ne sait jamais quand l'homme va s'effondrer et combien de temps il restera cloué au sol par la maladie.

Elle connaît son homme. Elle sait qu'un jour ou l'autre il va s'assommer. Elle ne sait pas si ce sera bientôt ou très bientôt. De toute façon, ce n'est jamais le bon moment. Il n'y a pas de bon moment pour faire face à ce cauchemar interminable qui se déroule les yeux grands ouverts. Les démons qui hantent le père et qu'il pense annihiler en les nourrissant à l'alcool ne sont, au mieux, qu'assoupis. Ils vont se réveiller bientôt.

Comme sa mère est toujours au travail, personne ne prépare le dîner chez Michel. Depuis l'âge de six ans et jusqu'à la fin de l'enfance, il mangera le midi au resto situé au coin de chez lui, où sa mère a ouvert un compte. Le petit garçon entre, s'assoit toujours à la même table, on lui donne son repas et c'est comme ça la vie. Pour varier, il arrive aussi qu'à partir de son bureau, maman fasse livrer le dîner à la maison. Les gens du resto la connaissent. Elle a aussi enseigné très tôt à ses enfants comment faire chauffer un repas congelé Swanson. Celui à la dinde, il est pas pire.

Michel grandit en regardant sa mère porter à bout de bras cette famille menacée et diriger tant bien que mal la barque familiale sur un océan semé d'écueils au quotidien et durement secouée par des tempêtes imprévisibles. Le naufrage semble toujours imminent. Jour après jour, Michel est le témoin de la déchéance de son père qui est la plupart du temps saoul, déprimé et déprimant.

Pour le jeune Michel, son père se fait « accroire » qu'il a des problèmes. Le bonhomme pense que l'ivresse va créer une distance entre lui et sa réalité de « fucké ». C'est le contraire qui se passe : l'alcool l'enfonce. Au moins, il n'est pas violent avec les autres. Ni avec sa femme, ni avec ses enfants. Il est prisonnier d'un terrible processus d'autodestruction. Il ne se manque pas. Il se fout une volée chaque jour.

## Sur les traces du chef d'orchestre

Ce jour-là, le père est en plein marasme. Sous la terrible influence du mélange médicaments et alcool, il se promène partout dans la maison en marchant rapidement et il mime les gestes violents du chef d'orchestre. Habituée à ce type de démonstration étrange, qui est une forme d'évacuation de la pression causée par la maladie, la maman de Michel ne s'en serait pas inquiétée, sauf que, cette fois-là, son jeune Michel le suit, pas à pas en l'imitant avec de grands gestes. L'image de son petit garçon suivant les traces de son père malade l'a effrayée, lui a fait craindre le pire pour lui.

Ainsi, à l'âge où un enfant cesse de croire au Père Noël et commence à croire en son père, pour Michel, le père, c'est cet homme fou qui passe ses journées au sous-sol, qui boit de la bière sans arrêt, qui a les yeux troubles et fait de mauvais rêves.

À 12 ans, on n'est pas bâti pour comprendre ou pardonner. Tout ce qu'on voit, c'est le marasme… et le responsable du marasme. *Fuck* les causes, *fuck* les racines, *fuck* les justifications, son père est un ivrogne pathétique, un point c'est tout. Un ivrogne pathétique qui le force à rester assis à ses côtés quand il regarde les nouvelles et qu'il tempête et qu'il critique sur tout et sur rien. L'homme a besoin d'un témoin devant qui cracher sa haine de tout et de tous, en particulier des *roast-beefs*, ces maudits anglais…

Quand Michel en a assez du spectacle dégradant de son père saoul qui gueule comme un putois devant les nouvelles, il se lève pour partir, mais la permission lui est violemment refusée :

— Reste icitte, toé, câlice !

Michel se rassied et, en faisant semblant de regarder les nouvelles et d'écouter son père, il cultive sa haine. Ce qu'il ne sait pas, c'est que même contre son gré, il est la main dont ce père a besoin. La seule présence de son petit garçon à ses côtés est pour lui comme une bouée. Michel n'entend pas le message subliminal que son père lui lance :

— Reste, mon garçon, même si tu me hais. Regarde-moi. Même si ta haine grandit, il faut que tu restes. Il faut que tu me voies. Il faut que je te voie. Même si tout ce que je te montre et tout ce que tu regardes est affreux, reste. Sinon, je meurs...

Le père, fatalement, a fini par ne plus pouvoir pratiquer son art de faire ses miracles. Terminé, la chiropratique. Il a perdu son bureau et son droit de pratique. Il a touché le fond et il reste là, comme avec des souliers de plomb.

Il lui reste son sous-sol de banlieue, sa bière et ses fantômes. La maman continue à mettre les bouchées doubles. Elle est secrétaire le jour à la Fédération québécoise de la Montagne et le soir, elle reste au bureau pour corriger des examens d'étudiants à l'université. Il faut, coûte que coûte, garder la famille unie. On ne doit pas sombrer. Rame, rame, rame.

Au début, le mal être du père a été mal diagnostiqué par la médecine. Un psychiatre spécialisé en schizophrénie infantile n'a jamais détecté la bipolarité. Pendant des années, il a donc été mal traité. La maladie qui l'affecte, ce débalancement chimique, le rend imprévisible et le laisse seul avec sa souffrance.

Les enfants n'y comprennent pas grand-chose et attendent dans l'appréhension le prochain épisode. Maintenant, le voisinage est au courant. À tout bout de champ, faut aller conduire le père en psychiatrie. «À l'asile», comme on dit.

Dans la tête et la mémoire d'un fils innocent, la honte et la haine font leur nid. Jamais Michel n'invite un ami à la maison. Il n'est pas question que quelqu'un voie ce fou qui sème la peur. Son mépris pour son père est devenu viscéral, au point où, quand ils se croisent dans le corridor, Michel retient son souffle pour ne pas respirer l'air que le père déplace en bougeant. Il ne veut pas de ce vent-là dans les poumons, il est poison.

Personne dans la famille ne parle au père. Les liens sont inexistants. À part un peu de chasse et de pêche avec les deux fils aînés, c'est le désert total. L'homme est en isolement chez lui, en lui. Il lui arrive d'avoir des éclairs d'humour. Il fait des gestes, des choses, et lance des remarques qui sont foncièrement comiques. Sauf que les spectateurs, sa femme et ses enfants, n'y trouvent rien de drôle, car ces éclats d'humour absurde, vaudevillesque, sont le prélude à une autre mauvaise passe, des *jokes* annonciatrices de tempêtes et de cauchemars. Il est tranquillement en train de sombrer encore une fois dans un épisode de folie.

Quand l'orage s'annonce, on ne sait jamais quelle tournure ça va prendre. Comment on va se sortir de celle-là. La peur plane, gros nuage gris, sur la famille.

## Jeune femme au cœur de la tourmente

Le père est en crise. Suzanne, la grande sœur de Michel, est toute seule à la maison avec lui. Il est dans un état second, en proie à une explosion de rage. Ses veines palpitent sur ses tempes. Il a de l'écume au coin des lèvres, il hurle des insanités, il hallucine. Comme si son système nerveux avait disjoncté. Il faut l'amener à l'asile tout de suite. Une tourmente grave, si grave que la jeune femme doit faire tous les efforts de négociation pour le tirer, moitié de gré, moitié de force dans l'auto. Une crise sans précédent.

Elle réussit à démarrer. Elle est au volant et lui, juste à côté. Elle roule à toute vitesse, les larmes aux yeux et la peur dans la gorge. Incapable de continuer, se sentant en danger, elle stoppe la voiture sur Papineau, à Laval, le temps d'essayer de se ressaisir, de calmer sa panique. Sur l'entrefaite, une voiture de police arrive et se gare juste à côté. Coup de chance, le policier est le voisin des Courtemanche et il reconnaît la jeune femme au volant.

— Qu'est-ce qui se passe, Suzanne?

— C'est mon père. Il fait une crise. Il faut que je me rende à l'hôpital, mais j'ai peur.

Le policier se tourne vers le père.

— Monsieur Courtemanche, calmez-vous…

Le père assène alors un violent coup de poing au visage du policier qui s'écroule, ensanglanté. Il doit demander de l'aide. Suzanne fait tout pour calmer la rage incontrôlable du père. Le policier n'a pas porté plainte, vu la condition de son agresseur, et Suzanne réussit enfin à se rendre avec son père à l'institution. Il y est resté quelques jours.

Un autre séjour à l'asile.

C'est ainsi que s'est passée la jeunesse de Michel Courtemanche à Laval, dans une atmosphère ou régnait la peur et le déni.

# Le succès

Nous sommes en octobre 2008 et je fais le ménage de mon calepin téléphonique. J'ai le numéro de Martin Petit, avec qui j'ai travaillé un an à la radio. Pourquoi j'ai son numéro? Je ne sais pas. Je l'appelle. Je ne réalise pas sur le coup que Martin est le meilleur ami de Michel depuis le cégep, à Laval. En jasant, tout naturellement le sujet vient sur Michel Courtemanche. Il a été un témoin de la première heure.

À Montmorency, Martin a assisté à une soirée d'improvisation. Parmi les joueurs, Michel Courtemanche, ce drôle de numéro. Vingt-cinq ans plus tard, Martin se souvient de l'impression qu'il lui avait faite.

— J'ai tout de suite voulu faire ça. Je le regardais et je me disais naïvement que si j'embarquais en impro, après une couple de mois, je serais comme lui.

Martin pense que si Dieu lui avait donné ne serait-ce que 10 pour cent du talent de Michel, cela aurait fait de lui un génie. Pour Martin Petit, au-delà de l'amitié qui n'a jamais fait défaut, il éprouve pour Michel une adulation totale et exclusive. Il a la conviction intime que son ami est l'égal de Charlie Chaplin. Martin Petit était là quand la bombe Courtemanche faisait tic-tac sur les scènes des cégeps.

Au milieu des années 1980, l'ère est aux nouveaux comiques. L'humour arrive de tous les milieux. Ça saute partout. Depuis 1977, de jeunes amateurs de théâtre maintiennent en vie et développent la Ligue nationale d'improvisation, qui mêle le jeu de l'acteur et la créativité du comique de club. La LNI fait des petits partout. Il y a les Lundis des Ha! Ha! qui misent sur l'humour de cabaret revampé. Il y a les spécialistes du *stand up* à l'américaine. Les longs monologues sont toujours populaires et les imitations ont toujours autant de succès.

Jean-Guy Moreau a passé le flambeau à André-Philippe Gagnon. Il y a l'humour en groupe avec RBO (Rock et Belles Oreilles), le Groupe sanguin. Il y a l'humour à la radio avec François Pérusse et à la télé avec les Bleu Poudre et *La p'tite vie*.

C'est dans la foulée de tous ces amuseurs que Michel Courtemanche arrive. Il lui a fallu trois ans seulement pour que son succès s'établisse à peu près partout en Europe. Comme son langage gestuel est sans frontières, l'accueil est décuplé.

Depuis la fin du cégep, le succès et la popularité de Michel Courtemanche ont grandi côte à côte avec son isolement. Un mal intérieur le ronge et devient de jour en jour plus effrayant. La star Courtemanche prend toute la place et garde Michel enfermé en lui-même. La noirceur s'épaissit chaque jour un peu plus. Alors, même lorsqu'il est en dehors de la scène, il se déguise en star et il consomme de tout : alcool, drogue, pilules, cigarettes.

Avec tout le pouvoir et l'argent que le succès lui donne, Michel, qui est un timide de première classe et complexé parce qu'il se trouve laid, ne survivrait pas dans son état normal. Alors, non seulement il plonge dans l'alcool et la drogue, mais il paye la traite à tout le monde autour de lui, s'assurant ainsi de ne pas être seul. Il lui arrive de dépenser des milliers de dollars en une soirée.

Hier, il se faisait chauffer des dîners Swanson à la maison, avec un fou dans le sous-sol et la peur de la tempête, et aujourd'hui, le monde est à ses pieds. Comment survivre à toutes ces contradictions à moins de prendre toutes ces fausses vitamines ou de se déguiser ? Un peu d'alcool, de cocaïne et ça y est. Amenez-en de la visite, mon colonel ! Si son père n'a pas été capable de contrôler sa dépendance à l'alcool, c'est que c'est un pauvre individu sans colonne. Lui, il n'est pas comme son père, un minable ver de terre croupissant dans son sous-sol. Il est une star internationale ! Lui, il va être assez fort. Lui, il va garder le contrôle.

Avec l'abus d'alcool, la génétique maudite s'est manifestée. Le jour où sa mère s'est inquiétée de l'attitude du petit Michel qui suivait son père jouant les chefs d'orchestre, elle a vu juste. La réalité pourrie qu'elle a crainte fait surface : Michel est bipolaire. Toutefois, malgré cette nouvelle tuile, qui se rajoute à sa consommation d'alcool et de drogue de plus en plus effrénée, il arrive à mener une carrière brillante et spectaculaire. Sa montée est vertigineuse.

Même si les discussions et les conversations qu'il a avec sa mère ne touchent jamais les sujets profonds, Michel a toujours été proche d'elle, son éternelle et vitale bouée. Même si leurs conversations sont anodines et anecdotiques, les phrases sont remplies de non-dits et de sous-entendus vitaux. Sa mère sait qu'il consomme, et qu'il consomme beaucoup. Elle a vu neiger. Elle sait qu'il est aux prises avec les mêmes démons que son père, mais, par pudeur, elle n'attaque jamais le sujet de front, mais toujours timidement et du bout des lèvres. Ses regards et la musique de sa voix, sans les mots, lui disent l'essentiel : « Je suis là. Fais donc attention à toi. »

Son fils, qui est devenu une star mondiale riche et adulée, a besoin de ces trois mots clés : « Je suis là. » La star invite ses parents à ses premières. En fait, il invite sa mère, son père vient avec. Ces situations sont gênantes pour Michel et extrêmement pénibles pour son père, qui ne sait pas comment se comporter en société. Il est aussi parfaitement conscient que son fils le méprise. Les rares fois où il voit son fils sur scène performer devant une salle en délire, il ne peut le supporter. Il panique. Il doit se bourrer de tranquillisants de crainte que sa tête n'explose.

C'est soir de première à l'Olympia. À Paris, la scène cultu-
relle n'en a que pour le phénomène Courtemanche, la bande
dessinée faite homme. Le métro est tapissé de ses affiches. On
le voit partout. On se l'arrache sur toutes les tribunes. Il est
sur toutes les chaînes. Ses parents ont des places de choix dans
la salle. C'est leur premier voyage à Paris.

Faut partir de Laval-des-Rapides pour bien saisir le
moment. Ses parents n'ont jamais quitté leur petit milieu banlieusard. Ils n'ont jamais rien imaginé d'autre qu'une vie de
travail, d'acharnement au quotidien et de maladie. Une vie
grise, misérable et sous tension constante. Puis, soudainement, ils se promènent dans Paris, la plus belle ville du
monde, le centre de l'Europe, et tout le monde autour idolâtre
leur troisième fils devenu un demi-dieu. Complètement désta-
bilisant.

Sur la scène de l'Olympia, il y a un énorme rideau rouge.
Bien que ce soit imperceptible de la salle, ce rideau est plein de
petits trous par où on peut voir les spectateurs. Michel regarde
ses parents. L'attitude des deux est totalement différente.
Maman n'a pas assez de deux yeux pour tout voir ce qu'elle
veut imprimer dans sa mémoire. Elle regarde partout, fier
témoin de l'attraction extraordinaire que provoque son fils,
son fils à elle, le même qui se faisait chauffer des repas conge-
lés Swanson lorsqu'il était petit. Voilà ce qu'il est devenu.

Ce qu'elle connaît et dont personne ne se doute, c'est la
force de ce jeune homme. Encore plus que son talent, sa force.
Elle est la seule à savoir avec quels monstres il se bat quotidiennement. En regardant partout dans la salle comme un
enfant au milieu de la fête, elle salue le succès, mais surtout le
courage de son fils.

Derrière le rideau rouge, Michel regarde également son
père. L'homme est immobile, statue de béton. Il ne cligne pas

des yeux. Il est assis et il souffre. Il essaie fort de passer à travers chaque moment. Impitoyables secondes.

Après la première, après les mille ovations et les rappels, c'est la grande fête dans les loges où le tout-Paris acclame le comique de l'heure, le génie, le nouveau Chaplin. Marceau à la puissance trois. On amène les parents de Michel pour qu'ils se joignent à la fête. Une jeune animatrice québécoise, Julie Snyder, qui travaille à Radio-Canada, est là et recueille leurs impressions.

— Non mais, franchement, comment vous vous sentez de voir ça? De voir l'Olympia avec le nom de votre fils gros comme ça, tout le succès, la folie, les journaux, la télé, les caméras partout? a demandé la jeune journaliste.

Le père de Michel a répondu par un grognement à peine audible en regardant le sol et sa mère a tenté de trouver les mots pour dire à quel point elle était fière, heureuse, et transportée par son garçon. L'entrevue n'a jamais été diffusée.

La réalité de son père devient chaque jour un peu plus la sienne. Vivre avec la bipolarité est particulièrement pénible en tournée. Quand la spirale entraîne sa victime vers le creux, Michel est en proie à des crises continuelles. À la différence de son père, il n'est pas dans un sous-sol de banlieue, à Laval, à s'en prendre aux murs, aux fantômes et aux *roastbeefs* dans les bulletins de nouvelles. Il est dans les avions et les hôtels, entouré de plein de monde.

Ils sont tous là, toujours: le public en délire, les collaborateurs, les agents, les musiciens, les directeurs techniques, les responsables de tournée. Il y a aussi les propriétaires de salle, les honorables citoyens, les journalistes, les groupies. Il y a une armée de gens qui sont continuellement à son service. Michel voit chacune de ces personnes comme un irritant.

— Foutez-moi la paix, tous!

Il est en proie à des crises insensées. Alors on le prend pour une diva, une prima donna. Il est torturé mais il passe pour le tortionnaire. Il a toujours détesté se faire servir. Sa nature à lui c'est de servir, pas de se faire servir.

Il est malheureux et il bouscule tout et tous sur son passage. Il écorche les sensibilités. Il ignore les malaises, les inconforts et les blessures qu'il inflige. Il sait que ce qu'il fait est mal, mais c'est comme s'il n'y pouvait rien : il est possédé par la souffrance. Il fait de plus en plus noir, et il est incapable de briser ce cercle vicieux.

Les trois dernières années de la carrière de ce grand comique sont une longue descente aux enfers. C'est comme si Michel n'était pas marionnettiste, mais marionnette. Une marionnette de chair et d'os. Le marionnettiste n'est pas caché derrière un castelet, mais à l'intérieur de la marionnette, et une marionnette, ça appartient à tout le monde sauf au marionnettiste. Après son numéro il ne peut pas rentrer calmement chez lui avec son personnage dans sa boîte, non. Il est perpétuellement prisonnier de son personnage.

Michel est au sommet de son art et de sa popularité. Ses numéros sont parfaitement au point et parfaitement efficaces, mais il trouve miraculeusement une façon de les améliorer chaque soir. Ses salles se remplissent au fur et à mesure qu'on annonce ses spectacles et ses cachets sont faramineux.

Pendant trois ans, jour après jour, il monte au paradis, si artificiel soit-il, de la gloire et, en même temps, il descend, comme s'il traversait un miroir maléfique, dans l'enfer de l'isolement, de la drogue et de la maladie mentale. Au bout du cauchemar, il se regarde dans la glace et c'est son père qu'il voit. Vision d'horreur. En plus, l'homme qu'il voit est laid. Il est laid, il le sait. Il l'entend tous les soirs dans la salle. Le marionnettiste entend…

Alors, chaque fois qu'un photographe se pointe et dirige son objectif sur lui, il fait le pitre, il grimace. Il lui donne ce qu'il veut. La marionnette joue et le marionnettiste est terrorisé. Personne ne voit sa timidité maladive. Opération camouflage. Et hop, une grimace, chef!

Sa vie devient une accumulation de mensonges, de faux-fuyants, d'excellentes mauvaises raisons. Il est enseveli sous d'innombrables couches de merde. Il trouve des justifications pour tous ses comportements destructeurs. Il blâme les uns et les autres, le temps qu'il fait ou ne fait pas. Il s'invente des problèmes et noircit tout. Sa carrière et sa renommée sont comme de mauvaises fréquentations. Il sait qu'il arrive à la fin. Il a une douleur constante au ventre et ne trouve plus d'issue à son cauchemar.

Après 12 ans de carrière active, après les sommets, alors qu'il est au plus haut, les moteurs ont été coupés et il s'est écrasé. Sa carrière s'est arrêtée sec. L'épisode de la fin au Québec a été une catastrophe.

Il veut expérimenter une nouvelle façon de présenter un spectacle d'humour. Le concept est un *work in progress*, un *show* interactif avec le public. Rien n'est préparé à l'avance. Les gens du public suggèrent, échangent avec lui, posent des questions sur le processus de création d'un numéro et, devant tout le monde, avec eux, il monte de toutes pièces un spectacle original.

À sa grande surprise, alors qu'il voulait que l'expérience soit privée, presque secrète, la rumeur a fait son œuvre et tous les médias et les journalistes sont dans la salle. Contrairement à son habitude, il décide ce soir-là de ne prendre aucun tranquillisant avant de se présenter. Il entre sur la scène sobre, et c'est debout sur la scène qu'il réalise que son plan est impossible à réaliser. Il va se planter royalement. Alors, il trouve une solution d'urgence et se met à déconner sur scène, allant chercher des rires en disant des grossièretés et des banalités. Au bout d'une demi-heure de ce régime, il en a assez de se ridiculiser et il sort de scène en larmes.

— Je suis gelé, je suis plus capable. Excusez-moi.

Le mot « gelé » est mal choisi. Il voulait exprimer qu'il était figé, non pas drogué, mais la presse ne s'est pas gênée. Les spectateurs, inconscients de la crise que vit Michel, scandent son nom, l'implorent de revenir. Derrière, il est dépassé, effondré.

Quelques personnes de son entourage, témoins de la crise, mais en même temps conscients de l'insistance du public, le convainquent de revenir sur scène. Il essuie ses larmes, retrouve un peu d'aplomb et y retourne. Il y reste à peine une minute. La carrière du plus grand comique de scène de l'histoire du Québec s'est arrêtée là.

## Opération sauvetage

Quelques années plus tard, sous les conseils et l'insistance de deux hommes, Marc Désourdy, un coloc naufragé de l'amour, et François Rozon, son gérant, il rassemble tout le courage qui lui reste et entreprend un grand nettoyage, un grand ménage. Tout compte fait, ce que le succès lui aura donné, c'est du *cash*, sa carrière lui aura volé tout le reste. Volé son temps de solitude et de tranquillité. Volé sa vie amoureuse. Volé sa famille et ses amis.

La cure de désintoxication et la reprise en main de sa vie ont été un long chemin cahoteux et tortueux, une pénible remontée à la surface. La guérison de l'âme de Michel Courtemanche a dû passer par l'abandon de son personnage public. La gloire n'est plus dans son jardin, le succès n'est plus sur son itiné-raire. L'incroyable génie de cet homme doit maintenant se taire, doit retourner dans le placard et y rester.

Il faut laisser vivre Michel. C'est à son tour.

Au moment où il entreprend sa longue marche vers la lumière, il reste en contact avec sa chère mère, mais sans jamais lui parler de quoi que ce soit au sujet de ses démarches pour retrouver la santé physique, mentale et émotionnelle. Il ne veut pas l'inquiéter avec ses cures, ses consultations et ses nouveaux médicaments. Elle a assez souffert dans sa vie, pas question d'en remettre.

Mais sa mère n'est pas dupe et voit la fragilité et la fébrilité exacerbées de Michel. Quand il sort de sa toute première cure, il l'avoue à sa mère. Il est tellement fier de s'être remis sur pied. Il a hâte de donner un peu de temps et d'espace au marionnettiste.

— Je reviens du front, maman. Je suis allé à la guerre, mais j'ai tous mes morceaux.

À son premier anniversaire sans consommer, Michel est plus fier de cet exploit que d'avoir rempli n'importe quelle salle. Ce premier anniversaire est une telle victoire qu'il veut la partager avec ses amis, ses frères, sa sœur, ses parents. Ses frères, sa sœur et sa mère l'ont félicité, mais pas son père. Pourquoi le féliciterait-il ? Michel ne lui a jamais dit bravo à lui, quand il allait chercher son gâteau annuel, chez les AA.

Tout le monde est content, mais personne n'est réellement capable de mesurer l'exploit que cela représente. Parti d'où il était pour en arriver là, il en éprouve une grande fierté. Pour une fois, il peut se regarder dans la glace sans que ce soit pour vérifier l'efficacité d'une nouvelle grimace. Pour une fois il peut se regarder dans la glace et se trouver beau.

Presque.

Pour une fois aussi, il a une idée du calvaire que son père a vécu. Pour une fois il est conscient de ce avec quoi il a été aux prises toute sa vie. C'est à cette époque que Michel apprend que son père, en plus de sa bipolarité et de son alcoolisme toujours latent, souffre d'emphysème pulmonaire aigu. Sa mère et les médecins lui ont appris que, pour un homme si durement éprouvé, cette maladie est fatale. Il en mourra. Michel a tout de suite vu l'urgence.

C'est officiel, tout le monde le sait : l'homme qui lui sert de père va mourir. Cette personne qui a foutu l'enfer dans la maison de son enfance, dont la folie a toujours fait peur à ses enfants et à leur mère, va s'éteindre. Celui qui n'a jamais manifesté le moindre intérêt, la moindre affection pour personne va crever. L'homme que le petit Michel méprisait, celui qui n'avait pas de colonne, la loque, le complice du ramancheur de l'enfer va mourir.

Dans deux mois ou dans deux ans ? Peut-être plus, peut-être moins. Depuis que Michel connaît sa propre condition, il réalise que la maladie, la toxicomanie et l'indifférence sont ses seuls liens avec son père, leurs points de rencontre. C'est son héritage. Il se rend compte que c'est insensé.

Ses réflexions sur sa propre condition l'ont amené à comprendre que tout le monde, sans exception, porte le bonheur en lui-même. Il suffit souvent de recevoir l'aide dont on a besoin, d'avoir la patience, le courage et la force de chercher ce bonheur. Il faut y croire malgré que cela semble impossible et s'y mettre, parce que le bonheur est enfoui sous une épaisse couche de peurs, de préjugés, de souvenirs, de faiblesses, de maladies, de monstres et de regrets accumulés. Tout ça, inventé par soi-même.

# Je t'aime

Cette petite phrase innocente sera à la base de la nouvelle vie de Michel Courtemanche. Cette simple phrase transformera son quotidien. Une phrase qui est une porte toute simple à franchir et qui s'ouvre sur un tout nouvel univers.

Ce qu'il comprend depuis qu'il a commencé son grand nettoyage intérieur, c'est qu'il ne faut rien refouler. Il faut apprendre à ne rien laisser en suspens, à ne rien balayer sous le tapis. Il faut cesser d'étouffer ses émotions ou de les garder prisonnières. Il faut les laisser vivre. Il faut provoquer les choses et oser.

Il sent qu'il est vital pour lui de se rapprocher de son père et de chasser les doutes et la peur. C'est vital parce qu'il va découvrir des choses. Il doit se rapprocher de lui. Il doit voir qui se tient derrière cet homme malade et aigri qui se laisse aller à mourir. Il y a certainement plus que le souvenir d'un lâche qui laisse un fier-à-bras torturer son fils en lui tordant le pied.

Alors, il est allé le voir une fois. Puis une autre.

Qui est cet homme ? Les découvertes qu'il fait sur son père le fascinent. Son père est en amour avec les arbres. Quand il va à la chasse, ce n'est pas surtout dans le but d'assouvir ses pulsions sanguinaires, c'est pour regarder les arbres. Pour sentir et toucher, même écouter leur musique quand le vent souffle. Il voit les arbres comme des êtres parfaits. Un jour, Michel est donc arrivé chez son père à Laval avec le film de Frédéric Bach, *L'homme qui plantait des arbres*. Il a vu la grande sensibilité de Serge, enfouie loin, loin.

Le père de Michel est un homme cultivé qui écrit très bien et Michel n'en a jamais rien su. Il a trouvé dans ses choses le manuscrit d'un roman intitulé *Les porteurs d'eau*. Michel a entrepris les démarches pour le publier. Son père a étudié à New York. La superbe photo de lui que Michel garde sur son manteau de cheminée date de son époque new-yorkaise.

Ce n'est pas le célèbre Michel Courtemanche, le roi de toutes les scènes, l'inventeur de gestes et le génie patenté du comique qui est avec son père. C'est juste un fils. Un fils cadet qui fut une vedette internationale, un veau d'or intouchable, puis qui est devenu un homme de la rue, privé. Un homme au combat, à la santé fragile. Michel sait qu'il a beaucoup de temps à rattraper. Comme tout commence par le père, il lui fait goûter à toutes sortes de nouvelles choses, à la recherche d'émotions refoulées.

Il veut agrandir le jardin de son père et lui donne ce qu'il ne s'est jamais donné, ce qu'il a toujours repoussé du revers de la main, des petites choses comme des sushis, par exemple.

— T'as jamais mangé de sushis, papa ? Viens-t'en on va manger des sushis.

Il trouve toutes sortes de façons de lui dire ce qu'il n'ose pas lui dire avec des mots. Dire « je t'aime », ça fait mal juste à y penser. C'est un trop gros défi. Il en est incapable. Il a pensé lui acheter le film *Les douze salopards*. Ils pourraient s'installer tous les deux et regarder le film favori de tous les temps de Serge Courtemanche.

— Tiens papa, un cadeau pour nous deux.

C'est trop demander à Michel. Le moment sera trop intense, au bord de l'insoutenable. Il va éclater en sanglots à la première image et ne s'en remettra pas. En plus, son père va paniquer de voir Michel pleurer comme quatre madeleines. Il ne l'a pas fait. Trop d'émotion sur la table.

Faut arrêter de faire le tour du pot, la solution, c'est de lui dire : « Je t'aime ». Michel s'assoit dans la cuisine de son condo. Il regarde le téléphone sur la table. C'est simple, il suffit de prendre l'appareil, puis de composer le numéro de téléphone et de lui dire : « Je t'aime, papa. » Il se parle à voix haute.

— J'attends quoi au juste ? Est-ce que j'ai une raison pour attendre ? Si je ne suis pas sûr que je l'aime ? Est-ce que je l'aime ? Est-ce que je suis bien certain que je l'aime ? Les chances sont que je ne l'aime pas. Il se passe quoi si je lui dis « je t'aime » et que je réalise que je ne l'aime pas ? Peut-être qu'en lui disant, ça va devenir une réalité ? Et s'il s'en crisse que je l'aime ou pas ? Est-ce que je lui dis « je t'aime » juste pour me déculpabiliser avant qu'il meure ? Est-ce que c'est un « je t'aime » égoïste ? Un « je t'aime » curatif ? Un « je t'aime » intéressé ?

Quand Michel s'obstine avec lui-même, on n'est pas sorti de l'auberge, ça peut prendre des années.

— Allez. Coup de pied au cul. Appelle.

Ce soir-là, il a décidé de mettre son plan à exécution et de dire à son père qu'il l'aime. Il a pris un crayon et un papier dans le tiroir et a écrit le plan de match, il a écrit la conversation. Il a écrit tout ce qui va tourner autour du « je t'aime ». Il ne peut pas appeler, dire « je t'aime » puis fermer la ligne. Il doit surtout garder le contrôle de ses émotions. Alors, il répète. Comme si c'était un numéro d'humour. Il va lui dire « je t'aime » sur le pilote automatique. Il sait qu'à l'autre bout du fil, il y a le roi du stoïcisme. Le grand vizir des émotions étouffées. Pour cet homme, de deux choses l'une : ou tu es normal et tu n'as aucune émotion ou tu as des émotions et tu es malade. Quand il voit un athlète en larmes parce qu'il vient de gagner une médaille, il est incapable de faire l'addition. La peine, la tristesse, tous ces sentiments sont des symptômes d'une maladie mentale. Il est bien placé pour le savoir.

Le temps presse : la santé de son père se détériore. Il traîne sa bonbonne d'oxygène et peine à respirer. Il regarde une dernière fois le combiné. Il appelle, combattant la peur de se mettre à pleurer à la deuxième phrase. Depuis qu'il apprend à ne rien retenir en dedans, Michel, en bon élève, est devenu un as de la libération des émotions. Alors, dire « je t'aime papa » sans être ému, ça risque d'être difficile.

— Papa ?

— Salut.

— Papa, j'ai quelque chose de bien important à te dire.

— Oui ?

— C'est pas facile pour moi…

— Ben voyons.

— …mais ça va me faire du bien…

— …

— Avant que tu meures, c'est important que tu le saches.

— Qu'est-ce qu'il y a ?

— Papa, je t'aime.

Michel éclate en sanglot. Incapable de se retenir, il pleure comme un enfant pendant une bonne minute.

— Michel ? As-tu pris tes pilules ? Michel ?

— (sanglots) Papa…

Michel est revenu à lui et la conversation s'est enchaînée. Une conversation à sens unique. Michel s'est donné le rôle de faire de l'ordre, de faire le grand ménage. Son père, à bout de force, n'a qu'à se laisser aimer.

Dans les mois qui ont suivi, jusqu'à son dernier instant, Michel est devenu le fidèle ami de son père, son compagnon. Il vient le visiter, il lui apporte des petites choses, et lui rappelle toujours le principal. Je t'aime, papa. C'est aussi comme ça que se terminent toutes les conversations au téléphone. Michel appelle pour « avoir des nouvelles ». Il le fait pour accompagner son père sur son dernier bout de chemin. Il tente tant bien que mal de ne pas laisser paraître la peine que lui cause le souffle difficile de son père. Il sent la mort lui arracher un peu de son père chaque fois qu'il respire. Insoutenable *fade out*.

Michel n'attend rien en retour. Comment cet homme peut-il donner quoi que ce soit à qui que ce soit. Il a à peine la force d'aller chercher son air, 20 fois par minute. Devant cet homme souffrant, le fils a tout compris. Quand la mort entre dans la danse, les perspectives changent. Tout se replace. Michel comprend que l'homme devant lui s'est battu toute sa vie, seul aux prises avec des maladies terribles et incomprises. Michel sait aujourd'hui. Il répète bravo à son père malade, mille fois. Bravo mon vieux, pour les efforts héroïques. Merci pour cette bataille continuelle livrée contre la maladie dans l'indifférence et le mépris des autres, dont moi-même, ton fils. Quel courage ! Je t'aime papa.

Le 11 décembre 2003. Michel a 39 ans aujourd'hui. Le téléphone sonne.

— Allô ?

— Michel ?

— Papa ?

Son père lui téléphone ! C'est une première à vie. La voix du père est sérieuse et dénuée de toute trace d'émotion. Un léger malaise en toile de fond. Complètement malhabile.

— Euh. Ben, je te souhaite une bonne fête. Je te prends dans mes bras. Euh. Puis, euh, m'a dire comme on dit, eh ben, hein… je t'aime, disons.

— … Merci papa.

Étant donné la condition fragile de son père, Michel a retenu ses émotions. Il a une bonne excuse cette fois. Mais quand il a raccroché, au bout d'à peine une minute de cette conversation maladroite, il a été touché profondément, dans le sens premier du mot.

Ce « je t'aime » de son père du 11 décembre 2003 a posé les assises de ce que sera le reste de l'existence de Michel Courtemanche, l'homme démasqué. Une conversation dénuée en apparence de toute émotion, mais où les mots avaient le poids de la vie. Michel n'a jamais été aussi heureux ni aussi en paix que dans les jours qui ont suivi ce « je t'aime », si gauche fut-il. L'homme qu'il a ignoré et méprisé toute sa vie est véritablement devenu son père, rendu au bout de son souffle.

## Je t'aime (bis)

C'est pendant sa thérapie que Michel s'est ouvert et a finalement prononcé les mots magiques à son père. Pendant toute la période de sa thérapie, il carbure à l'émotion pure. Pendant des semaines et des semaines, il n'attache d'importance qu'à ce sympathique apprentissage : laisser aller les émotions. Il est continuellement en exercice. Appelle l'un et l'autre. Chaque rencontre est une occasion de se laisser aller. Comme il a déjà un beau « je t'aime, papa » à son actif, il est grand temps de s'en offrir un deuxième, en apparence plus facile, mais pas vraiment. Le fameux et vital : « Je t'aime, maman. »

La mère de Michel a toujours tout donné à tous et n'a jamais demandé quoi que ce soit en retour, comme si elle avait une dette à rembourser. Elle aide tout le monde tout le temps depuis le tout début. Aucune seconde de sa propre vie ne lui appartient. Sa vie est réglée sur celles des autres, sur leurs besoins, leur bien-être et leur sécurité. Une étrange générosité, inconsciente, perpétuelle et gratuite. Gratuite au point où le moindre merci la met mal à l'aise. Le don qu'elle fait de sa vie, l'oubli viscéral d'elle-même, est une norme. Elle se lève et se couche en pensant aux autres.

Michel, alors en pleine thérapie et sur le chemin de la guérison totale, a eu pour elle ce cadeau inattendu. Il est allé la voir à la maison, chez elle. Ils se sont assis. Dire « je t'aime » à son père arrivait avec son lot d'interrogations. La principale était de savoir si c'était vrai. Il a fallu creuser longtemps et loin pour réaliser qu'en effet, il aimait véritablement son père. Dans le cas de sa mère, il n'a aucune hésitation. Cette femme, devenue une vieille dame, est tout dans sa vie depuis toujours. Elle est le point d'ancrage. Elle est l'assurance que quoi qu'il advienne, il y aura toujours une personne qui l'aime inconditionnellement. Une femme pour qui il est et a toujours été le plus beau. Qui lui a tout donné. Aucun tiraillement. Ce sera un beau « je t'aime ». Michel, l'homme *thérapisé* se frotte les mains d'avance.

Il entre dans la maison. Conversation anodine. Comment ça va ? Qu'est-ce que tu faisais ? La santé ? Puis, ils s'assoient à la table de la cuisine. Il la regarde en pleine face, les yeux dans les yeux, et, sans qu'elle ne se doute de quoi que ce soit, il lui dit, en lui prenant les deux mains.

— Maman. Je t'aime.

Elle est saisie au cœur. Il se met à débattre à cent à l'heure. Ses yeux ne savent plus où regarder. Elle détourne un peu la tête. Elle est saisie à la gorge. Elle se tient les deux joues qui rougissent. Figée, elle voudrait se cacher, aux prises avec une grande secousse émotionnelle. C'est la première fois qu'elle se fait dire « je t'aime » par son enfant. C'est lourd. C'est inattendu.

— Je t'aime.

Au bout d'une minute, elle revient sur terre. Pour elle aussi une porte vient de s'ouvrir sur un tout nouvel univers. Elle est maintenant plus légère, comme si le « je t'aime » de son petit Michel était une délivrance ou un aboutissement.

Enfin arrivée. À partir de ce face-à-face, de cet instant magique, un nouveau tournant s'est présenté à ces deux personnes. Ils ont pris la courbe tout en douceur.

## La mort du père

La souffrance du père est devenue intolérable. Au bout de trois ans d'emphysème aigu, son cas est réglé et tout le monde sait, lui le premier. On attend, c'est tout. La nouvelle d'une autre damnée opération est arrivée comme le dernier coup de minuit. Il a une masse derrière les poumons. Il faut retirer cette masse. Les médecins sont convaincus qu'il ne pourra pas y survivre. Michel s'objecte d'une façon véhémente.

— C'est ridicule. C'est l'envoyer à l'abattoir. C'est le tuer. On s'en câlisse de la masse derrière ses poumons. *Fuck* la masse !

Les supplications de Michel ne donnent rien et les chirurgiens procèdent à l'opération. Juste avant, tous les membres de la famille lui ont fait leurs adieux. Quelques minutes avant d'entrer dans la salle d'opération, Serge est à demi-conscient.

Michel est complètement abattu, il a les yeux cernés et dans sa tête, tout est noir, comme s'il était soudainement au plus creux d'une vague dépressive. L'idée qu'il ne reverra plus jamais son père le terrasse. Il capote. La mère et les enfants sont dans la salle d'attente adjacente au bloc opératoire.

Une fois l'intervention terminée, les préposés sortent la civière, sur laquelle le père a été opéré. Serge y est étendu sur un drap blanc… les bras en l'air ! Il a les deux bras dans les airs ! Il n'est pas mort ! Il a survécu ! Et *fuck* les pronostics !

Après une brève consolation, l'agonie commence. Il est difficile de parler d'un calvaire comme celui-ci, une longue marche dans la souffrance à la quête d'un souffle, juste un dernier. Dans tous les membres de ce corps, la vie s'écoule goutte à goutte. Michel assiste aux derniers moments de la vie de son père dans un état pitoyable. Toujours ultrasensible, à cause de sa nature profonde et de ses nombreuses thérapies, il imagine la panique qui doit s'installer dans l'esprit de l'homme qu'il aime maintenant comme on aime un père.

Quelle cruauté ! Laisser cet homme se rendre au bout de la souffrance jusqu'à ce qu'il ne puisse plus la supporter et qu'il en crève. De quoi est mort mon père ? Il est mort d'avoir souffert. La peur saisit Michel devant l'intolérable processus. Comment faire pour prendre sur lui un peu de cette souffrance ? Si son père avait demandé à Michel de tirer la «plogue» au cours de ces longues journées d'agonie, il l'aurait fait sans se soucier des conséquences.

Tout le monde est endormi dans l'antichambre. Un sur le plancher, l'autre adossé à un mur, un autre affalé sur une chaise, ici et là. Michel se réveille et regarde sa mère. Elle lui a fait un signe. Il a compris. Il est mort pendant la nuit. Suzanne crie.

L'ambiance est lourde. Le moment est sacré. Les émotions doivent être contenues par respect pour l'homme libéré. Michel s'approche de son père. Son visage est vide d'expression. Vide de vie.

Michel a peur de tout, des fantômes, des esprits, des morts-vivants, du diable, des monstres, mais il s'est penché et il a embrassé le visage de son père. Par une magie inexpliquée, il est demeuré calme et digne en regardant le cadavre. Il ressent surtout un soulagement qu'il soit enfin libéré de ses atroces souffrances.

C'est la deuxième fois que Michel est confronté à la mort d'un proche. La première fois, c'était son grand-père Courtemanche, le père de son père. Un autre personnage singulier. Ce grand-père est décédé des suites de la maladie d'Alzheimer, au bout du long corridor de l'oubli. Il était pianiste. Il jouait régulièrement à la radio de Radio-Canada et était accompagnateur de films muets. Un grand-père un peu particulier qui a montré à Michel à boucler ses lacets en procédant à l'envers. Aujourd'hui encore, les boucles de Michel sont mystifiantes. Son système est loufoque.

Ce grand-père était un original qui se levait dans les restaurants pour faire ses étirements entre le plat principal et le dessert. Il se souvient aussi que son père avait accompagné le vieux monsieur jusqu'au bout de sa vie, comme lui.

Le parallèle entre Michel et son grand-père est invitant. Il y a une foule qui rit. La foule regarde sur la scène. Elle regarde un homme qui bouge et entend la bande sonore qui s'accorde sur les mouvements. Pas un mot n'est prononcé. Michel et son grand-père avaient la même job.

Dans les jours qui ont suivi la mort de Serge, il y a l'étape traditionnelle du salon funéraire. Il y a là des gens que Michel ne connaît pas, ou si peu, entre autres, de vieux amis de son père. Michel est dans une bulle, sonné par les événements, avec la conviction et la grande frustration de ne pas être allé au bout, mais il remise sa propre peine et écoute leurs témoignages.

Sa mère lui dit tout bas qu'elle a toujours aimé Serge. Malgré tout ce qui est arrivé, malgré les deux, trois jobs, malgré la peur et les crises, malgré la bipolarité et les séjours à l'asile, malgré la bière. Malgré l'absence de tendresse, de mots d'amour, de douceur et de dialogue. Peu importe ce qui est arrivé, il y a toujours eu l'amour. Des mots que Michel n'avait jamais entendus de la bouche de sa mère.

Le jour de ses funérailles, un ami de jeunesse de son père est venu lui offrir ses condoléances. Il l'a pris par le bras et il lui a dit des mots que Michel n'avait jamais encore entendus.

— Tu penses que tu es drôle ? Je ne veux pas te faire de peine, mais si t'avais vu ton père. Si tu l'avais entendu. Il était complètement sauté, tellement drôle. Tout le monde pissait dans ses culottes quand y faisait son numéro dans les corridors, dans la classe, partout. Ton père ? Le gars le plus comique que j'ai vu. Il imitait tous les profs, un vrai bouffon.

Voilà une équation que Michel n'avait jamais imaginée. Héritier de la bipolarité, oui. Héritier de la toxicomanie, encore. Aujourd'hui, héritier de ses talents de comique ? Après réflexion, l'addition est évidente : le père, aux prises avec les mêmes peurs et les mêmes monstres a eu recours aux mêmes boucliers et à la même façon de ne pas montrer son pauvre visage. Cette révélation rajoute au désarroi du fils.

Une fois chacun chez soi, une fois que la vie a repris son cours, Michel ne va pas bien. Les questions et les regrets s'accumulent. L'absence est plus lourde, de jour en jour. Le deuil semble une montagne infranchissable.

Est-ce la fatigue ? L'incompréhension ? La culpabilité ? L'impression d'inachèvement ? Quoi qu'il en soit, le *post mortem* a été douloureux et pénible pendant longtemps. Quand il réalise que l'an prochain, le jour de son anniversaire, il ne recevra pas le coup de téléphone malhabile qui lui a fait tant de bien, il ressent une vive douleur. Le père, en disparaissant du paysage de sa vie, a laissé un vide qu'il tente de s'expliquer.

Toutes ces années pendant lesquelles il n'y avait aucune relation entre les deux lui sont repassées par la tête. Il n'y avait que ce rien. Pourquoi ce rien est-il devenu si pesant, aujourd'hui ? Michel sombre dans la dépression et retourne en cure de désintoxication, même s'il ne consomme ni drogue ni alcool. Il ressent l'urgence et la nécessité de retrouver ceux qui le connaissent et qui savent comment le soigner, lui, ce patient particulier.

Le deuil a été long. Il lui arrive d'appeler son frère Jean, d'aller chercher le réconfort là où il pense le trouver. En cure, quand il est en consultation avec les psys, il n'est question que du père. Michel s'ennuie maladivement de lui. La simple pensée provoque presque immanquablement des crises de larmes majeures. Il est souvent envahi par une grande tristesse et il ne tente jamais de la chasser.

## Aujourd'hui

Michel est en paix. Son père est toujours présent. D'abord sur une des très rares photos qu'on peut voir dans son loft. Mais surtout en lui. Il n'a jamais été si bien accompagné. Il sent une complicité et une présence presque quotidienne. Il sent cette présence pure du père, enfin libéré de toutes les contraintes de la maladie mentale et de la toxicomanie, de toute cette merde qui l'a empêché de voir le clair des jours. La chimie débalancée et incompétente l'a privé du bonheur et des fruits de l'amour de ses enfants, à part le temps trop court d'une partie de chasse ou d'un film de guerre dans un camping. Tout ça n'existe plus, il ne reste que le beau et le bon.

Michel aime ressentir que son père joue enfin son rôle, débarrassé de cette biologie défectueuse qui a empoisonné son corps et contaminé son esprit et ses émotions. Pourquoi se priverait-il de ce père enfin libéré de ses contraintes ?

Au bout de plusieurs mois d'un deuil ardu, quand il arrive enfin à dépasser la douleur du départ de son père, Michel lui fait une promesse. Une promesse solennelle qui a changé sa vie. Une vraie promesse à laquelle il pense tous les jours. Surtout, une promesse qu'il arrive à remplir. Il lui a promis de ne plus jamais avoir peur. Il ne se laissera plus jamais vaincre par la peur. Quel que soit l'événement, quelle que soit la circonstance, plus jamais il n'acceptera que la peur gagne. C'est fini, ce poison. La peur qui le tenaille depuis qu'il est tout petit, la peur qui a toujours embrouillé sa vie. La peur du noir, la peur de la nouveauté, la peur du diable, la peur d'avoir froid ou faim ou mal. La peur de dire « je t'aime ». Cette peur, il a fait la promesse de la chasser, au moindre signe. Maintenant, quand la peur étend son ombre sur sa vie, ses pensées se tournent tout de suite vers son père et… ça marche !

Au travail, sa confiance est étonnante. Dans le joyeux monde de la production télé, la peur de défoncer les budgets et de ne pas rencontrer les heures de tombée est une maladie courante. Avec Michel, il n'y a jamais de panique et tout tombe toujours en place. Il en est même rendu à dégager une aura de sécurité et de confiance. Il a complètement vaincu la peur. Comme s'il était un petit garçon avec son père. Comment un petit garçon qui tient la main de son père peut-il avoir peur ?

Dans *Je m'appelle Marie*, je parle des clins d'œil que ma petite est venue me faire quelques fois, après son départ. Pure fantaisie ? Imagination fertile ? Peut-être. Michel aussi reçoit des clins d'œil… Entre autres, il a appris aux funérailles de son père que ce dernier était un bouffon *top* catégorie. Connaissant ce fait, je place l'anecdote suivante dans la catégorie d'un père pince-sans-rire qui, inconscient sur son lit de mort, joue un tour à son gars de 38 ans. Voici.

Pendant la lente agonie de Serge, Michel se sent incapable de voir des films faisant référence, même de loin, au sujet père-fils. La moindre allusion à la relation filiale le fait craquer. Or, un soir, sa blonde lui suggère d'aller voir le film *Le dernier samouraï* avec Tom Cruise, un film qui raconte l'histoire d'un militaire européen capturé par des samouraïs japonais. Le gars s'initie à leur culture et à leur philosophie, qu'il finit par adopter comme siennes. Il est vaguement question de père et de fils, entre *leaders* samouraïs.

— Ah non, pas *Le dernier samouraï*. Je ne pourrai pas, je vais complètement paniquer. Je vais trop penser à lui. Ça ne me tente pas de pleurer.

— C'est une histoire de soldats japonais qui se battent avec des grandes épées, c'est pas une histoire de père et de fils, Michel… Relaxe !

— Je ne serai pas capable.

— Bon. Qu'est-ce que tu veux aller voir ?

— N'importe quoi.

Ils sont allés voir un autre film au hasard, ce qui les a conduits dans une salle où on présentait le film *Big Fish*.

## Big Fish

William Bloom a toujours aimé les récits de son père, Edward Bloom, un talentueux conteur d'histoires à l'imagination débordante. Le fils lui reproche d'enchevêtrer réalité et fantaisie, à propos de quoi éclate une dispute. Parvenu à l'âge adulte, Will Bloom revient voir son père lorsqu'il apprend que ses jours sont comptés. C'est l'occasion pour lui de partir en quête de la vérité, de lever le voile sur la vie de son père, afin d'enfin comprendre l'incompréhensible de sa relation filiale qui recèle un brin de poésie. Ce film devait être réalisé par Spielberg, mais à la suite de la mort de son père, il a passé le flambeau à Tim Burton, qui a repris le projet.

Imaginez la scène en sortant du cinéma. Michel a braillé comme un veau pendant des heures. Comment croire en autre chose qu'une joke du père? Une méchante bonne! Comme s'il avait trouvé cette façon de dire je t'aime à Michel.

## Un père

La grande exploration spirituelle que Michel s'est imposée depuis la mort de son père, et même avant, lui a permis de saisir certaines choses au-delà de la compréhension du commun des mortels. Des choses qui concernent le temps, la matière, l'esprit et les autres.

Aujourd'hui, que les barrières sont tombées, plus rien ne retient les « je t'aime » et les vraies conversations. Michel a creusé très profondément pour comprendre le lien du sang. Il a passé des heures et des heures à en discuter, à en entendre parler et à y réfléchir. Il n'a jamais eu le choix d'être un fils. Personne ne l'a. Être père, c'est différent. Plusieurs d'entre nous choisissent de le devenir, d'autres le sont par accident. D'autres encore disent que ce n'est pas pour eux.

Michel, malgré sa grande connaissance et son expertise de l'univers des relations père-fils, a donc choisi de ne pas avoir d'enfants. Un choix délibéré. C'est ce qu'il croit... Au début, je me disais que c'était dommage, un beau gaspillage, il aurait fait un si bon père... Puis la vérité s'est pointée.

L'an dernier, Michel a appelé sa mère avec une excellente nouvelle. Cette femme a passé sa vie au service des autres sans jamais prendre le temps de se faire plaisir et de jouir un peu du temps qui passe. Elle n'a jamais eu de distraction, ni fait de voyages, ni ne s'est offert de fantaisies, trop occupée à aider celui-ci et celle-là.

— Maman, je t'amène à Disneyworld.

La dame a maintenant 75 ans. Elle a encore un bon cœur et un bon moral et elle accepte, enthousiaste, mais son corps est usé. Elle a le nerf sciatique bousillé et elle souffre de l'épine de Lenoir aux deux pieds. Qu'à cela ne tienne.

Comme le voyage n'est prévu que pour dans quelques mois, elle entreprend un véritable entraînement. Elle va plusieurs fois en massothérapie. Elle se fait donner un programme spécial d'exercices qu'elle suit à la lettre. Elle s'est acheté des prothèses spéciales. Elle qui peine à marcher quelques centaines de mètres a miraculeusement parcouru des dizaines de kilomètres pendant ce voyage d'une semaine. Elle et son fils ont fait le tour de la place. Ils ont vu Disneyworld, puis le parc de Universal Studios, puis Epcot Center et MGM, nommez-les. Pour Michel, un miracle se déroule sous ses yeux. Il n'a pas eu la moindre douleur, il n'a pas entendu la moindre plainte, comme si sa mère était redevenue une enfant.

Il pleut sur Disney. Une de ces pluies floridiennes typiques qui arrivent sans avertissement, noient le paysage et disparaissent aussi vite pour redonner la place au soleil. Michel a acheté de petits imperméables pour enfants en plastique transparent, avec la face de Mickey imprimée dessus. Il regarde le ciel pour voir si ça se calme. Ça achève. Il pose à nouveau les yeux sur sa mère de 75 ans et cette image se fixe à jamais dans sa mémoire : elle est assise sur un petit mur de brique tout près de la maison de Mickey Mouse. Ses pieds ballottent comme ceux d'une enfant, elle sirote une *slush* rouge et elle sourit. À cette seconde précise, Michel Courtemanche ressent dans ses entrailles ce que tous les parents ont vécu dans des circonstances semblables : un amour gros comme la terre… pour son enfant.

Un producteur offrirait la lune, une montagne et 50 millions de dollars à Michel Courtemanche pour qu'il revienne sur scène, ne serait-ce que cinq minutes, et il se cognerait le nez sur une porte fermée. Mais s'il est à l'autre bout du pays à relaxer et à rire avec sa blonde ou des amis et qu'un toxicomane en crise réclame sa présence, il va courir jusqu'à lui, quitte à rouler toute la nuit, été comme hiver, quelle que soit l'heure ou la distance. Il ne dormira pas avant d'être arrivé au chevet de cet homme et de lui avoir prêté son oreille ou son épaule.

Sa vie, aujourd'hui, c'est ça. Il se tient au bord des précipices de l'esprit et il protège les autres de la chute. Quand il y en a un qui s'avance trop ou qui tombe, il est là pour le retenir ou le relever, et lui proposer des solutions. Michel n'a pas voulu d'enfants, consciemment ou non, pour ne pas avoir à les aimanter avec lui dans une vie de chutes, mais, la vie est ainsi faite, c'est son nouveau métier. Il n'est plus fantaisiste, il est comme un père à temps plein, un rôle qu'il s'est donné et qu'il remplit à merveille. Il a la fibre paternelle développée, sans avoir été géniteur. Plein de délicatesse, de voyages à Disney et de cadeaux pour sa mère, sa meilleure. Plein de compassion, de sagesse et d'enthousiasme pour ses autres enfants qui le réclament quand ils sont mal pris ou qu'ils souffrent. Réconfortant quand un autre de ses enfants est inquiet de ne pas arriver à temps lors d'un tournage. « Relaxe, ma petite, papa est là. » Un maudit bon père.

La nature a donné à cet homme un talent exceptionnel, celui de faire rire tout le monde, sans égard à la culture, au quotient intellectuel, à la race, à l'âge ou à la langue. Il faisait rire tout le monde, littéralement. Mais la nature l'a en même temps fragilisé en jouant dans sa biochimie, juste un petit peu moins de sodium ici et paf : bipolaire.

Il a longtemps pensé que la nature l'avait aussi privé d'un père. Mais non. La nature a bien des trucs et elle a mis sur sa route un miroir, un homme souffrant. À eux deux, le père et le fils, ils auront fini par gagner. Au-delà du talent, Michel a reçu en héritage une grosse dose de courage. Il s'est servi de ce courage pour faire un ménage à peine imaginable. Un long voyage au fond de lui-même.

Par la force de sa volonté, il y est arrivé. Au bout d'une bagarre épique, Michel Courtemanche, fils de Serge, est assis au bout de la table, dans un loft simple, propre et dénué d'artifice. À l'image de sa propre personne. Tantôt, il est revenu du dépanneur avec un sandwich et une bouteille d'eau. Il est juste bien.

Le fleuve est enfin tranquille.

# Jean-Louis, fils de Jean-Jacques

## Le tableau d'honneur

*Jean-Louis est arrivé au monde avec pour tâche*
*de remplacer un héros et de panser des plaies épouvantables.*
*Tyrannisé par un père malheureux, Jean-Louis*
*ne sera ni officier de l'armée, ni riche, ni prospère.*
*Mais armé d'un pinceau hallucinant, il passera,*
*aux yeux de son père, de la honte à l'honneur.*

# Prologue

Après avoir fait les entrevues et pris toutes les notes, le moment arrive où on s'assoit et on commence réellement la rédaction. Or, ce samedi matin de janvier 2009, quand je me suis installé pour commencer l'écriture de l'histoire de Jean-Louis et de Jean-Jacques, j'ai fait comme je fais à chaque fois : je me suis mis des écouteurs sur la tête et j'ai appuyé sur *play*.

Je suis tombé, parfaitement par hasard, sur une chanson de Neil Young, *The Painter*.

## The Painter

*The painter stood before his\*work*
*He looked around every where*
*He saw the pictures and he painted them*
*He picked the colors from the air*
*Green to green. Red to red*
*Yellow to yellow in the light*
*Black to black when the evening comes*
*Blue to blue in the night*

*It's a long road behind me*
*It's a long road ahead*

Paroles et musique de Neil Young
Album : *Prairie Wind*, 2005

*Dans l'original *The Painter* est une femme.

J'ai 5000 chansons et je suis tombé sur celle-là, à cet instant-là, en posant mon chevalet. Clin d'œil du destin.

\* \* \*

Montréal, décembre 2001.

Il nous arrive, à France et moi, de faire comme si on était riches.

Pendant une certaine période, un des plaisirs qu'on s'est offert, c'est l'hôtel à Montréal entre Noël et le jour de l'An, avec ou sans les trois fistons. Deux jours, deux nuits.

Pendant ces deux jours, France part à la chasse aux aubaines dans ses grands magasins favoris et moi, je vais au cinéma. En deux jours, je peux aisément me taper cinq, six films. Je garde pour le soir les films qui intéressent France et le jour, je vais voir des choses dont elle ne raffole pas. En décembre 2001, je suis allé voir *Pollock*, un film réalisé par Ed Harris, qui y a également joué le rôle titre. C'est un film biographique sur le peintre américain Jackson Pollock.

Jackson Pollock est né le 28 janvier (comme moi) 1912 à Cody, aux États-Unis. À 11 ans, une visite dans une réserve indienne change sa vie. Il découvre l'art abstrait des Amérindiens. Alcoolique à 16 ans, il passe sa vie de chutes en rechutes. La peinture est son exutoire, son univers, sa confidente. Il y jette sa rage et toute sa misère. Son père meurt en 1933 d'une crise cardiaque.

Pollock a signé plus de 700 œuvres. Il est mort en août 1956 à la suite d'un accident dans la petite ville de Springs, à Long Island, près de New York. Il a toujours vécu dans la pauvreté et la misère. Paradoxalement, sa toile n° 5, peinte en 1948, est l'œuvre qui s'est vendue le plus cher de tous les temps, soit 140 millions de dollars sans enchères en novembre 2006. Jackson Pollock est un peintre abstrait.

Je ne connais rien à la peinture, moins que rien. La peinture ne m'a jamais intéressé. Ni les classiques, ni Degas, ni les Italiens, ni la Renaissance, ni Tex Lecor, ni Riopelle. Pas de *Joconde* ni de Picasso. Il m'arrive d'aller dans des musées ou d'assister à des vernissages, mais jamais une œuvre sur le mur n'est sortie du cadre en se jetant sur moi : « Réveille, bonhomme, réveille ! M'as-tu seulement vue ? »

Puis Pollock m'a fait ça. Je ne connais toujours rien à la peinture, mais quand je regarde ce qu'il a fait, je suis bousculé, ça me dérange. Je ressens comme un embarras. Ça allume quelque chose. En sortant du cinéma, j'ai tout de suite cherché la librairie la plus proche et je me suis gavé de Pollock.

Je ne me crois pas moi-même, mais c'est pourtant vrai, je ressens quelque chose en regardant ses tableaux. La plupart du temps, ça fait mal. Ce n'est jamais tranquille. Angoissant. Je suis allé voir Riopelle au Musée des Beaux-Arts un peu après, et rien. Je suis incapable d'expliquer pourquoi, mais c'est comme ça. La peinture n'a jamais plus collé sur moi.

# Jean-Louis

Six ans plus tard, à ma grande surprise, dans un tout autre contexte, j'ai eu de nouveau un coup de foudre pour un peintre. J'étais convaincu que le seul peintre à me chatouiller pour le reste de mes jours allait être Jackson Pollock, dit *The Dripper*. Mais voilà qu'il y en a un autre qui me saisit. Mais lui, contrairement à l'autre, c'est sa douceur et sa modestie qui me touchent. Un peintre qui se tient à l'ombre de la lumière qu'il crée.

Autant j'ai été saisi par la violence, la douleur, la souffrance et le désespoir de Pollock, autant la lumière de Jean-Louis m'enveloppe de la douceur des jours. Autant Pollock fait courir mon sang dans mes veines, autant Jean-Louis me calme. Pollock est dans la ville, Jean-Louis est dans le bois. Jean-Louis Courteau, fils de Jean-Jacques. C'est le cousin de France, ma France.

Jean-Louis est le quatrième des six enfants de Jean-Jacques Courteau. Norma est la mère des cinq plus vieux et Nelly est la mère du sixième, Steven. Nelly, une douce et timide Hollandaise, est la deuxième femme de Jean-Jacques. Il y a quelques années, une cousine nous a invités, France et moi, à un vernissage de Jean-Louis. Ce fut ma première rencontre avec lui. À ce vernissage, je ne savais pas lequel de nous deux n'était pas assez mature, mais sa peinture ne m'a pas touché. Ses tableaux, des animaux surtout, sont allés rejoindre tous les autres dans l'oubli. Il est bon c'est sûr. Mais je n'y connais rien.

## La lumière

En juin 2007, j'apprends que Jean-Louis Courteau exposera bientôt au Smithsonian National Museum of Natural History, à Washington. Je l'ai «googlé». Tiens, il a un site (www.jean-louiscourteau.com), et on peut y voir un bon nombre de ses œuvres. Une reproduction sur un écran n'est pas la façon idéale pour voir au-delà de ce que les yeux nous révèlent, mais cela a suffi pour moi. C'est la deuxième fois que ça m'arrive. La deuxième fois qu'un peintre m'attrape.

Jean-Louis Courteau, fils de Jean-Jacques, est un créateur de lumière.

## Été 2008

Il y a un vernissage à Saint-Sauveur. Je ne veux pas manquer l'occasion de voir «en vrai» quelques-unes des œuvres de Jean-Louis. Sa blonde avec un sac à dos et une couette rebelle poussée par un vent doux ou son canard qui nage près d'un rocher sous l'eau. Ses jeunes mexicains qui se baignent dans la mer. Les arbres du Nord qui se croisent. Toujours, chaque fois, une nouvelle façon de traiter la lumière.

En revenant de Saint-Sauveur, dans l'auto, nous avons planifié un souper. Ça fait deux fois que je rencontre Jean-Louis et je n'ai jamais le temps de lui parler. Je vois une lumière dans son œil, la même chose que sur ses toiles. J'en veux plus. Invitons-le à souper. Un souper, c'est parfait.

## Samedi 25 octobre 2008

France accueille deux couples : son cousin créateur de lumière, Jean-Louis, avec Nicole, sa blonde qui sourit toujours, et Chico et Maude, nos amis du troisième millénaire. Chico est un réalisateur de télévision, un ancien orthopédagogue, qui a décidé, à 36 ans, qu'il voulait faire des images. C'est le meilleur de sa profession. Il a 49 ans. Maude a 35 ans. C'est une fille d'une grande beauté, toute naturelle, avec du caractère. Chico et Maude ont trois enfants, Lili a sept ans et elle fait du yoga. Émi a cinq ans et elle fait du judo. Thomas a trois ans et il court partout.

Simon, 20 ans, est mon troisième fils. Il a soupé avec nous. Il s'est assis au bout de la table et a parlé musique avec Chico. Il s'est aussi payé une traite en écoutant Jean-Louis. Jean-Louis et Simon ont un lieu de rencontre : le bois. La forêt. Le Nord. Jean-Louis savait que Simon aimait bien la chasse et il lui a apporté une photo qui date des années 1950. Sur la photo : cinq jeunes chasseurs, dont deux frères Courteau : Jean-Jacques, le père de Jean-Louis, et Jean-Marie, le grand-père de Simon. Jean-Jacques porte un habit de cuir de chevreuil qu'il s'est confectionné lui-même à la machine à coudre. Cette photo est un véritable talisman pour Jean-Louis, mais il l'a donnée à Simon, un geste que Simon a apprécié comme pas un. Jean-Louis lui a remis la photo comme un legs. Simon l'a immédiatement encadrée et posée sur le mur de sa chambre, juste au-dessus de l'interrupteur, en entrant.

Ce souper a été mémorable, une rencontre qui a laissé des marques. Simon a 20 ans et il a un sixième sens pour déceler les vieilles âmes comme lui. Il s'est senti très près de Jean-Louis. Les deux ont été initiés aux plaisirs de la chasse et des sous-bois dans le coin de Ferme-Neuve. Mais, manquant à la culture du plus jeune, il y a le Baskatong, un énorme réservoir, situé à quelques kilomètres au nord de Mont-Laurier. Du haut des airs, le Baskatong est une mer intérieure magnifique et Jean-Louis le connaît sous tous ses angles et sous toutes ses lumières.

— Simon, je vais te présenter le Baskatong. N'y va pas sans moi. Tu ne peux pas rencontrer le Baskatong la première fois de n'importe quel angle, à partir de n'importe quel point de vue. Il y a une seule façon de voir le Baskatong pour la première fois. Je sais c'est où. Je vais t'amener. On s'organise, O.K. ? Simon regarde Jean-Louis dans les yeux.

— O.K.

Le lendemain, dimanche, 9 heures du matin, France est allée lire ses courriels. Elle en a reçu un de Diane, la sœur aînée de Jean-Louis. Jean-Jacques, leur père, est mort ce matin. Mort au bout d'une longue maladie à l'hôpital des Vétérans. J'ai laissé la journée en paix puis, lundi matin, j'ai écrit à Jean-Louis.

Lundi 27 octobre 2008, 20h35
De : Christian Tétreault
À : Jean-Louis

J'ai beaucoup pensé à toi dimanche et encore aujourd'hui. Hier, parce que je me réjouissais des quelques bons moments de la veille, et aujourd'hui, à cause de la mort de ton père, bien sûr.

Tu vas découvrir tranquillement, jour après jour, son héritage. Un midi, j'aimerais bien aller te voir dans ton atelier, si ça se fait. Il y a une conversation que j'aimerais avoir avec toi.

Fais attention à toi.

C.

Lundi 27 octobre 2008, 21 h 39
De : Jean-Louis
À : Christian Tétreault

Dimanche, à sept heures, quand ma petite sœur m'a réveillé pour m'annoncer la nouvelle, je rêvais que j'essayais de retenir mes rêves. Je crois que j'espérais que si mon père partait en mon absence, il viendrait me saluer, ou que je l'entendrais m'appeler, qu'on vole ensemble encore un peu  Et je ne voulais donc rien oublier de mes voyages de la nuit. Je te raconte ça juste pour que tu comprennes encore mieux que ton mot de ce soir m'est précieux, empreint qu'il est de cette bonté que ton ange à toi t'a enseignée. Merci.

Mon « atelier » est un coin de la petite maison que nous louons. J'ai bien peur qu'il ne ressemble en rien à ce qu'on imagine. C'est bien plus « l'humble garni qui nous sert de nid », mais tu y es, n'importe quand, le bienvenu.

Jean-Louis

Le vendredi soir 31 octobre 2008, ma chérie, France, est à Houston, à un congrès de spécialistes et d'amateurs de courte-pointes. Simon et moi sommes allés souper aux sushis. Papa et son fils cadet. On a mangé comme des rois toutes sortes de choses qu'on ne connaissait pas. On se confie nos états d'âme, nos plans, nos idées. Demain, nous irons aux funérailles du père de Jean-Louis. Il m'a dit :

— J'écoutais Jean-Louis, samedi soir au souper. C'est une bonne personne. Je suis fier de savoir qu'on a le même sang.

Simon est le plus beau cadeau que j'aie reçu. Une bénédiction. Ce soir-là, il avait la réponse à une question que je ne lui posais même pas. Le troisième fils de mon livre, c'est lui, Jean-Louis. Mon troisième fils m'a présenté mon troisième fils. Il faut maintenant que j'en parle au principal intéressé.

Dimanche 2 novembre 2008, 7 h 42
De : Christian Tétreault
À : Jean-Louis

Bon, enfin une couple de minutes. On est dimanche matin, 7 h 01. Je viens de parler à France, ta cousine, qui sera à l'aéroport ce soir à 19 h 30, *from* Houston, *the land of the* courtepointe.

Je suis un peu mal à l'aise de te parler de ce que j'ai en tête, parce que je crains de te mettre dans l'embarras. Jure-moi que je me trompe.

Tu es un peintre. Est-ce qu'il t'arrive de te présenter devant ta toile sans avoir établi précisément ton plan de match ? De savoir à peu près où tu veux aller, mais de laisser ta main te guider ? Comme si ta main savait plus que toi-même ce qui allait se passer ? Tu connais le *feeling* ? Ce dont je vais te parler n'était pas planifié.

Moi, je m'assois devant mon clavier et l'histoire s'écrit en passant par moi. Quand j'ai écrit *Je m'appelle Marie*, je connaissais l'histoire, mais je n'avais aucune idée de la manière dont elle allait se poser sur le papier.

Ce qui vient chatouiller le gars qui écrit en moi, c'est les relations avec les enfants. C'est toute ma vie. Le mot « fils » est le plus beau mot au monde. C'est là-dessus que je veux écrire. Mon affaire, c'est les fils et les anges.

Quand je me suis attablé pour écrire, je connaissais le sujet et j'ai écrit l'histoire vraie de mon ami Jean-François de Sainte-Thérèse, atteint du syndrome de Williams et dont la vieille mère de 83 ans a pris soin toute sa vie. C'est une histoire d'amour hallucinante, qui dure encore. J'écris actuellement la troublante et touchante histoire de Michel Courtemanche et de son père.

Je voudrais que tu sois mon troisième fils. Je voudrais raconter l'histoire de Jean-Louis Courteau, fils de Jean-Jacques. J'ai eu plusieurs signes. Le premier, c'est le coup de poing de ta lumière dans tes tableaux. J'avais 52 ans. J'ai vu ce que tu faisais. Tu crées de la lumière. Ce n'est pas rien. Ensuite, à 12 ans, tu as été amoureux de France, ta cousine et ma femme. Tu t'es probablement éveillé à la beauté des femmes en la voyant, ta grande cousine, devenue la mère de mes enfants. Tu as donné une photo de ton père à mon troisième fils. Mon troisième fils m'a dit : « Je suis tellement content de savoir que j'ai le même sang que Jean-Louis. »

Ce n'était pas planifié, mais il faut que je te le demande. Veux-tu être le troisième fils de mon prochain livre ? Je sais que je demande beaucoup et je suis très intimidé. Si tu me dis non, non seulement je ne t'en voudrai pas, mais je serai même soulagé.

En espérant que tu ne sois pas mal à l'aise que je te l'aie demandé.
Voilà.

Christian

Dimanche 2 novembre 2008, 23 h 59
De : Jean-Louis
À : Christian Tétreault

Christian,
J'ai lu ton message, lequel m'a estomaqué ! Il me reste, demain, à réaliser le souhait de mon père quant à l'endroit qu'il souhaite habiter maintenant. Je pourrai mieux te répondre ensuite. D'accord ?
Merci. À bientôt,

Jean-Louis

Mardi 4 novembre 2008, 9h28
De : Jean-Louis
À : Christian Tétreault

Christian,
Je suis à la fois, comme tu t'en doutes, très surpris, flatté, mais surtout plein d'interrogations devant ta demande.

Quand, dernièrement, mon agent et la galerie de Saint-Sauveur m'ont annoncé qu'ils allaient faire un petit livre sur moi, ça a provoqué bien des remous ! Qui ne se sont toujours pas calmés d'ailleurs. Entre autres, je n'étais pas d'accord parce que je voyais dans ce livre une affirmation officielle du fait que je suis un peintre. Et je ne suis pas certain de ça, loin de là.

Ce serait long à t'expliquer ici, mais disons que je me perçois comme un imposteur. Ça n'est pas ça que je voulais faire quand j'avais 10-12 ans, mais différents événements ont fait que c'est ce que je suis devenu. Et c'est une immense douleur pour moi. Une source de fierté et de honte en même temps. Je t'expliquerai, si ça t'intéresse toujours.

Alors si tu veux écrire sur le peintre seulement, j'aurais quelques scrupules ! Si tu veux parler de quelqu'un de bin mêlé, d'un héros de la non-discipline, d'un ado quinquagénaire (ayoye esti ! ; c'est la première fois que ça m'vient d'écrire ça sur moi !) affolé du temps qui passe, mais qui trouve moyen d'être relativement confortable avec tout ça ; c'est O.K., je crois.

C'est l'âge, ou autre chose, ce qui me terrifie encore plus. Je ne me souviens plus si je te l'ai dit, à 10-12 ans, je voulais écrire. D'où le « très timidement au carré » Je dis ça à quelqu'un qui écrit pour vrai !

Jean-Louis

De : Christian Tétreault
À : Jean-Louis

Bon. Je crois que j'ai compris que tu as dit oui. Moi, c'est l'histoire d'un fils que je veux raconter. Jean-Louis, fils de Jean-Jacques.
Je t'appelle.
C'est une grande journée pour moi.
Tu me fais plaisir.

C.

Depuis toujours, chaque fois qu'il a été question de son cousin Jean-Louis, France a souligné le fossé infranchissable qu'il y avait entre lui et son père, jadis.

Jean-Jacques était discipliné comme un soldat, un représentant de commerce à succès, sans aucun faux pli. Jean-Louis adolescent était exactement son contraire. Une montagne de faux plis, avec des cheveux aux chevilles. Pourtant, ce que je

vois, ce que je lis et ce que j'entends, c'est « je t'aime, papa. »
J'ai hâte de lui en parler.

## Saint-Léon de Maskinongé, vers 1995

### LE PREMIER JEAN-LOUIS

Il y a un vieil homme debout dans un champ. C'est un grand
champ avec un orme imaginaire au milieu. L'orme est imaginaire aujourd'hui, mais il ne l'a pas toujours été. Il a déjà
existé. Le champ est plat, il n'y a pas de colline, presque pas
de buttes, juste cet orme imaginaire.

Le vieil homme s'appelle Jean-Jacques. Il a 74 ans. Il
regarde le champ au loin, immobile, les sourcils froncés. Il
analyse le ciel, imagine l'orme et le vent. Il réfléchit. Il regarde
jusqu'à l'horizon, examine le plateau et les fils électriques. Il
voit la falaise là-bas, au bout. En bas de la falaise, la Petite
rivière du Loup, où ils ont retrouvé la carlingue. Il dessine
dans sa tête ce qui a dû se passer ici, à cet endroit précis, il y a
52 ans, le premier jour du mois de novembre 1943. Il avait
alors 19 ans.

Cette journée ne s'est jamais effacée de sa mémoire. Elle
aura été la journée la plus importante de sa vie, la journée où
tout a basculé. La journée qui s'est imprimée et à partir de
laquelle les autres journées se sont dessinées au fil du temps.
La journée moule. Cinquante-deux ans plus tard, le voici dans
le champ, dessinant le vol du petit avion Harvard dans sa tête.
Il suit le vol avec son doigt et essaie, pour la mille et unième
fois, de comprendre. Il a les yeux mouillés. Il a encore 19 ans.
Le jour de l'accident, Jean-Jacques, son frère Jean-Pierre et
des amis sont allés voir. Ils étaient une dizaine entassés dans
deux voitures.

Jean-Jacques était dans la réserve de l'armée à cette époque et il n'y a pas de mots pour décrire son état. Il est plus qu'atterré. Il est comme mort. Il ressent une telle douleur à l'intérieur de lui qu'il a de la peine à respirer. Il est torturé. Son âme, son esprit, sa foi, tout a sauté en lui. Son cœur s'est arrêté. Il est sur le pilote automatique. Sa colonne vertébrale est figée comme du ciment. Il conduit une des deux voitures parties en trombe sur les lieux de l'accident. Ses émotions sont gelées. Il ne ressent plus rien. Son âme est figée. Il a tout perdu.

Son grand frère Jean-Louis est mort.

Cela se passait quelques heures après la tragédie. En se rendant sur place, ils ont croisé un camion plate-forme qui ramenait les restes de l'avion. Ils ont fait demi-tour et poursuivi le camion, l'ont rejoint, faisant peur au camionneur qui s'est cru victime d'un coup d'état. Il s'est demandé qui étaient ces dix jeunes hommes qui le poursuivaient depuis tantôt et l'ont forcé à s'arrêter.

— C'est l'avion de mon frère, a dit Jean-Jacques.

Il a examiné le tombeau de l'officier instructeur Jean-Louis Courteau, son frère, son idole, son modèle, son Dieu. Ensuite, ils sont retournés sur le site. Deux jeunes femmes, qui avaient été témoins de l'accident, ont tout raconté à Jean-Jacques.

## Mon frère, mon modèle

Jean-Jacques avait 12 ans quand son père est décédé des suites du diabète. Jeune adolescent, Jean-Jacques n'aimait pas beaucoup son père que la maladie avait rendu violent et irascible. Le père avait été un homme d'affaires brillant et avait réussi à accumuler une belle petite fortune. Mais tout son avoir a été dépensé dans sa lutte contre le diabète. À son décès, il ne lui restait plus rien. Il est arrivé au bout de la vie sans le sou. Il a laissé dans le deuil et la misère sa jeune femme et ses six enfants : Marcelle, Jean-Louis, Françoise, Jean-Jacques, Jean-Pierre et le petit Jean-Marie.

Quand le père est mort, en 1936, c'est Jean-Louis qui est devenu chef de famille. Seize ans et déjà toute cette pression. Il fallait qu'il soit le rempart de cette famille, il fallait qu'il devienne un chêne. La sécurité, la force, la responsabilité. Jean-Louis est aussi devenu un modèle. Si jeune et déjà mature, solide et fier. Jean-Louis a veillé sur toute la famille afin qu'elle ne manque de rien. Jean-Jacques était témoin, tous les jours, de la force et du courage de son grand frère Jean-Louis.

Jean-Louis et Jean-Jacques

Pour s'assurer d'un revenu, il a fait son entrée dans l'armée de l'air. Jean-Louis était un jeune prodige de la Royal Canadian Air Force. Pendant la Deuxième Guerre mondiale, il est resté au pays. C'était un des meilleurs pilotes et les hauts dirigeants lui confiaient la relève. C'est lui qui enseignait aux jeunes recrues de talent. Dans la RCAF, Jean-Louis devait montrer aux jeunes pilotes l'art de ne pas se faire détecter lorsqu'ils effectuaient des vols de reconnaissance en territoire ennemi.

Il apprenait aux jeunes pilotes comment se retrouver grâce aux chemins de fer. Les rails traversaient immanquablement les villages et, afin de bien connaître les positions de l'ennemi, il fallait voler très bas et identifier le nom des villages qui apparaissaient le long des voies ferrées. Il fallait savoir voler sans instruments à quelques dizaines de pieds du sol. Trouver des points de repères.

L'après-midi du 1$^{er}$ novembre 1943, l'avion n'a pas obéi aux commandes du jeune apprenti pilote, qui n'a pas su réagir. Selon la logique et après des heures de réflexion et d'analyse, l'avion avait un problème technique. Jean-Louis était assis devant, l'apprenti était derrière, mais aux commandes. L'avion qui perdait trop d'altitude a réussi à passer par-dessus les fils électriques, mais l'aile gauche a heurté les branches de l'orme et l'avion a été déstabilisé. Alors Jean-Louis a coupé deux contacts, le moteur et un autre conduit électrique, question d'éviter que l'avion prenne feu. Jean-Louis aurait alors repris les contrôles de l'appareil et effectué un *belly landing* dans le champ frais labouré, mais l'appareil a poursuivi sa route, s'est écrasé au bas de la falaise et s'est retrouvé à moitié submergé dans la rivière. Les deux jeunes sont morts sur le coup. Jean-Louis avait le visage ravagé et s'était rompu le cou.

L'avion est donc tombé avec à son bord Jean-Louis et un jeune pilote de l'armée à l'entraînement. L'apprenti pilote était plus âgé que l'instructeur de vol. Il arrivait de l'Ouest canadien et il était malcommode. La veille, Jean-Louis avait confié à sa mère qu'il avait hâte d'en finir avec ce *bloke*.

Quand un aumônier de l'armée canadienne s'est présenté au modeste logement de la jeune veuve Courteau, rue Saint-

Gérard, dans Villeray, elle a tout de suite compris. Le collet romain de l'homme voulait tout dire et la jeune femme a tout de suite eu la gorge serrée. Elle a fait une crise. La mort de Jean-Louis a été une tragédie sans nom. Il était tout jeune marié, il avait 22 ans et 11 mois et il laissait dans le deuil sa femme enceinte d'une petite fille, ainsi que sa mère, ses deux sœurs et ses trois jeunes frères.

La mère revoit son fils qui vole au-dessus du logement dans Villeray. Il est à 500 pieds d'altitude dans son Tiger Moth à deux ailes. Et il sort la main. En se dirigeant vers la base, il fait balancer l'avion, de gauche à droite, comme pour dire « à la prochaine » à sa mère et à sa famille.

Cet accident a ravi au jeune Jean-Jacques son meilleur ami. Il a perdu son frère, dans ce que ce mot a de plus puissant et de plus sacré. Son frère qui l'a attiré dans la grande aventure de l'armée. Son frère, un homme droit, ambitieux et brillant. Son partenaire, son cœur. L'homme qu'il aime de tous les côtés et de toutes ses forces. Ce jour-là, Jean-Jacques a tout perdu. Son meilleur ami, son *alter ego*. Il a aussi perdu le bonheur et l'espoir. Une blessure atroce. Une blessure telle qu'elle n'a jamais guéri.

Jean-Jacques ne se laissera plus jamais prendre à aimer. Il n'aimera plus. Il aura la discipline profonde de ne plus se laisser aller à quelque émotion positive que ce soit. Aimer, c'est mortel.

Toute sa vie, Jean-Jacques a cherché à comprendre ce qui s'est passé ce premier novembre 1943, a voulu avoir une explication logique. Il a acquis lui-même sa licence de pilote dans un seul but : retourner à Saint-Léon de Maskinongé et refaire le parcours. Où ça a flanché ? Pourquoi ? Comment ? Ainsi, le 1er novembre 1967, 24 ans plus tard, à l'âge de 43 ans, il est retourné avec ses deux jeunes frères, Jean-Pierre et Jean-Marie, pour refaire exactement le même trajet aux commandes d'un petit avion Cessna. Il a écrit au ministère de la Défense, il a posé des questions. Il a écrit aux dirigeants de la RCAF. Il n'a jamais obtenu les réponses qu'il espérait. En fait, il espérait l'impossible : refaire l'histoire et revoir son frère. Pour pouvoir aimer. Aimer encore, mais sans souffrir.

Il aimait tellement son frère et la déchirure l'a tant accablé que jamais plus il n'acceptera de souffrir comme ça. Plus personne ne comptera à ce point pour lui. À partir de ce jour et les autres qui suivront, la rigidité allait guider ses pas.

Il a aussi juré devant Dieu et son frère, au nom du ciel et de tous les saints, que le jour où il aurait un fils, ce fils s'appellerait Jean-Louis. Et ce fils, s'il arrive un jour, sera, coûte que coûte le meilleur, le plus grand. Il sera le digne successeur de son héros, de son frère. Si un jour il retrouve la force d'aimer, ce sera ce fils qu'il aimera, et personne d'autre.

## Morin-Heights, automne 2008

La maison de Jean-Louis est située au bord de la route, sur une butte, à une douzaine de kilomètres au nord-ouest de Morin-Heights. Elle est blanche et usée, en bois. Ses contours, ses cadres, ses portes, ses fenêtres et le contour de son toit sont verts. Devant, il y a une véranda scellée avec du plastique transparent. Sur la véranda, il y a assez de bois pour l'hiver qui vient. Nous sommes le 12 novembre.

Comme je ne suis pas attendu et que la maison, de toute évidence, n'est pas du genre à se formaliser d'une tache sur l'étiquette, j'entre sans frapper. Je n'ai pas trouvé la sonnette. En mettant le pied dans la maison, comme je ne vois ni n'entends personne, à part Gladys Knight et ses Pips qui chantent *A midnight train to Georgia*, je siffle.

Je n'ai pas vu Jean-Louis, juste là au fond de la pièce. Il sursaute. Il est assis devant un petit tableau, face à la fenêtre qui donne sur la cour. Au fond de la cour, il y a des carottes pour les chevreuils. Il dit qu'il «barbouille» une pochade. Il graisse une *plate*.

— Une quoi?

— Une pochade. C'est un tout petit tableau, quelque chose comme 20 cm par 20 cm. Comme celui-ci. Le meilleur peintre à pochade, c'est Tom Thomson.

Le roi de la pochade, selon Jean-Louis Courteau, est le peintre canadien Tom Thomson (1877-1917). Après avoir travaillé comme graveur et dessinateur aux États-Unis et après avoir entrepris une carrière de peintre, Thomson se recycle en guide de pêche et de chasse dans le parc Algonquin de son Ontario natal. En parallèle, il peint la nature canadienne grâce à la générosité d'un mécène. Il fait, entre autres, des pochades hallucinantes.

Il est mort dans le parc Algonquin, dans des circonstances nébuleuses, alors qu'il n'avait que 40 ans. Accident de canot? Meurtre déguisé? La version officielle parle de noyade, mais le doute est encore bien vivant. On a retrouvé du fil de pêche enroulé 17 fois autour d'une de ses jambes. On a parlé d'une vieille chicane avec un ressortissant allemand ou d'une bagarre avec un locateur de canots alors qu'il était ivre. Sa mort reste un mystère. Il a quand même eu le temps de laisser une trace dans le temps et dans l'esprit de Jean-Louis. Il était un proche du fameux Groupe des Sept, qui a marqué l'histoire de la peinture canadienne. Jean-Louis m'explique le génie de Thomson avec des yeux qui en disent encore plus que ses mots. C'est comme quand je parle de Rube Waddell.

À droite, en entrant chez Jean-Louis, une bibliothèque déborde. On y trouve plein de livres serrés les uns sur les autres, qui trahissent sa passion pour les mots et pour les histoires de l'enfance, aussi. Il y a des livres de héros mythiques. Tous les tomes du *Seigneur des anneaux*. Il y a *L'étoile mystérieuse*, la fameuse expédition de Tintin dans l'Arctique. Il y a des livres de tableaux de chasse. Norman Rockwell et Bob Morane. Ça ne paraît pas au premier regard, mais il y a un petit garçon de 12 ans dans cette maison.

Sur le poêle allumé, une crème de courgettes mijote. Nous n'avons pas dîné, ni l'un ni l'autre. Jean-Louis dépose son pinceau et me sert un bol de sa soupe et quelques tranches de pain, avec un gros morceau de cheddar doux et des couteaux au centre de la table.

Il baisse le volume de Gladys, s'assoit et parle de la maison de son enfance, la grande maison de Beauharnois, la toile de fond du commencement, là où toute l'histoire s'est peinte.

## Beauharnois, 1959

À 35 ans, Jean-Jacques, le père de Jean-Louis, est marié à Norma et ils ont trois filles : Diane, Renée, et Marie-Claude.

Le mariage est un échec total. Il n'y a rien entre Jean-Jacques et Norma, ni dans un sens ni dans l'autre. Ils restent ensemble pour les enfants et pour la convention sociale. Il est représentant de commerce pour la compagnie Johnson & Johnson. C'est un bel homme, toujours parfaitement habillé, coiffé, impeccable et inatteignable. Un mâle alpha.

Trois ans plus tôt, chez des amis, il a fait la connaissance de Nelly, une jeune femme dix ans plus jeune que lui, d'origine hollandaise, dont il est tombé amoureux. Il s'agit d'un amour impossible puisqu'elle aussi est mariée et qu'elle n'a pas l'intention de quitter son mari pour les beaux yeux de Jean-Jacques. Elle repousse gentiment ses avances, mais Jean-Jacques n'est pas un lâcheur et il se doit de réussir tout ce qu'il se met en tête de réussir. Il veut séduire et envoûter Nelly. Cela va lui prendre huit ans. Norma sait que le cœur de son mari est ailleurs et elle s'en fout. Elle en est même contente. Elle n'a pas d'attrait pour lui. Ils n'ont rien en commun.

Entre-temps, le frère de Jean-Jacques, Jean-Pierre, est devenu le papa d'un petit garçon, le premier descendant mâle de cette génération de Courteau. Il a l'intention de l'appeler Jean-Louis, en mémoire de son frère mort en service à Saint-Léon de Maskinongé. Il a appelé Jean-Jacques pour lui apprendre la bonne nouvelle mais Jean-Jacques ne l'a pas trouvé bonne. Il s'y est opposé violemment. Il a mis sur la table son droit d'aînesse. Un droit qui lui confère à lui, et à lui seulement, le privilège de nommer son fils Jean-Louis. C'est non négociable. C'est ça ou il renie son frère à jamais. C'est son fils à lui qui portera le nom du héros tombé pour son pays. Voyant que Jean-Jacques y tient avec autant d'acharnement et de rage, Jean-Pierre se soumet et appelle son fils Jean-Luc.

Jean-Louis, fils de Jean-Jacques Courteau et de Norma Touzin, est né le deuxième jour de janvier 1959. Ce jour-là,

Jean-Jacques a viré une cuite mémorable. Il était euphorique. Enfin, 16 plus tard, après trois fausses alarmes qui ont donné Diane, Claude et Renée, Jean-Louis Courteau est de retour dans la vie de Jean-Jacques. Jean-Jacques est heureux à en pleurer.

Il est allé à la Commission des liqueurs et s'est acheté un 40 onces du meilleur scotch disponible. Puis, il est retourné chez lui et il a appelé tout le monde, en prenant un coup : ses frères, ses sœurs, ses amis, ses collègues, ses compagnons de chasse et de travail. Le fils est arrivé.

LE fils.

Le sauveur, le héros, le redresseur est né.

Le digne successeur de son frère.

Celui qui portera encore plus haut la flamme des Courteau.

Jean-Louis Courteau, deuxième du nom, est né.

# Enfance

Il y aura sept personnes dans la grande maison de Beauharnois. Jean-Jacques, le père. Norma, la mère. Diane, Renée, Marie-Claude, Jean-Louis et la petite dernière, Nathalie, née en 1964.

Jean-Louis a six ans quand la petite Nathalie se pointe dans les bras de sa mère. C'est aussi à la même époque que Nelly, la jeune Hollandaise, cède finalement au charme de Jean-Jacques. D'ailleurs, les deux tourtereaux vivent ensemble en secret. Jean-Jacques mène une double vie. La grande maison de Beauharnois pour la famille et l'autre maison. C'est beaucoup de sous, mais Jean-Jacques a un excellent revenu.

Pour Jean-Louis, le fils adoré de sa mère, cette maison est plus qu'une maison. C'est un château fort dont les caves cachent des mystères et des monstres. Dans cette maison, il y a des coins auxquels il n'a pas accès. Il y a des endroits proscrits ou privés. Il y a aussi un choix infini de cachettes.

Il y a, dans cette grande maison, une mère qui aime tendrement son seul fils. Elle s'appelle Norma. Norma le regarde toujours avec une belle joie dans les yeux. Cette mère est sa complice, sa bouée et son amour éternel. Ces deux personnes ne sont qu'une seule personne.

Norma voit tout ce que Jean-Jacques veut de son fils et pour son fils. Elle sait tout ce que ce père à l'âme meurtrie exigera de cet enfant. Elle connaît le rôle énorme qu'il veut lui faire jouer de gré ou de force et elle se donnera pour mission de protéger Jean-Louis du mandat et des responsabilités curatives que Jean-Jacques veut lui imposer pour le salut de sa propre existence.

Jean-Jacques est un homme d'une sévérité extrême, un ancien de l'armée qui a réussi à force de travail, de rigueur et de discipline. Il n'y a jamais de faux plis sur la chemise de cet homme. La maison qu'il a dessinée mieux qu'un architecte et construite mieux qu'un menuisier doit toujours être dans un ordre parfait. Chaque chose doit être rangée, les lits doivent être bien faits et les comptoirs rigoureusement propres. Quand le père y est, l'endroit devient silencieux, sérieux et austère. Les courses ralentissent, le ton baisse et les rires s'étouffent.

Le tout jeune Jean-Louis a une tâche, une responsabilité : celle de s'assurer que les bottes et les souliers sont placés bien en ordre dans le portique. Sa tâche doit être faite et bien faite, selon les critères paternels. En cas de négligence ou pire, d'omission, les remontrances sont appliquées, inévitables et sévères. Jean-Jacques s'assure que le petit grandit bien droit. Norma, en cachette, lui inculque la liberté de penser et d'être qui il est, qui il veut.

La maison est située rue Gendron, à Beauharnois. De la cour, on voit la ferme des Gendron. Un des fils deviendra le meilleur ami de Jean-Louis. Dans la cour, il y a un énorme saule pleureur, un ami formidable. Un saule, c'est génial pour un garçon. Il est facile d'y grimper et ses branches font des fouets exceptionnels. Quand tu joues à Zorro, c'est utile. Il y a aussi une rangée de peupliers de Lombardie, droits comme des soldats au garde-à-vous. Les peupliers de Lombardie sont la fierté du père. Ils sont droits, fidèles et solides.

Dans la maison, il y a la chambre de Jean-Louis. C'est le centre nerveux de son univers. La fenêtre de sa chambre donne sur la cour. Par cette fenêtre, il peut filer à l'anglaise. Il saute d'abord sur le petit toit du porche d'entrée du sous-sol, puis sur le sol, et hop, à l'aventure !

Jean-Louis vit dans un livre d'histoires et il a de l'appétit pour tout. Norma, qui a toujours le nez dans un roman et le sourire aux lèvres, stimule sa quête.

Aux yeux de tous, cette maison est un chef-d'œuvre d'avant-garde architecturale banlieusarde. Il y a l'escalier qui mène au deuxième en passant par le salon en *split-level*.

L'escalier central mène aux chambres. La sienne, c'est la première à gauche. Sur les tablettes, il y a la collection de Bob Morane et celle de Doc Savage, ses meilleurs amis, ses héroïques compagnons de voyage. Il y a aussi des modèles à coller d'avions qu'il a assemblés lui-même. Sur les murs, des images d'autos de course, qui céderont bientôt la place aux Beatles, à Hendrix et à King Crimson. Un jour, son père est entré dans la chambre avec deux autres hommes et a dit, en montrant les images :

— Un jour tu vas mettre des femmes à poil, là.

Jean-Louis est fâché par cette remarque idiote. Comment peut-il prétendre savoir ce qui l'intéresse, ce despote qui ne rit jamais et qui n'est jamais là ? Dans l'esprit de Jean-Jacques, depuis le début de son adolescence, son fils Jean-Louis, de qui il espérait tant, est un lamentable échec. Son fils est une honte. Tout ce qu'il avait voulu pour lui ne se réalise pas. C'est un faible, un pauvre hippie sans colonne, une déception sur toute la ligne.

Sous l'oreiller de Jean-Louis, il y a une petite lampe de poche, un cadeau que sa mère lui a donné en secret. Norma est sa grande complice pour ce qui est de lire, d'écrire et de peindre. Dans cette maison, la lecture est perçue par Jean-Jacques comme un loisir inapproprié et à proscrire. On ne lit pas en présence du père. Le soir, Jean-Louis se terre sous ses couvertures avec sa lampe et poursuit ses grandes aventures, hors d'atteinte du prédateur de fantaisie. À la poursuite de l'Ombre jaune.

Tout près de la fenêtre, sur le toit du porche, il y a une maison de bois pour Coco. Coco, c'est un pigeon que le petit

Jean-Louis a dressé. Le pigeon l'attend chaque jour à 15 h 15, à la sortie de l'école. Dès qu'il voit son jeune ami, il vient se percher sur son épaule. Il le trouve toujours sans hésitation, même au milieu de la cohue des élèves qui se presse à la porte de la liberté quotidienne. Tous les autres enfants sont des témoins admiratifs et envieux de cette étrange amitié. Jean-Louis est le magicien qui parle aux oiseaux. Coco va aussi à l'épicerie avec la maman, en marchant à ses côtés sur le trottoir. Pauvre Norma, elle si discrète. Elle trouve que Coco jette un peu trop d'éclairage sur son passage, mais il y a un peu de Jean-Louis dans cet oiseau.

Le sous-sol est une salle de jeu avec un bar et un coin séjour avec foyer. Il y a un système de son aussi. La grande sœur Diane a bercé Jean-Louis en y faisant tourner Bach. Sur les murs en bois de grange de cette salle de jeu, il y a trois reproductions de Van Gogh, puis un autre escalier fermé par une porte. Cet escalier mène dans la pièce la plus mystérieuse et la plus terrifiante de la maison. La pièce s'appelle la cave-cave.

La cave-cave sert d'atelier de menuiserie au père. Creusée après la construction de la maison, ses murs sont de ciment grossier et humide. La pièce est occupée sur toute sa longueur par l'établi. Le mur d'en face est couvert de tablettes, du plancher au plafond. Sur ces tablettes : des trésors fabuleux : des outils, des coffres de pêche pleins de leurres destinés à rien de moins que d'immenses poissons.

Cloué aux montants des tablettes, dominant la pièce qui sent la poussière, il y a le monstre : une tête de brochet d'une taille impossible. C'est le trophée de pêche du père. Il l'a rapporté de ces contrées lointaines et dangereuses dont il lui parle quelquefois, quand le garçon s'approche pour le regarder travailler. Ces pays d'aventures s'appellent Ferme-Neuve, le lac Léona et surtout le Baskatong.

À gauche, au bas de l'escalier, un autre monstre, la fournaise, et son compagnon, le réservoir d'huile. Ces deux-là émettent des bruits d'outre-tombe. Derrière eux s'ouvrent les portes des cauchemars du petit garçon. Au bout, à droite, une étroite chambre froide. Mystère dans le mystère.

Pour Jean-Louis, la cave-cave est une pièce vivante. Il l'entend respirer souvent la nuit. Même du deuxième où est sa chambre. Dans la cave-cave, il y a tous les trésors et les merveilles, mais aussi des fantômes et des esprits maléfiques.

À l'étage du *split-level*, il y a le bureau du père avec une grande bibliothèque au mur, un petit divan où il dort souvent et trois photos encadrées placées en diagonale. En haut à gauche, son oncle Jean-Louis en uniforme, au centre, un avion Harvard qui pique dans les nuages et en bas à droite, le père, Jean-Jacques, jeune et dynamique, habillé en homme d'affaires.

Cette pièce est totalement interdite au petit garçon. Elle n'en est donc que trop invitante. Dans ses périlleuses expéditions, il y trouve des photos anciennes avec des personnages austères et des lieux étranges, sans arbres.

## Le taureau

Petit garçon, Jean-Louis collectionne donc les Bob Morane, les Doc Savage et les modèles à coller. Il collectionne aussi les cauchemars. Il en a un lot, dont plusieurs sont récurrents. Il en a certes une bonne vingtaine dans sa cauchemardothèque. Il en connaît le début, le déroulement et la fin, qui est toujours de plus en plus brutale, au point qu'il n'en peut plus et se réveille en sueur et en pleurs, terrifié à l'idée de se rendormir.

Le plus sordide de tous ses rêves est celui qui commence si bien et si paisiblement. Il se balade dans de vastes champs, des espaces magnifiques avec un vent tout doux qui caresse les blés vert tendre. Les champs s'étendent à l'infini dans tous les sens. Il y a plein de vallons, c'est paisible et il fait doux. Ça ressemble aux Highlands, en Écosse. Pas d'arbres, juste des collines vert pâle.

C'est alors qu'un événement vient troubler la paix du petit rêveur. Une clôture sort du sol, au loin. Comme si elle poussait soudainement. Alors, il change de direction. Une deuxième clôture pousse en face de lui et le force encore à changer de direction. Puis une troisième, et une quatrième. Et ça se multiplie. Les clôtures sont de plus en plus hautes, de plus en plus nombreuses et de plus en plus imposantes. Il a de moins en moins d'espace, et il se trouve complètement coincé, incapable de bouger, enchevêtré dans les clôtures et les barbelés.

Ainsi prisonnier, il lève les yeux et un terrible taureau avec des cornes immenses et les yeux en feu se dresse devant lui, menaçant. Le taureau a les bras croisés et se penche sur lui. Il a une figure d'épouvante, abusivement autoritaire. Le taureau mesure 15 étages et Jean-Louis est terrifié.

La maison de Beauharnois, avec tous ses secrets et ses mystères, c'est l'univers de Jean-Louis. Cette maison imaginée et érigée par son père, c'est sa vie et son territoire. C'est là où il se sent bien, en dépit de tout ce qui peut s'y passer qu'il ignore. Jean-Louis se souvient être revenu chez lui, enfant, et d'avoir vu sa mère au lit, en larmes. Entre son père et sa mère, il n'y a jamais rien eu, pas de tendresse, pas d'amour. Tout ce qu'ils partagent, c'est un espace. Ils vivent côte à côte sans jamais se manifester le moindre soupçon d'affection, ni dans les gestes, ni dans les mots. À peine se regardent-ils. Une indifférence qui est devenue la norme et le pain quotidien. Norma est toujours à la maison et Jean-Jacques y est le moins souvent possible. Il a des aventures et elle s'en balance.

Quand Jean-Louis va jouer chez des amis et qu'il voit des parents qui s'aiment, la scène a quelque chose d'irréel. Un père embrasse une mère avec amour? Sur quelle planète? Il n'a jamais vu la moitié d'une seconde de tendresse. Aucun geste, aucune trace. Rien entre Norma et Jean-Jacques. Norma est entièrement dévouée au bien-être de ses quatre filles et de son fils, son cher et unique fils, un artiste, un créatif.

Norma se passionne pour le tricot, pour la lecture et pour ses enfants. Elle a très tôt inculqué le goût de la lecture à Jean-Louis, au grand déplaisir du père. Il n'y a aucune fantaisie dans la vie de ce père de famille, aucun plaisir et aucune joie, jamais. Comme si la joie faisait mal. Comme si la joie était un leurre. Comme si manifester un quelconque bonheur était un signe de faiblesse ou de stupidité.

Paradoxalement, les très rares fois où son père manifeste de la joie, c'est complètement fou. Ça n'arrive jamais, ou presque, mais quand ça arrive, c'est spectaculaire. Un jour, le père et le fils prennent une rare marche autour du bloc. Jean-Louis a sa planche à roulettes de la première génération, quand ça s'appelait un « rouli-roulant ». Le père prend la planche à roulettes du jeune et se sauve avec. Il se met à faire le pitre dans la rue, au point où les voisins sortent des maisons pour voir. Fiston est totalement gêné, et plus le petit est mal à l'aise, plus le bonhomme en remet.

Un autre spasme de folie, cette fois c'est dans l'ascenseur, quand le jeune accompagne son père en ville. Il y a plein de gens et le père se met à raconter une blague à son fils. Avec l'expérience, il mesure la durée de sa blague de sorte que, juste au moment où il arrive au punch, les portes s'ouvrent et les deux sortent, laissant les gens dans l'ascenseur sur leur faim.

Ou encore, l'autre où les gens étaient entassés dans l'ascenseur. Au milieu du silence, le père prend la parole : « Alors, mon fils, comme je disais, une relation sexuelle complète entre un homme et une femme se déroule normalement à peu près comme ça. » Malaise tordant. Ces rares moments de folie sont demeurés de grands trésors pour Jean-Louis, au milieu de cet univers où la sévérité et l'amertume de son père règnent. Une amertume naturelle, emballée dans une rigidité toute militaire, faite d'intransigeance envers ses enfants, qui chasse toute chaleur dans ses relations avec eux. Le froid s'installe dès que le père arrive.

Est-ce la conséquence des événements tragiques qui ont jalonné la vie du père au cours de son enfance : son père malade qui a tout gagné et tout perdu, et qui est mort dans la souffrance, quand il était enfant ; sa mère qui n'a jamais eu droit à une seconde de répit, morte elle aussi au bout de son souffle; et surtout, Jean-Louis, son idole, son grand frère mort dans les circonstances que l'on sait, dans l'avion de l'armée? Est-ce la somme de ces tragédies qui a éteint complètement la joie de la vie de cet homme?

Même s'il n'est encore qu'un enfant de 11, 12 ou 13 ans, Jean-Louis sait depuis longtemps déjà qu'il n'est pas à la hauteur des attentes paternelles. Très loin de là. D'abord, il lit. Il lit des livres.

Dès ses jeunes années, Jean-Louis sent l'importance que son père accorde au devoir. Ainsi, pour espérer – oublions l'affection – l'approbation du père, il faut être parfait, en tout lieu et en toutes circonstances. Toujours. Il faut être très discipliné. À l'école, rien n'est acceptable que la première place et les relâchements sont des fautes graves réprimandées durement. Si son père avait su, à l'époque, pour la lampe de poche secrète, cela aurait donné lieu à une scène en règle et à une confiscation immédiate et sans appel.

Il y a quand même eu les épisodes où son père l'emmenait en expédition avec lui dans la forêt, au lac, en canot. Des images de l'enfance avec le père, lorsqu'il a initié Jean-Louis à la nature et aussi lorsqu'il lui a montré à éteindre des chandelles à la carabine, une 22. Son père insiste pour qu'il développe une grande précision, mais sans jamais que l'ingrédient plaisir soit de la partie. Par contre, son oncle Jean-Marie, plus jeune, lui montre à ne surtout pas oublier d'avoir du fun, même en secret.

Jean-Jacques lui donne des leçons de pêche et lui révèle ses trucs. Oncle Jean-Marie lui montre comment bouffer les truites en cachette pendant que personne ne regarde.

Même dans ces moments de loisirs où le plaisir aurait dû être roi, Jean-Louis a toujours lu la déception dans le regard de son père. C'est à 13 ans qu'il a appris à s'en balancer.

Heureusement que sa mère l'aime pour deux: elle lui donne assez d'amour pour lui insuffler la confiance, le courage et la paix de la conscience. Il ne manque ni d'affection, ni d'attention. Sa mère devient et demeurera, pour l'éternité plus un jour, sa grande complice. Celle qui rit avec lui, qui s'amuse avec lui, qui le trouve bon et beau.

Elle sait plus que quiconque à quel point Jean-Jacques l'espérait, ce fils. Elle sait plus que tout ce que Jean-Jacques espère de ce fils. Elle sait que son père lui a donné le mandat de devenir plus grand que nature, plus fort et plus riche que tous, qu'il devra déplacer des montagnes et détourner des rivières, bâtir un empire et dominer l'univers. Mais pour Norma, son fils Jean-Louis ne doit être qu'un petit garçon qui joue, qui lit, qui se sauve par la fenêtre de sa chambre, qui élève les pigeons, qui rit et qui cherche les monstres dans la cave-cave.

Dans l'univers du jeune Jean-Louis, il y a aussi Blanche. Blanche est la veuve de l'autre Jean-Louis, une femme magnifique. Elle habite aux limites de Beauharnois, à Maplegrove et elle a marqué ses souvenirs. Elle ressemble à ces photos d'actrices du vieux cinéma hollywoodien. Katherine Hepburn, Rita Hayworth, Lauren Bacall. Dans l'imaginaire du jeune garçon, elle est dans un flou en noir et blanc, elle est madame nostalgie. Il ne cligne jamais des yeux en la regardant, pour ne pas perdre une seconde de la beauté de Blanche. Si un jour il a une fille, elle s'appellera Blanche. Quand il revient de la maison de sa tante Blanche, tout dans sa tête revêt ce flou noir et blanc. Il découvre qu'il aime la nostalgie. Elle n'aurait jamais pu s'appeler autrement que Blanche.

Il est trop jeune à l'époque pour réaliser que Blanche le regarde avec beaucoup d'affection. Après tout, ce petit garçon qui la trouve si belle s'appelle aussi Jean-Louis, Jean-Louis Courteau, comme son amoureux mort dans un avion de guerre alors qu'elle était enceinte de Louise, sa seule fille. Il s'appelle même Jean-Louis en son honneur.

## 1973. Le pouvoir des mots

Le père a déjà quitté la maison deux fois. Il part pour quelques mois, au grand soulagement de tous. Il est probablement en amour, quelque part. On s'en fout, on le souhaite. Ces longues parenthèses sans le père sont des vacances. La tension disparaît en même temps que lui, et ça fait du bien. C'est toujours le même scénario. Il est tanné, alors il s'en va. Puis, au bout de son aventure, il se sent coupable et revient.

Jean-Louis a 13 ans. En revenant de l'école avec son pigeon, cet après-midi-là, il aperçoit, plantée au cœur de la pelouse avant, une pancarte «À vendre». En regardant l'annonce, il a un choc. Il est subitement envahi par une rage incontrôlable. Il entre dans une colère inédite. Il perd tout contrôle sur ses émotions. La tristesse et la souffrance explosent en lui. Son système nerveux fait des courts-circuits. Une pulsion à détruire. Son sang pulse dans ses oreilles et ses veines battent ses tempes. Il arrache la pancarte, la détruit. Il ouvre la porte extérieure et défonce l'autre à coups de pieds et à coups de poings. À bout de souffle, il s'enferme dans sa chambre en frappant dans toutes les portes, en criant et en blasphémant sa douleur à pleins poumons. Il se couche et pleure. Complètement effondré, il veut tuer son père.

Le père est arrivé et la confrontation est inévitable. Le *clash* aura lieu, c'est la fatalité. Il y a une tension énorme dans la maison. Il y a deux mâles dans la place. Le dominant et l'autre. L'alpha doit réagir à l'offense, il ne peut pas tolérer une telle bravade. La crise du jeune est passée, mais la blessure est encore à vif. Jean-Louis sait que son père est extrêmement fâché. Il sait qu'il devra se battre, mais sa rage est sur la braise et plus brûlante que jamais. La rage du fils est maintenant réfléchie et pas seulement émotive.

Détruire une pancarte et défoncer une porte, c'est une faute intolérable dans cette famille, dans cette maison. C'est un affront, un crime sans précédent qui mérite un châtiment sans précédent. Hors de lui, le tyran entre dans la chambre du coupable et le regarde, menaçant. Il porte la main à sa ceinture et la déboucle.

Jean-Louis voit qu'il va se faire fouetter et battre. Il n'a aucune chance. Il est cuit. Un jeune ado tout maigre qui se promène avec un pigeon sur l'épaule n'a aucune chance face à un homme mature, solide, un ancien soldat, orgueilleux et fâché, armé d'une ceinture.

Coincé comme un animal dans le coin de sa chambre, il frappe avec ses mots. Calmement, d'une voix grave, en regardant le père dans les yeux, sans jamais lever le ton, il a dit, avec froideur et assurance :

— Vas-y frappe-moi. Fais-moi mal. Sois aussi irresponsable avec moi que tu l'as été avec ma mère, toute ta vie !

Le père reste figé sur place, estomaqué, gelé comme s'il venait de se faire tirer au cœur. On sent que sa tête se met à tourner, que ses idées se bousculent. Il fait quoi ? Il le tue ? Il lui brise tous les os du corps ? Il délaisse sa ceinture et regarde son jeune garçon. Ses yeux rougissent puis il tourne les talons et quitte la pièce, humilié et abattu. Pour la première fois depuis aussi loin qu'il se souvienne, il voit son père vaincu. C'est surtout la première fois que Jean-Jacques Courteau est confronté à lui-même. Face à face avec son diable.

Comme pour éloigner un vampire, Jean-Louis lui a mis un miroir devant le visage. Lui seul sait ce qu'il y a vu. Cela ne semble pas beau. Être violemment confronté à soi-même et à la vérité, la première fois, ça fait mal. Ça cogne dur. Humilié devant toute sa famille, par son fils qui lit des Bob Morane, par celui qui n'a jamais pu remplir son vrai mandat : remplacer et surpasser le héros, le premier Jean-Louis.

Jean-Jacques a quitté la maison en pleurant.


## Adieu cave-cave

Le mariage de Jean-Jacques et Norma a finalement cédé et Jean-Louis, raisonné par sa mère et ses sœurs, a avalé la pilule du déménagement. Quand le père est parti, il a installé la famille dans une autre maison, plus petite, à deux cents pas de là. Il n'a jamais fui ses obligations et n'a jamais coupé entièrement les liens.

Ce nouveau départ signifie surtout la fin de la tyrannie, ce qui libère de la tension continuelle et fait la joie de tout le monde, de Norma en particulier, qui voit partir un homme qu'elle n'aime plus depuis fort longtemps. Enfin, elle coupe la chaîne. Elle peut enfin vivre avec ses enfants dans l'harmonie et l'amour.

### Flash-back

L'affaire se trame depuis longtemps. Steven est né en 1966 dans le secret le plus complet. Jean-Louis a un demi-frère qu'il ne connaît pas. Steven, issu de l'union illégitime de Jean-Jacques et Nelly.

Le père n'a jamais formellement présenté sa nouvelle compagne à ses enfants. Tout le monde a eu droit à sa rencontre fortuite et personnelle. Jean-Louis a été le premier à la voir. Parfois, Jean-Jacques amène Jean-Louis avec lui sur la route. Il va avec son père chez des clients. Un de ses « clients » est sûrement un très, très bon client, à en juger par le temps qu'il passe à discuter ou à négocier au deuxième étage d'une belle maison. Pendant ces « négociations », Jean-Louis doit s'occuper d'un petit garçon appelé Steven, dans une salle de jeu au sous-sol.

Quelques mois après la Grande Confrontation, les premiers changements dans la relation père-fils se sont manifestés. Au-delà de tout doute, les rôles ont changé. Leur dynamique a pris un tournant inattendu. Un soir, après le travail, Jean-Jacques passe par la maison familiale. Il veut avoir une discussion d'homme à homme avec son adolescent. La scène ne se passe pas dans la chambre de Jean-Louis, comme lors de la Grande Confrontation, mais à l'extérieur. Ils partent pour une longue marche, cette fois, sans le rouli-roulant.

Le père, toujours aussi sévère et sérieux a quelque chose d'important à dire. Jean-Louis n'a aucune idée des intentions de son père.

— Je veux savoir si c'est correct pour toi que je me marie avec Nelly. Je veux savoir si tu es d'accord. Ce n'est pas que ça changerait mes plans, mais je veux le savoir pareil.

Les rôles sont inversés, le père veut la bénédiction du fils. Jean-Louis est assommé. C'est une bénédiction déguisée, mais quand même. Voilà le tyran des tyrans, le généralissime impitoyable, Franco et Staline en un, en conversation avec son fils aux cheveux longs, sur un trottoir de Beauharnois, lui demandant ni plus ni moins son approbation. Sous son masque bourru, c'est ce qu'il cherche.

— Ben oui papa, marie-toi. Y a aucun problème. Nelly est une bonne femme. Tu l'aimes. Recommence ta vie. Je suis d'accord. Si je peux te voir embrasser une femme une seule fois dans ma vie…

Jean-Jacques a remercié formellement Jean-Louis. La nuit suivante, et les autres nuits ensuite, plus jamais les clôtures n'ont poussé sur ses Highlands, la nuit. Le taureau a complètement disparu. Ce cauchemar ne l'a plus hanté pendant longtemps.

## Un samedi, un fusain qui traîne

C'est un samedi matin comme les autres. Jean-Louis a 16 ans et il traîne dans la cave avec un de ses amis. Sa sœur qui aime bien peindre a laissé traîner ses choses : son chevalet, ses pinceaux, ses crayons. Désœuvré, rien à faire, il a pris le fusain.

Son ami porte un *t-shirt* avec une magnifique tête de femme. Sur une grande feuille, il entreprend de reproduire cette tête au fusain. Il a trop souvent recommencé, au point où la femme est devenue Jésus. Une tête de Jésus très bien réussie d'ailleurs. À tel point que son chemin lui est apparu.

À tel point que cette tête de Jésus a chassé sa pire ennemie du paysage : la timidité. Une timidité maladive qui lui occasionne beaucoup de souffrance. Le dessin sera son passeport. Grâce à ce talent, il se différenciera des autres. Il a dorénavant sa marque de commerce. Il est socialement « brandé ». Après le pigeon sur l'épaule de l'école primaire, c'est son exceptionnel talent d'artiste peintre et de dessinateur qui l'aidera à se démarquer des autres.

Question de peaufiner l'apparence du personnage, Jean-Louis s'est laissé pousser les cheveux et ses habits sont devenus de plus en plus étranges, troués, usés. Il peint, il est quelqu'un.

Oui, mais si on lui enlève toutes les couches, une par une, comme un oignon, on trouvera au cœur de Jean-Louis des mots et des phrases. Ce qu'il veut réellement faire depuis toujours, c'est écrire. À dix ans, Jean-Louis avait dans ses tiroirs plein de débuts de romans d'espionnage. Sa mère est heureuse et convaincue qu'il va écrire, qu'il sera écrivain, mais il abandonne son projet. L'impatience le gagne. Une peinture, on la commence et quelques heures plus tard elle est terminée, et tout le monde – surtout les filles – peut la voir, alors qu'un roman, ça prend une éternité à écrire et une autre éternité à lire. Deux éternités, c'est trop long.

Il choisit l'image et la couleur plutôt que les mots. Il choisit l'instant plutôt que l'éternité, ce qui revient au même.


## Le retour du taureau

Vers la fin de l'adolescence, le taureau, avec ses clôtures et ses barbelés, est revenu le terrifier. Il a un nouvel emploi. En fait, c'est son premier véritable emploi. Il travaille dans une usine de Beauharnois. Bien sûr, Jean-Louis n'a ni le look ni le profil du travailleur d'usine. À l'école, son allure était parfaite, mais ici, c'est autre chose. Pour certains individus, la marginalité est une tare. Son patron ne l'aime pas.

Jean-Louis a fait le lien assez tôt entre la réapparition de son cauchemar d'enfance et cet individu, ce nouveau tyran. Ce n'est qu'une question de temps, la bombe va exploser. À l'usine, il passe son temps à ruminer comme un chevreuil. Il a beau tourner et retourner la situation dans tous les sens imaginables, il en arrive toujours à la même conclusion. Encore une fois, il va décevoir son père parce que l'usine, c'est fini, il n'en peut plus. Il lui faut sortir de cette prison immédiatement, parce qu'il est en train de se détruire. Foutre le camp d'ici est vital. Tous les jours, depuis le début, la hargne de son patron l'use. Il accumule un mépris qui vient à déborder.

Jean-Louis, l'homme qui un jour a vaincu le taureau despote, ne peut pas se contenter seulement de ne pas revenir, de ne plus retourner dans cette usine où il fabrique ses barbelés et ses clôtures. Il doit encore une fois sauter dans l'arène et terrasser l'animal. Il ne doit pas quitter l'usine avant d'avoir complété la job. S'enfuir en courant ? Jamais. Il doit sortir tranquillement, en regardant devant lui. Satisfait au nom de la justice d'une autre victoire contre la dictature du mépris.

Un jour, il est entré calmement dans le bureau et il a pris tout le temps qu'il fallait pour s'assurer que le patron a bien saisi le message. Qu'il a bien compris à quel point il se comporte comme un parfait trou-de-cul, qu'il n'est qu'un lâche, un sans esprit, un sous-produit d'humain, une lavette. Au bout de la confrontation, le patron est effondré, en larmes. Pour une deuxième fois de sa vie, Jean-Louis a pu mesurer la puissance des mots.

Ce même jour-là surtout, son destin s'est tracé : jamais il ne pourra avoir de patron. Ses rapports avec l'autorité sont bousillés, irréparables. La seule pensée le rend malade. L'addition est vite faite, il doit se faire à l'idée.

Il sera peintre.

Et pauvre.

## Excès

Les premières années sans le père à la maison, il n'y a plus de loi, plus de discipline, plus de règles. Jean-Louis est enfin libre. À partir de ce moment, il s'est jeté dans la débauche. Dans tout ce que la débauche peut sembler avoir de merveilleux, dans ce qu'elle a d'interdit et de dangereux. Tous les excès sont permis, il n'y a plus de barrières. Il en profite plus que nécessaire.

À 18 ans « et une minute », il quitte la maison pour aller partager un taudis avec un ami peintre, quelque part dans Beauharnois. La bohème prend de l'intensité et devient *a way of life*. Il peint et il boit. Il mange au restaurant en payant avec ses tableaux. Avec son copain, il achète (moyennant deux tableaux) un ancien camion de laitier en ruine, au bout de son temps. Pour démarrer le camion, il doit verser de l'éther dans le carburateur et l'allumer au briquet.

Entre l'âge de 15 et 25 ans, Jean-Louis n'a presque pas vu son père. Il y a eu tous ces Noëls où les deux hommes se sont vus et ont constaté à quel point leurs univers respectifs s'éloignaient de plus en plus, de décembre en décembre. Les deux ont pris des tournants définitifs et irréconciliables. Le père à droite, le fils à gauche.

Cette rencontre annuelle n'est pas le festival des grandes confidences. Les conversations restent en surface. On parle un peu de peinture, de galeries d'art ou encore de la carrière chez Johnson & Johnson et du beau gros char neuf. Ni l'un ni l'autre n'est le moindrement intéressé, juste civilisé.

Jean-Louis ne ressent pas le besoin de parler à son père de ses beuveries quotidiennes, évidemment. Il ne se vante pas de rentrer ivre à tous les soirs à la maison. Il n'a pas à savoir non plus qu'il se sent perdu et qu'il est à la recherche d'une raison, d'une bouée, d'une île. Il n'est pas obligé de raconter qu'il est en train de se perdre et de se suicider à petit feu. Depuis quatre ans, dans une suite de logis minables de Beauharnois, il va d'excès en excès, s'enfonçant de jour en jour dans l'univers de la *dope*, de la douleur et des doutes. Un monde de fuite aussi. L'alcool, petit à petit, gagne du terrain et l'attire vers l'abîme. Il s'en va vers une mort certaine, même s'il est foncièrement un viveur. Jean-Louis connaît le goût du canon de fusil. Il y a goûté.

— À 22 ans, si je ne fous pas le camp de là, on me retrouvera saoul mort dans un fossé. C'est sûr.

## Saint-Émélie-de-l'Énergie

La prise de conscience s'impose, il doit absolument s'enfuir de tout. La vie met alors sur son chemin un ancien professeur, un original qui s'appelle aussi Jean-Louis. Jean-Louis le prof part en mission humanitaire au Brésil. Il a commencé à se construire un camp à Sainte-Émélie-de-l'Énergie. Il connaît l'habileté de Jean-Louis et lui offre la place. Il pourra l'habiter à condition de l'entretenir et de payer le prix des assurances, soit 80 dollars par mois. Alors, Jean-Louis Courteau délaisse complètement l'alcool et la dope, les femmes et la peinture, les amis et la bohème, tout, pendant deux longues années. Il s'en va s'occuper de son corps, de sa tête et de son cœur. Il part s'isoler, à la recherche de lui-même.

Le seul argent qu'il touche est un chèque de bien-être social de 120 dollars par mois. Une fois le « loyer » payé, avec les 40 dollars qui lui restent, il achète des balles de 22, de la farine, du sucre et du tabac.

C'est tout. La chasse est ouverte à l'année longue pour ce jeune ermite. Il réalise, au cours de ses longues journées de solitude, de privation et de réflexion, que son père lui a laissé la chasse en héritage. Cet héritage aura contribué à le garder en santé, ce qui n'est pas négligeable. Il se surprend même à penser qu'il a eu de la chance que son père soit là… Il n'avait pas touché ou pensé à la chasse depuis sa petite enfance quand il allait à Ferme-Neuve, alors qu'il s'inspirait des conseils de son père et des transgressions de son oncle. Là, seul dans la forêt, par besoin, tout lui est revenu.

Cette pause solitaire est parfois coupée par l'arrivée d'un *chum* de la ville qui se pointe avec deux bouteilles de scotch, une caisse de 24 et des choses à dire. Deux chaises sont alors plantées sur la neige et ils rentrent à l'intérieur quand ils se réveillent, au bord de l'hypothermie, avec un filet de conscience.

Durant cette pause solitaire, il a souvent besoin d'aller voir sa mère. Quand il arrive à Beauharnois, Norma est toujours au bout du divan et elle tricote. Sur la table à côté, un roman et un signet. Sans même engager la conversation, il va tout de suite s'asseoir à ses côtés. Il reste là, la tête dans son cou pour sentir, juste humer son parfum. Il reste là et respire par le nez. Puis, il y a un échange de regards. Dans celui que Norma pose sur son fils, il y a tout ce que ça prend. Il y a une telle charge d'amour, une telle force. Il repart toujours de Beauharnois comme un beau Jean-Louis tout neuf et heureux. Presque confiant en l'avenir.

C'est aussi pendant sa période au fond des bois qu'il décroche un premier beau contrat : 5000 dollars. Au-delà du montant, qui pour lui est une montagne d'or, il y a une autre dimension. Quand les gens de la CSN qui ont commandé l'œuvre lui ont dit que le choix final s'était fait entre lui et Armand Vaillancourt, il ne l'a pas cru.

— Avant Armand ! Moi ? Je suis un hostie de tout nu, perdu au milieu du bois. Et lui, c'est Armand Vaillancourt… Allô ?

Son œuvre, c'est un monument à la mémoire des travailleurs victimes du terrible incendie de l'usine Expro, à Valleyfield, quelques années auparavant. Le projet de Jean-Louis est nettement moins cher et certes moins spectaculaire que ce qu'a proposé Vaillancourt.

— J'ai un respect profond pour Armand. Ce qu'il fait est unique. Il avait demandé 40 000 dollars pour son projet. S'il avait décroché ce contrat-là, il aurait manqué de sous, c'est sûr. Il aurait fallu qu'il trouve d'autres fonds. Il est génial mais il compte mal.

Jean-Louis ne compte pas beaucoup mieux. Sa soumission a failli faire s'étouffer de rire les gens du comité de sélection de la CSN. Ils ont jeté un coup d'œil sur la maquette. Ils pensent qu'ils ont affaire à un débile léger qui négocie comme une gerbille.

Un montant de 5000 dollars? C'est une aubaine qui ressemble à du vol, mais pour un ermite qui vit avec 120 dollars par mois, c'est le gros lot, *big time*. Un camion est venu «dumper» un énorme tronc d'arbre d'un diamètre de 44 pouces dans sa cour. Il a commencé par le gosser à la scie à chaîne, avant de faire comme les Égyptiens et de rouler la chose jusqu'à son camp pour l'hiver en utilisant des troncs d'arbres comme des rouleaux convoyeurs. Il a terminé et livré l'œuvre comme prévu, à la satisfaction du client et des syndiqués d'Expro.

## La Grande Réconciliation

Dix ans ont passé depuis le départ du père. Cette pause aura été nécessaire au fils pour découvrir sa véritable façon d'être et de penser. Assez longue pour se déconstruire et se reconstruire. Il a dû occasionnellement se battre pour ne pas céder à la tentation du mépris et de la rancœur. De toute façon, depuis la Grande Confrontation, le regard du père a changé. La chaîne s'est brisée. Le père sait qu'il n'aura jamais la moindre influence sur le fils et le fils sait que les choses se passent désormais d'égal à égal.

Bien que sur le coup le père ait été effondré, avec le temps il pense: «Tant pis pour lui...» Le fils se dit la même chose. S'il ne veut pas voir à quel point la liberté et le plaisir sont de grandes richesses dont il s'est privé et se prive encore, tant pis pour lui. Lui, le fils, il ne s'en privera pas. La dynamique de la relation entre les deux hommes a changé et se vit dans une apparente indifférence, d'égal à égal dans le vide.

Avec le temps, pourtant, il est devenu important pour Jean-Louis que son père comprenne et accepte ses choix. Important qu'il comprenne que tout ce qu'il a souhaité pour lui: la carrière, l'argent et le pouvoir, ont été remplacés par la peinture. Jean-Louis a écrit plusieurs lettres à son père pour justifier son choix de vie et lui faire comprendre qu'il est heureux (un bien grand mot) comme ça. Peine perdue.

C'est au milieu de la vingtaine, quand un journal a publié un article et des photos de son fils et de ses premières œuvres que le père a commencé à comprendre. Mais il devra tous les battre. Il devra être meilleur que Van Gogh et que Michel-Ange, même meilleur que Robert Bateman. Bateman est un peintre animalier canadien que Jean-Jacques adore. C'est un géant qui a triomphé dans tous les musées du monde. Il faudra que Jean-Louis soit meilleur que lui.

La dextérité de Jean-Louis n'est pas étrangère à la génétique. Jean-Jacques aussi est très adroit. Ébéniste, menuisier, dessinateur technique. Toujours rationnel, toujours cartésien, jamais une seconde de fantaisie, mais extrêmement précis et très habile.

Jean-Louis, à distance, est fier de son père. Il réalise avec une grande joie que son père apprend à être heureux avec Nelly. Il voit que plus il est heureux avec cette femme, plus il accorde d'importance à cette simple valeur qu'est le bonheur. Une avancée étonnante dans la vie de cet homme austère. Ce n'est peut-être pas aussi primordial que la réussite et l'argent, mais quand même. Dans l'esprit de Jean-Louis, son père commence à démontrer qu'il a une aptitude au bonheur.

Wow !

Un jour, son père a dit à ses sœurs : « Vous n'avez pas à vous inquiéter. Si un jour les choses tournent mal pour vous, vous aurez toujours votre frère sur qui compter… » Quand ses sœurs lui ont rapporté les paroles de leur père, Jean-Louis a été ébranlé. Estomaqué. Jamais il n'aurait pensé que son père le croyait aussi solide.

Le rapprochement est imminent, même si Jean-Louis n'a jamais su quoi répondre à quelques questions fondamentales. Entre autres, pourquoi le père tient-il tant à ce qu'il soit rigoureux, cartésien, carriériste, qu'il devienne riche, puissant ? Pourquoi ? Peut-être parce qu'il veut que son fils réalise ses propres rêves à lui ? Parce que, pour son père, ce type de réussite est la clé de sa sécurité, de son statut social, de sa notoriété, et que tout ça est nettement plus important que le bonheur ? Parce qu'il le voit comme la réincarnation de son idole, de son cher frère Jean-Louis, le héros des héros ? Il veut qu'il soit à sa hauteur, tout là-haut dans le ciel, plus haut que les nuages ? Jean-Louis ne sait pas trop, mais il comprend l'essentiel. Il lit dans cette sévérité extrême qu'elle est motivée d'une façon fort maladroite, on en convient, par l'amour.

Au bout de quatre ans dans le bois, dont deux en solitaire, Jean-Louis s'est enfin sorti de l'enfer naturel des abus. Il a repris à peu près confiance en lui et il a les guides de sa vie bien en main. Quatre ans qui auront donné les fruits escomptés. Il a recommencé à peindre.

Au cours de la même période, dans les derniers mois à Sainte-Émélie, Jean-Jacques a acheté un terrain sur le bord du Septième Lac, quelques kilomètres plus loin, à Chertsey. Il compte y bâtir un chalet conçu, dessiné et construit par lui-même, bien sûr. Cette période a donné lieu à la Grande Réconciliation. Jean-Louis, bien à l'aise dans sa façon de vivre, passe quelques mois à aider Jean-Jacques à réaliser son projet. Ils y vivent de beaux après-midi. De précieux moments de pêche, de chasse, de bois et de sous-bois. Des moments qui ressemblent au bonheur. Pas beaucoup de mots, mais une cascade incessante de non-dits très bavards.

Une paix qu'ils connaissent tous les deux pour la première fois, ensemble.

Une fois le chalet debout, Jean-Louis déménage dans les Basses Laurentides à Sainte-Anne-des-Lacs. Il consacre tout son temps et son énergie à la peinture. Il habite une petite maison campée sur un vaste domaine qui appartient à un riche homme d'affaires. En échange de ce toit, Jean-Louis veille sur les chevaux et les vaches. Il y est cantonné sept jours sur sept.

Au cours de cette période, Jean-Louis a beaucoup travaillé son art et a acquis la maturité nécessaire pour asseoir son talent et définir plus précisément sa personnalité à travers ses coups de pinceau. D'année en année, il devient plus populaire et vit de mieux en mieux de sa peinture.

## Le 18 mars 2000, le tour de table de Norma

C'est la fête de Norma. Elle est entourée de ses cinq enfants. Les quatre filles et Jean-Louis. Ils sont chez Diane, l'aînée, en Estrie. C'est Norma qui a voulu ce souper comme cadeau de fête.

C'est le printemps. Les outardes jappent tard sur le chemin du retour vers leurs terres, en haut. Voici une journée qui a été destinée très tôt à devenir mémorable. Norma habite toujours la deuxième maison familiale de Beauharnois avec Nathalie, la plus jeune. Ce matin, elle a posé une petite feuille blanche sur le frigo, avec un truc aimanté. Nathalie l'a trouvée drôle.

La table est belle et Norma est bien. Elle n'est pas malade et ses articulations sont correctes. Elle a encore de bons yeux, elle a toute sa tête et des mains agiles. Elle a les quelques anomalies normales d'une femme de 76 ans et voit régulièrement son médecin. Elle se tape encore le méga mot croisé du samedi dans *La Presse*, la grande grille concours. Chaque semaine, elle envoie son mot croisé complété dans l'espoir de gagner. Bien sûr, ça n'est jamais arrivé, mais elle l'a encore fait cette semaine. On remplit la grille, on l'envoie, et on se croise les doigts. C'est elle qui a mené la conversation toute la soirée. Chacun des enfants, dans l'ordre ou le désordre, est passé à table.

— Es-tu content, Jean-Louis, d'être où tu es ? Es-tu celui que tu veux être ? Es-tu au bon endroit, en bon état ?

Le seul regret de Jean-Louis, c'est de ne pas avoir écrit le roman que Norma aimerait lire. Il ne lui a pas dit. Il a gardé ça pour lui. Norma a fait la même chose pour ses sœurs : êtes-vous bien ? Heureuses, le plus possible ?

Le bilan est excellent. Bon, il y a toujours les doutes et les questions, mais c'est juste sain. Dans l'ensemble, tout va bien. Norma est satisfaite.

Après le souper, tous repartent. Juste avant de s'asseoir dans l'auto de Nathalie, elle passe une remarque sur les outardes qui jappent. Et elle tousse, un peu. Puis un peu plus. Elle a un malaise, elle étouffe. Un mal de poitrine atroce et soudain. Elle tombe. Elle est morte. Arrêt cardiorespiratoire. Nathalie a fait le bouche-à-bouche en vain.

Jean-Louis est déjà parti.

L'ambulance est arrivée. Ses sœurs ont bien tenté de lui téléphoner mais il est arrêté chez un ami pour continuer la soirée. Il l'a su le lendemain matin. En se rappelant les conversations du souper, les enfants réalisent que Norma a donné des signes et lancé des messages. Prémonition. Ça sent presque le coup monté par bouts.

Ce matin-là, ça a été la suite de l'épisode de la feuille blanche sur le frigo. Ce n'est pas une feuille blanche, il y a plein de choses écrites sur l'autre face. C'est une fiche complète de Norma, avec tous ses numéros d'identification. Le numéro de dossier de sa pension de vieillesse et de ses pré-arrangements. Les démarches à faire auprès des instances gouvernementales. Où se trouve ceci et où se trouve cela.

Quelques jours plus tard, Nathalie a reçu un appel de sa sœur Marie-Claude. Norma a gagné le prix de la semaine pour la super-grille. Un t-shirt avec une grosse grille, et un livre intitulé *Rêves, signes et coïncidences.*

Jean-Louis n'a jamais ressenti le choc de la mort de Norma. Ce n'est pas une question d'y croire ou non. Sa mère n'est jamais morte. Il est complètement habité par elle et le sera toujours. La seule différence, c'est qu'il ne va plus mettre sa tête dans le creux de son épaule à Beauharnois. C'est tout. Tout le reste y est.

Norma a toujours rêvé de lire un roman écrit par son fils. Elle n'en parlait jamais, mais Jean-Louis savait. Il aurait voulu lui montrer que tous les Bob Morane lus en cachette avec la lampe de poche, que toutes les heures passées sous les couvertures, que cette complicité illicite avait fait des petits. Le destin a eu une autre idée.

À la gloire de sa mère, un jour, il écrira un roman. Il lui parle dans sa tête, toujours. Dans son atelier, il y a une vieille photo de sa mère bien à la vue. Sur cette photo, Norma sourit, mais l'intention de son sourire n'est jamais la même, ça dépend des jours. Jean-Louis se laisse guider par ce sourire changeant.

Au début, il n'osait pas trop lui parler. Il reconnaît sa présence sans vouloir l'achaler. Ses sœurs ont des tendances plus spiritualistes. Elles croient aux choses de l'esprit, au surnaturel. Jean-Louis est plus terre à terre. Un jour, après le décès de Norma, Jean-Louis a une grande énigme qui le trouble, un questionnement fondamental sur l'amour, sur un aspect des femmes qui échappe à sa compréhension. Il dit à ses sœurs qu'il regrette l'absence de sa mère, qu'elle l'aurait certainement aidé à trouver la réponse à sa question. Une de ses sœurs lui dit de s'adresser à sa mère.

— Demande-lui, elle va avoir la réponse à ton nœud.

Il est inconfortable et il n'ose pas. Pudeur ou gêne ? Poser des questions à sa mère décédée, ce n'est pas dans sa nature. Oui, il sent réellement sa présence en lui, mais quelque chose l'empêche de lui parler à voix haute. C'est aller trop loin. Mais ça revient tellement souvent dans les conversations qu'il se décide à le faire. Il ferme les yeux et il lui parle.

Deux jours plus tard, sa petite sœur Nathalie l'appelle. Elle a fait un drôle de rêve. Dans son rêve, tous les enfants sont dehors dans la cour de la maison de Beauharnois. Elle entend le bruit métallique de la boîte aux lettres qui se referme. Elle va voir, la lettre est collée sur la paroi intérieure de la boîte, elle ne la voit pas tout de suite. Elle finit par l'apercevoir et la prend. Sur l'enveloppe, c'est écrit « à Jean-Louis ». Elle apporte donc la lettre dans la cour. Jean-Louis l'ouvre. C'est écrit : « Quand on veut une réponse claire, on pose une question claire… » En dépit de ses « conversations » avec sa mère, Jean-Louis a dû attendre des années et des années avant de comprendre quelque chose à l'amour.

Il a fait un autre rêve. Un si beau rêve qu'il a continué à le nourrir et l'a tourné en une fantaisie qu'il aime se raconter éveillé. Il est au salon funéraire, couché dans son cercueil. De sa tombe, il réalise que toutes les femmes de sa vie, toutes celles qu'il a connues et aimées sont là. Elles sont venues lui rendre un dernier hommage. Elles sont venues lui dire je t'aime une dernière fois. Couché là, sur son ultime drap blanc, il pleure tellement il est touché. Comme si ce que Jean-Louis comprend de l'amour, il le doit à toutes ces femmes. Chacune a posé une pierre pour en arriver à construire ce magnifique château. Il voit l'ensemble et il est heureux. Un rêve…

# Le monstre du sous-bois

Durant la période où Norma est décédée, Jean-Jacques a com-mencé à avoir des pertes de mémoire. Il approche 80 ans et aime toujours Nelly, mais depuis que Norma est décédée, il a des crises de nostalgie. Il parle souvent de la maison du bon vieux temps à Beauharnois. Mais on le sent, et Nelly le confirme, il souffre d'Alzheimer. Il fait de la démence de Lewy. Il a des hallucinations. Une forme de démence qui tue tranquillement son esprit...

Pour Jean-Louis, qui fut jadis si loin, c'est le début d'une longue marche dans l'enfer de la maladie mentale, main dans la main avec son père. Une procession qui n'a qu'une seule et terrible issue, l'ultime. Jean-Louis déteste le scénario. Il mau-dit la saloperie de maladie qui retire la vie de son père en étouffant un à un tous ses neurones, qui lui arrache la conscience, seconde par seconde, qui le tient prisonnier à l'in-térieur de son propre corps, qui le pousse, malicieuse, dans un brouillard sans issue, qui l'entraîne chaque jour un peu plus loin vers le fin fond.

La mort à cet âge, c'est normal. D'autant plus que Jean-Jacques a aussi souffert d'un cancer des poumons durant ses derniers jours... Mais pourquoi cette lenteur ? Pourquoi ce trop long processus, cet épouvantable goutte à goutte ?

Horrible.

Il ne sortira plus jamais de cet hôpital. À peine sortira-t-il de sa chambre. Il est enfermé. Tout le monde le sait, sauf lui-même. Quand Jean-Louis passe le visiter, Jean-Jacques lui dit toujours la même chose.

— Je m'attends à sortir, là. Le médecin me l'a dit. Bientôt. Je devrais recevoir mon congé. Après-midi, demain au plus tard.

Il se ment. Il se croit. Ça fait partie de la démence. Une autosuggestion qui est peut-être une façon d'arriver à survivre à cette merde. Jean-Louis est plongé dans *Un zoo la nuit*. À chaque visite, le père demande au fils de préparer le coffre à pêche, les lignes, la chaloupe. Faut aller à la pêche.

— On ira à la pêche, hein Jean-Louis?

— Pas de trouble, p'pa. Ça mord en masse au Baskatong. Tout est prêt. Je t'attends. De la grise, du doré... C'est plein.

Quand le fils quitte son père et qu'il marche dans le long corridor blanc cassé, il sent sa présence derrière lui. Il est dans le cadre de la porte et le regarde partir. Le même scénario se répète semaine après semaine pendant trois ans. Avec cette maladie, il a appris que non seulement il y a la mort pour t'arrêter de *tripper*, mais qu'il y a pire: la mort avant la mort. Il y a, être prisonnier du désespoir.

Jean-Louis vit dans l'urgence depuis qu'il a 40 ans. La triste fin de son père rajoute à cette urgence. Il lui reste 25 ans, peut-être 30 ans à vivre avec une certaine autonomie. À bouger, à trouver belles les femmes, à voyager dans le Sud, à camper au Nord, à découvrir d'autres mondes. Mais là, ce n'est plus sûr. Il y a ce monstre embusqué qui va peut-être lui sauter dessus à son tour. La maladie de son père a toutes les chances d'être héréditaire. Il a peur, il est effrayé.

Quand il accueille des amis et que le bon vin coule un peu plus qu'il ne faudrait, le lendemain, quand le portrait de la veille n'est pas clair, c'est la panique. Il est terrifié à l'idée que ce monstre lui enlève la vie avant qu'il ne meure. Il réalise qu'il n'est plus à l'abri de rien. Le père lui a fait réaliser ça, soir après soir, depuis trois ans. Aujourd'hui, cette fatalité est plus forte que n'importe quoi. La maladie de Jean-Jacques lui a donné cette grande leçon. Il ne peut plus avoir le luxe du temps, ni le loisir de s'endormir.

Quel paradoxe : au bout du voyage, la plus grande leçon, le plus bel héritage que son père rigide et autoritaire lui a légué, le cadeau le plus sacré, le plus significatif, c'est l'urgence et l'importance d'extirper tout le jus du temps et de la lumière. Ce que son père à des lieues du plaisir lui aura légué, c'est l'incontournable nécessité de profiter au maximum de chaque instant qui passe. Il n'aurait jamais pu lui léguer ce trésor s'il n'avait pas été grugé petit à petit par cette affreuse maladie. Dans les dernières années, Jean-Louis a témoigné à son père sa confiance et son respect, même si ce n'était pas le festival des déclarations d'amour. Nelly lui rappelle continuellement à quel point son père l'admire. Les infirmières qui ont été à son chevet pendant les dernières années lui disent la même chose.

— Votre père parle toujours de vous, monsieur Jean-Louis.

* * *

Cachés dans les faits divers de la vie, soudain de grands secrets se dévoilent. Se profilant dans l'anecdote, les vérités se libèrent, les aventures se déplient et les gens montrent leurs vraies couleurs.

Personnage central des deux anecdotes qui suivent, Jean-Louis est un authentique gars de bois : un pêcheur, un chasseur, un campeur. Jean-Louis est un homme solitaire. Jean, chemise de chasse, petit collier de coquillages, il a un corps sain, sauf pour la hernie qui lui assassine le dos.

Il est curieux, talentueux, a son point de vue sur tout ce qui bouge ou ne bouge pas. Il est libre et indépendant. Il se voit comme un imposteur qui vit bien en vendant une centaine de tableaux annuellement. Il a les cheveux presque au milieu du dos, toujours soigneusement attachés en queue-de-cheval. Il a les poils du visage négligés et des yeux d'une grande douceur. Il a un regard vivement intelligent. Il est comique, entre l'absurde et le pince-sans-rire. Mais l'impression qui nous reste à la suite d'une première rencontre avec lui s'imprime à jamais. Cet homme est la bonté, tout simplement.

## Une outarde pour emporter

Né en 1926, Paul Bocuse est le descendant d'une longue lignée de cuisiniers, tous issus du même village depuis le XVIIe siècle : Collonges-au-Mont-d'Or. À 18 ans, il s'engage dans la Première Division française. Il tombe sous les mitraillettes allemandes en Alsace et est soigné dans un hôpital militaire de campagne que les soldats américains ont érigé.

Paul Bocuse gagne le concours du Meilleur Ouvrier de France en 1961 et obtient sa première étoile Michelin. En 1962, il transforme l'auberge paternelle et mérite sa deuxième étoile Michelin. En 1975, il est décoré de la Légion d'honneur par le président Giscard d'Estaing.

Son restaurant, situé sur les bords de la Saône, à Collonges-au-Mont-d'Or, à cinq kilomètres de Lyon, est fréquenté par des hommes politiques, des hommes d'affaires, des comédiens, des musiciens, des chanteurs célèbres, de très nombreux riches et de prestigieux clients étrangers.

Au début de 1987, Paul Bocuse crée le Concours mondial de la cuisine, appelé Bocuse d'Or. Tous les lauréats reçoivent des prix substantiels. En février de la même année, il est une nouvelle fois à l'honneur. En effet, il est promu Officier de la Légion d'honneur par Jacques Chirac, alors maire de Paris.

François Mitterrand, président de la France, déjeune lui aussi à Collonges.

En 1989, Paul Bocuse est élu « Cuisinier du siècle » par Gault et Millau. Son restaurant est classé Premier restaurant du monde par *The Rich and Famous World's Best*. Curieux de nature, Paul Bocuse veut tout connaître, alors il voyage partout autour du monde. Il adore la neige, l'hiver, la viande de gibier et la motoneige. C'est un assidu des hivers québécois dans les Hautes Laurentides. Ainsi, en 1996, lors d'un de ses voyages au Québec, il est attablé à un sympathique restaurant de Mont-Tremblant.

Son regard est attiré par une volée d'outardes. Non pas de vraies outardes, mais tout comme. Ce sont des outardes de bois de tilleul sculptées et peintes par un artisan. Les outardes sont savamment disposées et pendent du plafond. Il appelle le propriétaire.

— Je les veux. Je veux ces outardes.

Le propriétaire lui explique que c'est impossible, mais il lui propose d'entrer en contact avec l'artisan qui les a sculptées. Dans les heures qui suivent, le type du restaurant appelle le sculpteur, qui s'avère être Jean-Louis Courteau, fils de Jean-Jacques en personne. Jean-Louis avait rempli cette commande en quelques semaines. Elles ont d'abord été sculptées grossièrement, à la scie à chaîne, puis raffinées au couteau.

— Paul Bocuse aimerait ça que tu lui gosses une outarde.

— Qui ?

— Bocuse. Paul, le *cook* français. Y est venu souper chez nous hier, il a *trippé* sur tes moineaux.

Jean-Louis sait qui est Paul Bocuse. Alors naturellement, il croit d'abord à une blague. Bocuse veut une outarde. Le Bocuse en personne. Bocuse, tiré de la grande liste des plus grands créateurs de l'univers. Picasso, Stendhal, Koufax, Bocuse.

Les propriétaires du restaurant ont rappelé le chef pour lui dire que l'artiste a accepté. Ils sont revenus voir Jean-Louis.

— Tout est parfait. Bocuse veut une outarde, il la prend. Tu la fais, on va lui livrer. Combien tu veux pour ton canard ?

— Je vais lui faire et je vais aller lui porter en personne. Je vais voir avec lui pour le tarif. Faites juste lui dire qu'on va s'entendre.

Son cachet, il l'a gardé pour lui comme un secret. Sa paye, c'est l'espoir que Bocuse l'invite à souper. Point. Il ne l'a pas dit aux propriétaires du resto et a chargé le destin de s'occuper du reste. Il ira la livrer au fameux restaurant à une date tout de suite fixée. Monsieur Bocuse s'occupera des frais de transport jusqu'à Lyon et de l'hébergement. Seul l'avion est aux frais de Courteau et de sa blonde.

Jean-Louis a gossé son canard. Une bonne pièce. L'affaire a presque deux mètres d'envergure, du bout d'une aile à l'autre. À la date et à l'heure prévue, il atterrit à l'aéroport de Paris et prend le TGV pour Lyon. Avec sa blonde, son matériel et son mince bagage personnel.

Voici donc Jean-Louis, avec ses habituelles franges, son jean de trois jours, sa chemise chaude et usée et ses bons vieux souliers à grosses semelles. Il a la barbe à peu près, avec dans le dos sa queue-de-cheval et un sac avec une énorme sculpture en trois pièces détachées. Pas l'équipement rêvé pour jouer les touristes. Il a immédiatement appelé au numéro du chef. Il a laissé un message à la personne qui a répondu.

— Mon nom est Jean-Louis Courteau. Dites à monsieur Bocuse que je suis à l'aéroport et que j'arrive avec mon oiseau.

Il s'est présenté au restaurant vers 20 heures. Malgré l'heure de pointe, Paul Bocuse l'attend, debout, majestueux, à l'entrée de son restaurant avec, sur la tête, sa glorieuse toque blanche, sa couronne. Jean-Louis est impressionné. C'est la première fois qu'ils se voient. Bocuse est un homme imposant, habitué à ce que les autres le regardent avec le respect qu'on doit aux grands de ce monde. C'est Paul Bocuse, quand même. Mais devant Jean-Louis Courteau, artiste sculpteur québécois, Bocuse lui cède son piédestal.

— Soyez le bienvenu chez moi, Jean-Louis.

Bocuse est comme un enfant, il va tout de suite lui montrer où il veut installer son bel oiseau fraîchement arrivé du Canada. C'est au plafond d'une antichambre où le chef fait patienter ses clients en leur servant un apéro. Il veut la déposer là. Il veut la voir.

Surpris par la demande, Jean-Louis explique que c'est impossible, puisqu'il doit d'abord procéder à l'assemblage de la patente. Soit. Bocuse appelle un employé, et ordonne qu'on accompagne son hôte jusqu'à l'hôtel où il a réservé une suite à son nom.

— Allez faire ce que vous avez à faire et revenez. Je vous invite à dîner.

En entendant cette phrase, le sang est monté à la tête de Jean-Louis. Il regarde sa blonde et arrête de bouger. Dans l'auto qui les mène à l'hôtel, Jean-Louis se pince. Est-il l'invité d'honneur de Paul Bocuse ? Comme Mitterand et mieux même. Mitterand est un hôte de prestige, mais obligé comme président de la République. Jean-Louis Courteau est le roi de la nature canadienne et il a été déniché par le grand chef lui-même.

Voilà donc notre homme dans une suite de roi. Une fois la porte fermée derrière lui, juste avant de procéder, il faut d'abord remettre les choses en perspective. Que se passe-t-il ici ? Suis-je vraiment ici ? Juste un *reality check* comme disent si bien les Anglais. Est-ce qu'il est réellement Jean-Louis Courteau, *bum*, artiste peintre et «gosseux» de moineaux à ses heures ? Est-il réellement dans une suite à l'hôtel, sur un grand lit, avec un gros moineau en trois morceaux, de la colle à bois, en train de préparer sa partie d'un troc spectaculaire avec le plus grand chef de l'histoire culinaire française ? Il aurait aimé savoir le truc pour figer le moment et le conserver.

Le temps que ça sèche, Jean-Louis se douche et se change. Il doit quand même porter ce qui se rapproche le plus du linge de sortie : pantalon, chemise blanche et veston. Ensuite, hop, on retourne au restaurant avec le moineau.

L'oiseau est magnifique et monsieur Bocuse est content. Il a juste une petite frustration : il aurait préféré que Jean-Louis garde les vêtements qu'il avait plus tôt. Il aurait aimé qu'il demeure tel qu'il était, avec son jean, ses bottines et sa face. Puisque rien n'est parfait, Jean-Louis est entré dans le restaurant précédé et suivi par quelques assistants, et il a disposé l'œuvre dans la salle prévue. Puis, Bocuse l'a fait escorter à sa plus belle table. Une table parfaitement dressée, avec des coupes, des verres et des ustensiles dont il est difficile d'imaginer la qualité, comme chez les rois dans les livres qu'on lit sous les couvertes. C'est au tour de l'artiste culinaire de compléter sa part du marché. Jean-Louis est assis avec sa blonde à cette immense table, la plus belle du restaurant. Il a droit à un chef-d'œuvre en mille services, comme si Vincent Van Gogh avait fait son portrait...

Paul Bocuse lui a remis un menu. Un livre, en fait. Mais ce n'était que pour le distraire. Bocuse a son plan, son canevas. Il sait où il s'en va. Il lui dit simplement : «Si vous permettez, je tâcherai de rendre votre visite mémorable.»

Le repas a été à la hauteur, en effet. D'abord l'apéro : champagne aux framboises, au bar. Dans la grande salle, il y a eu les entrées : foie gras maison frais cuit en terrine avec gelée au porto, sélection de trois petites entrées au choix de Bocuse. Ensuite, il y a eu les poissons : filets de sole aux nouilles Fernand Point, marmite de turbot et coquilles Saint-Jacques dieppoises. Puis le granité des vignerons du Beaujolais et ensuite, les viandes : pigeon en feuilleté au chou nouveau et foie gras et côte de veau bourgeoise en cocotte.

« Je me souviens du pigeon. C'était un confit de pigeon. Je me souviens en avoir un morceau en bouche. Soudainement, sans que ma langue ou mes mâchoires ne bougent, ce morceau de volaille se met à fondre et à s'étendre comme une vague partout dans ma bouche, activant chacune de mes papilles et me plongeant dans un état voisin de la frénésie. Je me suis mis à pleurer. »

Puis la sélection de fromages frais et affinés « Mère Richard », petits fours et chocolats, crème brûlée à la cassonade Sirio, œufs à la neige Grand-Mère Bocuse, crêpes Suzette, choix de tous les desserts, il y en avait trois chariots, pleins.

Et enfin, champagne et café.

Un nouveau vin arrivait avec une nouvelle coupe à chaque étape de ce voyage au paradis. À la table d'à côté, huit clients : des ministres français, des hauts fonctionnaires et des hommes d'affaires de prestige. Ils commandent une bouteille grand format. Comme il se doit, c'est le maître d'hôtel qui l'apporte à la table. Il la tient dans le creux de son bras, comme une maman tient son nouveau-né. Comme un objet précieux, il sera le seul à toucher à la bouteille, personne d'autre n'a le droit.

Dans un autre coin du restaurant, debouts, quatre serveurs sont exclusivement mandatés pour servir Jean-Louis et sa blonde. Discrètement, ces serveurs suivent les faits et gestes des deux invités du chef. Ils doivent tout anticiper. Quand en sont-ils à l'avant-dernière gorgée de vin? Quand la fourchette sera-t-elle déposée dans l'assiette? Quand l'eau aura-t-elle besoin d'être rafraîchie? Tout ça, sans que jamais Jean-Louis ni sa blonde ne s'aperçoivent de rien. Le service devenu un grand art, comme la peinture et la cuisine. Il y a un profond respect dans chaque geste.

« Je ne me rappelle pas des vins qui ont été servis, sinon qu'ils étaient délicieux, à point, et que François Pipala, maître d'hôtel, Meilleur Ouvrier de France et chic type, se serait fait hara-kiri plutôt que de nous voir en manquer. Entre deux desserts, le maître est venu à la table nous offrir un exemplaire du menu et son livre sur la cuisine du gibier. Il nous a invités à déjeuner le lendemain puisqu'il était tombé un pouce de neige et que "nous ne pourrions pas partir parce que tout Lyon serait paralysé par la tempête!" »

Le lendemain de cette bouffe mémorable, le grand chef a convié Jean-Louis à l'abbaye dont il est devenu propriétaire. À cet endroit, Bocuse invite des amis à des dîners de la Saint-

Hubert, des repas entièrement composés de viande de gibier et de sauvagine.

La passion de Bocuse pour les automates, ces figurines animées par un mécanisme intérieur, couvre les murs dans son abbaye. Il y en a des centaines. Il va dans un coin derrière et actionne la musique. Tous les automates se mettent alors à bouger au rythme de cette musique. Une scène surréaliste.

Jean-Louis est revenu au pays quelques jours plus tard, repu, avec en prime une pensée qui lui a été donnée par le chef lui-même. Le soir du repas, Jean-Louis s'est confondu en excuses d'avoir changé de vêtements et d'avoir déçu son hôte. Bocuse lui a dit : « Quand j'étais tout petit, ma grand-mère m'a dit que la préparation d'un repas demande toujours un extrême dévouement. On ne sait jamais quand le voyageur se présentera à ta porte… » Pour Paul Bocuse, Jean-Louis était ce voyageur.

Qu'aurait dit son père s'il avait su que son fils avait été l'invité spécial de Paul Bocuse ? Jean-Jacques, qui avait tant souhaité être fier de son fils, en confondant fierté avec prestige, en aurait eu pour son argent. Quelles réflexions se serait-il passé en voyant le plus célèbre, le plus décoré, le plus grand chef cuisinier de l'histoire de France traiter son fils avec plus d'égards et de respect que les plus nobles, les plus riches, les plus connus et les plus importants hommes de France, tout ça grâce à une outarde du Baskatong ?

## Le coffre

Été 2008. Depuis quelques années, Jean-Louis fait de la plongée. Il découvre les fonds marins. Autant les lits des rivières du Nord que les fonds des mers du Sud. Toujours à la recherche d'un point de vue inusité, d'une nouvelle lumière, d'un nouveau mouvement, d'une nouvelle teinte.

Ce jour-là, il met son masque et hop, le voilà en apnée dans un petit lac du village, à trois minutes de sa maison. Il n'est à la recherche de rien, à quelques mètres de la rive, là où il y a deux mètres d'eau, tout au plus. Il aperçoit ce qu'il croit d'abord être une pierre recouverte de cette sorte d'algue qui ressemble à de la mousse verte. Du limon.

En s'approchant, il réalise que ce n'est pas une pierre. Impossible. La forme est trop parfaite. C'est un coffret de la grosseur d'une boîte à chaussures. Il le gratte, enlève grossièrement les algues. Il est en béton ou en pierre. En marbre peut-être ? Sur le dessus, il y a un cercle en métal incrusté. Du cuivre ? De l'argent ? Impossible de savoir. Excité, il sort le coffret de l'eau et l'emporte avec lui. Il pense à un trésor, évidemment. Sur le chemin du retour, son cœur palpite.

Il a bien tenté d'ouvrir la boîte mais l'opération est trop délicate et exige des outils. Il ne veut rien briser. Il laisse tout l'équipement de plongée dans l'auto et dépose le mystérieux coffret sur la table du balcon. Il le nettoie et note qu'il est en marbre noir. Délicatement, il réussit à l'ouvrir. Ce coffret était parfaitement scellé, puisque son contenu, une vague poussière gris foncé, est sec. Jean-Louis fouille dans la poussière et touche à quelque chose, une plaque, qu'il prend et nettoie. Dessus, il est écrit : « Lucie Beaulieu ». Alors, il comprend que son trésor n'est rien d'autre que l'urne funéraire de Lucie Beaulieu et qu'il a les deux mains dedans ! Lucie est répandue sur la table. Il y a même un peu d'elle sur le plancher. Mal à l'aise, il ramasse à la hâte tout ce qu'il peut de la pauvre innocente et la remet dans son urne de marbre noir. Il remet le couvercle et va la porter sur la galerie, derrière, en attendant de la ramener là où il l'a pêchée.

Il a quand même beaucoup réfléchi et pensé à cette histoire, et ses réflexions l'ont amené à conclure qu'il y avait quelque chose qui clochait. C'est sûr, la première réaction, c'est de se dire que Lucie a dû demander que ses cendres soient jetées dans le lac, en souvenir de son enfance ou de quelque chose comme ça. Mais on ne garroche pas une urne funéraire dans un lac, à cinq pieds du bord de la rive. On va plutôt au milieu du lac et on disperse les cendres aux quatre vents. Ça prend des moyens sans-cœur pour passer en auto au bord d'un lac, s'arrêter et, sans même débarquer de l'auto, garrocher Lucie dans le lac comme ça, floc! Non, c'est impossible.

C'est alors que Jean-Louis élabore une théorie. Sur la rive près de l'endroit où il a trouvé Lucie, il y a un espace dégagé le long de la route. Facile d'accès pour les automobilistes. Au fond de l'eau, à proximité de l'urne, il y avait aussi une carcasse d'ordinateur. Conclusion, c'est un vol. Quelqu'un a pensé que c'était un coffre à bijoux puis, lorsqu'il a réalisé que c'était une urne funéraire, il l'a lancée à l'eau, en même temps que la carcasse de l'ordinateur, délestée de son disque dur.

Afin de tester sa théorie, il appelle la jolie Lison, sa cousine policière à Montréal. Lison approuve: l'idée de Jean-Louis est sûrement la bonne. Il va donc officiellement à la police, en prenant bien garde de ne pas apporter Lucie avec lui, car il ne veut pas qu'elle passe l'éternité dans une voûte de police, ignorée par des enquêteurs pour qui ce n'est pas un cas prioritaire. Ils ont cherché le nom de Lucie Beaulieu et n'ont rien trouvé. Jean-Louis a tenté de son côté, en vain. Elle a passé quelques jours sur son balcon. Un soir, par mégarde, Nicole s'est retrouvée avec un peu de Lucie sur ses bas. Jean-Louis l'avait mal balayée. Nicole n'a pas trouvé ça comique du tout et la menace est tombée: «C'est Lucie ou c'est moi!»

Jean-Louis est retourné à la police, en dernier recours. Pas de nouvelles. Lucie est restée sur le balcon arrière, attendant son sort, résignée et grise dans sa boîte. Finalement, il l'a retournée là où il l'avait pêchée. Il n'a pas osé disperser ses cendres, au cas où…

Qu'aurait dit Jean-Jacques en voyant son fils dépenser tout ce temps et cette énergie pour honorer comme il se doit une jeune femme qu'il ne connaissait même pas et qui est devenue poussière? Que penserait son père en constatant le respect que son fils manifeste pour l'âme humaine?

## Il couche avec Robert Bateman

Mars 2006. Jean-Louis est dans son atelier en train de peindre. Le téléphone sonne. C'est un anglophone qui aime bien l'œuvre de Jean-Louis. Il désire l'inviter à participer à une expédition spéciale au bénéfice du Smithsonian Institute, à Washington. Il lui demande de réfléchir à sa proposition et il fixe un rendez-vous à Montréal pour en discuter. Le but de cette expédition de 300 km en canot sur la rivière George, dans le nord du Québec, est d'en saisir les beautés et de rassembler du matériel afin d'organiser une exposition au Smithsonian Museum de Washington. Cette expédition réunira un groupe d'artistes, de scientifiques, d'écrivains et d'écologistes de renom, dont lui-même, Jean-Louis Courteau, et Robert Bateman!

Jean-Louis va voir son père et il lui raconte tout: l'expédition en canot sur la rivière George. L'exposition à Washington.

— Et tu ne devineras pas avec qui je vais partager ma tente, papa…

— Avec qui ?

— Attache ta tuque, Jean-Jacques Courteau, avec Robert Bateman !

On n'a rien entendu, mais à ce moment précis, Jean-Jacques a crié à l'intérieur de lui : «Mon fils is *The King* ! Il est le *buddy* de Robert Bateman !»

* * *

Dans la chambre d'hôpital où son père attend la fin, il y a dans un tiroir une collection de quelques photos, parmi lesquelles un cliché de Jean-Louis, au fond de l'eau, en plongée. Les deux pêcheurs ont toujours été fascinés par le fait qu'il y ait tant de poissons dans les lacs et que, plus souvent qu'autrement, les pêcheurs rentraient bredouilles.

Lorsque Jean-Louis raconte ses aventures avec les poissons au fond de l'eau, Jean-Jacques est passionné comme un enfant.

— En as-tu vu des gros ?

— Des monstres, papa. Je prospecte pour notre semaine de pêche au printemps.

Le dernier été et le dernier automne, quand il sort de l'hôpital, il se rend à Saint-Zotique et plonge dans le lac Saint-François. Il s'attache à une épave pour ne pas avoir à palmer contre le courant et il dessine ou il écrit dans son calepin sous-marin, ou il reste là, les yeux fermés, et s'imagine avec son père. Le plus grand plaisir en plongée n'est pas d'observer plein de trucs étranges ; c'est de voler dans l'eau. Apprivoiser l'apesanteur. À sa façon alors, il est pilote aussi. Il s'imagine lui transmettre un peu du plaisir de voler. Un peu de cette liberté que la maladie lui a volée.

## Automne 2008, dernière scène

Il ne reste qu'un filet de lumière dans le regard de Jean-Jacques. Depuis trois ans, jour après jour, l'éclairage baisse. Le terrible syndrome qui le terrasse achève son œuvre. Souffle après souffle, il aura extirpé la vie de ce corps vieux et affaibli. Trois jours avant la mort de son père, la dernière journée où il a encore un filet de conscience, alors qu'il est encore possible d'avoir une certaine forme de communication en lui serrant le bras ou la main, Jean-Louis réalise qu'il comprend. Il perçoit une petite lumière dans son regard. Trois jours avant la fin, Jean-Louis est allé le voir. Il a avec lui un petit livre d'une cinquantaine de pages où sont imprimées quelques-unes de ses plus belles œuvres. Jean-Jacques, couché sur son lit blanc, prend le petit livre que son fils lui a apporté. Il a peine à tourner les pages, mais il s'arrête à chacune, examine chaque tableau attentivement, comme au musée. Il y a dans le regard de son père quelque chose que Jean-Louis n'a jamais vu auparavant. Il y perçoit une incroyable décharge d'émotion, comme si chaque regard qu'il pose sur chaque tableau de son fils lui donnait une force que l'on croyait perdue. Comme si tout se dévoilait dans ces derniers instants de lucidité.

Les dernières images que cet homme emportera avec lui sont celles qu'a réalisées son fils, l'artiste. C'est comme si la lumière qu'il a appris à créer si brillamment, avec tant de talent, depuis plus de 40 ans, servait enfin à quelque chose de plus grand qu'illuminer un bouleau, un baigneur mexicain ou une fille dans un grand champ. Aux derniers instants de la vie de Jean-Jacques, la lumière s'est imprimée dans son âme. La dernière émotion que cet homme aura éprouvée au bout de sa vie aura été une fierté totale et émouvante pour son fils et son immense réussite artistique et humaine.

Une lumière qui ne s'éteindra pas.

Jean-Louis a l'impression que son père l'a entendu.

— Regarde, papa, je n'ai pas pris le chemin que tu aurais souhaité, mais je suis arrivé là où tu voulais que j'arrive.

Dans le cœur de son père, Jean-Louis a « clanché » Van Gogh. Il est le meilleur, le plus grand. *The top.*

## Le voyage de noces

Trente-cinq ans après le dessin raté d'une belle jeune femme qui s'est transformée en Jésus, Jean-Louis Courteau vit de sa peinture. Au Québec, c'est inusité.

Il exposera au cours des prochaines années dans les musées les plus prestigieux d'Amérique, malgré que, selon lui, la peinture n'était pas sa véritable destinée. L'art à tout prix.

— J'ai été fidèle à l'art, mais de toutes les maîtresses que l'art m'offrait, je n'ai pas pris la bonne. Celle à qui j'avais fait des promesses, c'était l'écriture… et je n'ai pas tenu parole. La peinture est ma vieille compagne, elle est en même temps un devoir, un métier et par moments, elle redevient une passion.

Jean-Jacques, son père, est décédé à l'hôpital des Vétérans.

Il y a huit ans, Norma a enchaîné vers l'éternité en laissant sur la vie de son fils Jean-Louis tant sa lumière éclairante que son ombre reposante. Jean-Louis a décidé d'unir son père et sa mère. De créer un mariage. Le voyage de noces aura lieu entre le 15 septembre et le 15 octobre 2008. Chaque jour entre ces deux dates, il peint une pochade et signe un texte. Ça sera son journal de bord pour l'ultime escale du père. Jean-Jacques est le pinceau. Norma est la plume. 31 jours, 31 nuits, 31 tableaux, 31 textes. Un voyage de noces.

Créer de toutes pièces la douceur avec un pinceau et une plume aura dépassé l'art et rejoint un aspect plus fondamental de la création. Il aurait voulu en faire une exposition immédiatement, là, tout de suite, pendant qu'il y avait dans l'air une ambiance, comme une musique de fond, mais des circonstances malheureuses ont rendu la chose impossible et la diffusion de cette escale, de ce mariage magnifique, s'est faite sur un blogue : http://courteau-automne08.blogspot.com.

## Libre

Quelque part en moi marchent bruyantes
Des foules animées dans les rues de Barcelone
Et dans la pièce à côté dansent lentes
Des femmes blanches diaphanes et aphones

Et dans un champ rocailleux en Iran
Un papillon papillonne insouciant
Volète devant les genoux tremblants d'un enfant
Dont le cerveau vole en pluie de sang

Ne me dites plus que tout a un sens
Que le hasard n'existe pas
Laissez-moi une petite chance
Dites-moi que rien ne guide mes pas

À travers cette Guernica de violence
Ce dessin sans dessein

De savoir que je n'ai pas fait un Saint
De l'auteur pervers de cette démence

Personne jamais ne me dira où aller
Je ne serai nulle part attendu
Aux portes ou je n'aurai pas frappé
Jamais personne ne sera déçu

Laissez-moi peindre mon tableau à moi
Ne vendez pas ma peau déjà
Je ne veux personne à mes trousses
Ne me dites pas si je tire ou je pousse

Pour sortir de vos maisons sans aléas.

Jean-Louis Courteau, Morin-Heights, 7 mars 2009
www.jeanlouiscourteau.com

# Marie-Pier, fille de Denise

## Le journal d'un ange

*Elle s'appelle Marie-Pier, c'est la fille de Denise.
Marie-Pier a dix ans et demi. Sa courte vie a été
une suite ininterrompue de petits bonheurs
simples et d'épreuves anodines. Un papa, une maman
et une petite sœur. Son départ soudain fera réaliser à quel point
l'ordinaire est extraordinaire et le quotidien, éternel.*

J'aime, aimons, aimez
Petit enfant qui dort sur un banc
Sous la pluie ou le tonnerre
Sous la tempête ou le soleil
Tu mérites d'être aimé
J'aime, aimons, aimez
Pour toi, je porte attention

Petit enfant, tu n'as pas de vêtement
Nous allons t'en fabriquer
J'aime, aimons, aimez
Tu n'as pas de maison où coucher
Nous allons t'en fabriquer
J'aime, aimons, aimez

Tu n'as pas de parenté
Nous allons t'en trouver
J'aime, aimons, aimez
Pour toi, je porte attention
S'il vous plaît
Aimez.

Marie-Pier Panneton, 10 ans, mars 1999
*Collège Marie-de-l'Incarnation*
*Quatrième année « J »*

# Prologue

J'ai deux frères et ni l'un ni l'autre n'est mon frère biologique. Mon petit frère Alain est arrivé de l'orphelinat le 21 mars 1964 et a été mon plus gros coup de foudre à vie. Un petit frère blond âgé de 14 mois. Il est plus que mon frère de sang, il est à la source de mon amour pour les enfants. Mon autre frère, c'est François.

François est un ami avec qui je passe à travers la vie depuis l'âge de 20 ans. Nous nous sommes connus dans le fond d'une station de radio, pendant que j'écrivais des commerciaux bas de gamme pour des vendeurs d'autos, de tapis, de stores ou de pilules, François était responsable de la musique. Il structurait. Il devait faire passer une station de radio d'un format musical *n'importe quoi* à un format *top forty*.

Il fallait qu'il bâtisse une mémoire à cette station, en déterrant des souvenirs perdus d'ici et d'ailleurs. Il lui fallait aussi planifier l'avenir avec les succès du présent. François était l'essence de cette station. Pas moi. Il n'y avait pas des tonnes de commerciaux à écrire pour CKLM qui revenait de la guerre, écorchée et moribonde. J'avais tout mon temps pour aller faire perdre celui de François dans son capharnaüm, entre un vieux Doors et une fraîche Tina Charles. C'était en 1975 et il est devenu mon frère.

François est le fils unique d'un couple de gens âgés de Nicolet, Zéphirin et Estelle Roy. Zéphirin arrivait à la cinquantaine à la naissance de son fils. C'était un homme timide et érudit qui citait Virgile en latin. Un homme discret qui se dégelait après deux bons verres de gros gin et chantait après trois. Dans sa jeunesse, il avait sculpté des canards de bois mieux que quiconque.

Sa mère, Estelle, une femme instruite, était la fille du maire de Pierreville. Maîtresse d'école et fière de sa place dans la petite haute bourgeoisie de Nicolet. Une dame bien de sa personne. Zéphirin était plus un grand-père qu'un père.

Le 24 octobre 1952, François, sans le savoir, a pansé une vieille plaie dans le cœur d'Estelle et Zéphirin. Une plaie que le temps n'avait pas réussi à cicatriser. Quelques mois plus tôt, ils avaient eu la douleur de perdre leur seul enfant.

Une petite fille de 11 mois. Elle s'appelait Marie.

On dit, « qui se ressemble s'assemble » (ou est-ce le contraire ?) : François a la même blonde, depuis toujours, Hélène.

Moi aussi.

Hélène est la mère de ses trois fils. France pareil.

Il y a aussi un ange dans la vie de François. Une grande sœur qu'il n'a jamais connue et qui s'appelle Marie.

François m'a présenté Trois-Rivières, que j'ai appris à connaître et à aimer au fil des ans. Je connais et j'aime ses rues, ses monuments, ses moments et surtout ses gens. C'est sur le chemin de Trois-Rivières que Marie-Pier, par l'entremise de François, est apparue dans mon dessin, mais juste avant d'arriver dans le vif du voyage, l'innocent et merveilleux journal d'une petite fille heureuse, passons par la ville.

Trois-Rivières est devenue un personnage dans ma vie. Le centre-ville de Trois-Rivières n'a rien à voir avec ceux de Montréal et de Québec. Les samedis soirs de fin d'été sur la rue des Forges, il y a beaucoup de mouvement. Il y a un lien spécial entre chacune de ces personnes de tous les âges. Quelque chose d'unique. Même si elles ne se connaissent pas, on voit qu'elles comptent toutes les unes pour les autres. Une unicité. Cette conscience de l'autre, perceptible au visiteur, crée une chaleur. Toutes des âmes qui se frottent les unes aux autres et rendent la ville chaude.

Chaque coin de rue a son histoire. Le cimetière des Anglais, la Petite Pologne, le vieux stade de baseball. La Kruger. L'île Saint-Quentin. Les poètes sont cités au coin des rues et les historiens y poussent par dizaines. Il y a les débardeurs d'en bas et les penseurs d'en haut. Il y a tous les bungalows d'après-guerre, tous les logements au bord du fleuve, construits à la hâte il y a bientôt cent ans, où les familles des travailleurs des papeteries s'entassaient les unes sur les autres. Il y a les braves Ursulines. Il y a les marins chauds et les blondes d'un soir qu'ils se paient. Et il y a des monuments.

Mais avant de vivre l'histoire simple et merveilleuse de Marie-Pier, j'aimerais vous présenter un monument et un stade qui donnent à la ville son incomparable couleur.


## Un monument et un stade

*Trois-Rivières, cette ville mi-taverne, mi-cathédrale.*
JACQUES FERRON

Mon monument favori a un nom et il bouge. Il s'appelle Gerry Rochon et je l'aime. Gerry est imprimeur de métier sur les presses de l'UQTR. Je l'ai rencontré il y a plusieurs années à la brasserie de Normandville. Je croyais que personne au monde ne pouvait rivaliser avec moi au jeu de la mémoire et des statistiques de sport, surtout au baseball. François m'avait mis au défi d'être meilleur que ce Gerry Rochon que ni moi, ni personne ne connaissions.

— Qui ?

— Gerry Rochon ?

— Où ? Quand ? Amène-le ton Gerry.

Gerry m'a humilié solide. Qui a compté le but gagnant du match 2 de la Série du Siècle, en 1972. Qui a obtenu les passes ? Qui était au banc des punitions ? C'était à quelle date ? Entre 1945 et 1955, pour chaque Tour de France, qui a terminé deuxième ? Quel est le premier gardien de but américain à accumuler dix blanchissages en carrière ? Qui a gagné le match d'ouverture de la Série mondiale en 1926 ? Humilié comme jamais.

Gerry est dans la haute cinquantaine. Il a les sourcils épais, le cheveu maigre, le regard espiègle et, dans la musique de son langage, il y a une subtile teinte anglophone. Il connaît tout du *Titanic*, du Tour de France, de la Seconde Guerre et de John F. Kennedy. Sa vie, c'est sa mémoire. Il a été révélé au public en triomphant, dans les années 1990, à l'émission *Tous pour un*. Le thème de l'émission était le hockey. Il a par la suite participé à quelques émissions de radio.

Un après-midi de l'automne dernier, je passe par Trois-Rivières et j'invite mes jeunes partenaires de la radio à dîner. Je suis correspondant quotidien à la station Énergie de la rue Royale. Il y a Marie-Christine, aux yeux magnifiques et aux tiroirs pleins de musique et de cinéma. Pascal, éternel adolescent qui, en plus de sa job d'animateur principal, élève des faisans et en fait de la saucisse délicieuse. Et le troisième du trio, la vie est ainsi faite, est le fils aîné de François, Matthieu. Je l'ai vu se profiler sur la silhouette d'Hélène, il y a plus de 30 ans. Je commence ma carrière radio avec le père et la termine (enfin presque) avec le fils. *Lucky bum.*

Comme nous arrivons au Gambrinus, où une frite m'attend, Matthieu a vu Gerry entrer dans le dépanneur d'en face. L'envie me prend d'aller le surprendre. Il est près de la caisse et il ne m'a pas vu. J'entre discrètement et je m'approche de lui, derrière. En lui tapant doucement sur l'épaule, je lui dis :

— Je vous ai déjà vu à la télévision…

Il se tourne et m'aperçoit. On ne s'est pas vus depuis trois ans, peut-être plus. Or, à la seconde précise où il m'a reconnu, c'est-à-dire immédiatement, il n'a pas dit ni «Ah ben, qu'est-ce que tu fais ici ? » ou «Oh, mais quelle surprise ! » ou «Comment ça va ? », ni rien du genre. Il m'a dit, je le cite : «Il y a seulement un joueur qui a mérité le MVP avec trois équipes différentes dans toute l'histoire du baseball majeur. Quel est son nom ? Coefficient de difficulté de 4,8 sur 5. »

C'est bien Gerry. Au-delà de sa prodigieuse mémoire, il y a aussi, chez cet homme unique en son genre, une grande âme. Il m'a raconté que ces jours-ci il ne fait que s'occuper de son père et de sa mère. Les deux sont placés à des endroits différents et il fait la navette entre les deux. Il va brosser les dents de son père au moins deux fois par jour.

— J'ai pas le choix, faut que je m'en occupe.

— Tu as le choix. Rien ne t'oblige. C'est toi qui fais ce choix-là. C'est un choix qui t'honore, mon Gerry.

— Les deux ont exactement le même âge, 90 ans et 8 mois. J'ai eu un appel, Christian. Un appel en dedans de moi. Faut que je m'en occupe.

— Bravo. Fais attention à toi.

— Pis c'est qui ? Trois fois MVP ?

— Aucune idée.

— Dan Brouthers. Ça se passait dans les années 1880-90.

— 2-0 pour toi Gerry.

En lisant ceci, beaucoup de sportifs se rappelleront des prouesses de Gerry Rochon à la radio ou la télé, mais ses vraies prouesses, il les accomplit tous les jours, entre deux hôpitaux.

## Un stade

Pour visiter le stade, nous allons passer par 1972, avec un homme dans la quarantaine, Fernand Bédard, et son compagnon d'un été que nous allons appeler comme il l'appelait, Ti-Noir. La saison de balle de 1972 (d'avril à septembre), Fernand l'a passée au complet à Trois-Rivières avec Ti-Noir qui avait trois ans. Fernand Bédard s'en souvient, parce que cet été-là, Fernand a été le gardien de Ti-Noir.

La ville de Trois-Rivières a longtemps eu son équipe dans la très puissante ligue Eastern. À part les ligues majeures, c'était le calibre le plus fort qui soit. Même qu'en 1972, si les Aigles avaient affronté les Expos dans une série 4 de 7, rien ne me fait penser que les Expos auraient gagné…

Ti-Noir était le fils de trois ans d'un joueur des Aigles, un américain de Donora, en Pennsylvanie. Fernand Bédard ne le trouvait pas drôle, le petit. Ti-Noir avait un autre pseudonyme, plus religieux : le p'tit Christ. C'était une véritable tornade sur deux pattes, armé d'un gros bâton de baseball rouge en plastique, et il bougeait plus qu'une sablée écorchée un peu mouillée de Phil Niekro avec un vent de face. Fernand Bédard n'a jamais appris à s'occuper d'un enfant, lui qui a pourtant été un gardien toute sa vie.

Fernand s'est occupé du vieux stade de Trois-Rivières, comme une mère de sa fille. Comme un père de son fils. Comme un couturier de sa princesse. Tous les jours, Fernand l'a peigné et taillé, a tenu les lignes bien blanches et droites, même les jours où il n'y avait pas de match. Jamais rien par terre, ni verre de bière vide, ni papier à hot-dog Lesters avec un peu de moutarde. Rien entre les bancs les jours de calme ou de pluie. Les bancs sont toujours tous au garde à vous, entre deux parties des Aigles ou des Aigles Junior. Pas de peinture écalée. Pas d'odeur, hormis le parfum naturel de l'endroit, mélange de graisse à patates frites, de vieux tabac et de gazon frais, avec un petit supplément normal, mais non moins pittoresque dans le coin de la toilette des hommes...

Le stade de Trois-Rivières, entretenu par Fernand Bédard, a toujours été au sommet de son allure. Le tracteur, comme un releveur dans l'enclos, était toujours prêt, frais et dispos. Cajolé, chéri, manucuré, ce stade était la toile d'un grand artiste, mais en 1972, la tâche a été difficile.

Les Aigles attirent beaucoup de monde, l'équipe est la filière numéro un des Reds de Cincinnati. Ce sont les années Bench, Rose et Morgan. C'est là, dans le stade de Trois-Rivières signé Fernand Bédard, qu'on usine les pièces de la *Big Red Machine.*

Beaucoup de monde, beaucoup de job.

Devant tant de visite, il faut toujours qu'il soit encore plus à son meilleur. Mais Ti-Noir, le fils du voltigeur de droite occupe le temps de Fernand et tire son énergie. Il est toujours là. À chaque séance d'entraînement, il court dans les estrades en rabaissant les bancs avec fracas, bancs que relève aussitôt Fernand, qui court derrière. Il ne faut pas le laisser tout seul, celui-là. En prime, le petit est unilingue anglophone et ne comprend rien à ce que Fernand lui dit, et vice-versa. Fernand parle un anglais approximatif, mais ses « *Don't do dat* » « *Get out of dère* » et « *I tell your fadder* » étaient très bien mâchés.

Pendant que papa ajuste son œil au bâton, se délie les muscles, ou pratique ses relais au marbre, Ti-Noir s'occupe de Fernand. Il va s'asseoir sur le tracteur bien ciré. Il a même réussi à le démarrer un jour. Fernand en a des sueurs froides. Ti-Noir, au volant de son Massey Ferguson! Pendant les matchs, c'est quelque chose! Il attend les spectateurs et les frappe aux chevilles avec son gros bat rouge. Quelques propriétaires de ces chevilles se souviennent que le petit avait tout un élan. Un naturel. L'été a été long en 1972 pour Fernand Bédard!

Il y a quand même eu une semaine où Ti-Noir n'est pas venu au stade. Il est resté chez lui à soigner une cheville enflée... Il a sauté du deuxième étage d'un duplex en hurlant: «*Look Ma, I can fly...*» Les frères Harnois à qui appartenait le duplex et qui habitaient le premier plancher ont vu passer le garçon par la fenêtre. Ils ont accompagné la jeune maman à l'hôpital. Rien de cassé. Il est fait en caoutchouc, faut croire.

À part cette semaine de repos, l'été a été long, chaud et essoufflant. Dieu soit loué, ce fut la seule saison de Ti-Noir à Trois-Rivières, puisque, en 1973, son papa a gradué avec la grande équipe des Reds de Cincinnati.

En 2002, le stade de Trois-Rivières a changé de nom. Le conseil municipal a décidé de le rebaptiser et d'honorer quelqu'un. Ça aurait pu être son illustre fondateur et instigateur, en 1936, l'Honorable Maurice Duplessis, fanatique des Yankees, mais non, on a choisi d'honorer son gardien, son maître et en même temps son serviteur, plus humble que Le Noblet, mais non moins honorable. Bienvenue, amateurs de baseball, au stade Fernand-Bédard, avec un trait d'union pour la postérité.

Quant à Ti-Noir, il a suivi les traces de son père dans le baseball majeur. Il est toujours étourdissant. Au moment d'écrire ces lignes, voici où il en est: il a joué 2525 parties, a frappé 2674 coups sûrs dont 609 circuits. Sa carrière tire à sa fin. Il porte maintenant les couleurs des Mariners de Seattle.

Il s'appelle Ken Griffey Jr.

## Denise

Trois-Rivières s'agrandit. Dans la foulée des fusions, en 2002, Trois-Rivières a pris du volume : Cap-de-la-Madeleine, Sainte-Marthe-du-Cap, Saint-Louis-de-France, Trois-Rivières-Ouest et Pointe-du-Lac ont été fusionnés à la vieille ville.

François, qui est agent de communication, a été au milieu de ce chambardement administratif. Il y a d'abord eu une élection à la mairie. Le maire de l'ancienne ville de Trois-Rivières ayant démissionné, les maires de Trois-Rivières-Ouest (Yves Lévesque) de Cap-de-la-Madeleine (Alain Croteau) et le président du GP de Trois-Rivières, Léon Méthot, se sont affrontés. Une bonne bataille, gagnée par le candidat Lévesque. Tout est devenu plus gros, il y a mille cordes à rattacher. Plusieurs nouveaux employés pour servir une population plus nombreuse. Plusieurs anciens employés forcés de se chercher de l'emploi.

Qu'allait-il advenir de Denise Bellemare, par exemple ? Denise est l'ancienne secrétaire du maire Croteau, au Cap. Où aboutira-t-elle ? Heureusement, le nouveau cabinet du nouveau maire a besoin de plus qu'une adjointe et Denise obtient le poste d'adjointe du maire, et est surtout une bonne collègue de François. Il m'a parlé d'elle la première fois, en me disant lui avoir remis une copie de *Je m'appelle Marie*. François et Denise sont devenus de bons amis.

Philippe, le deuxième fils de François, est psychologue et travaille pour une maison appelée l'Accalmie. Il est agent de communication et chercheur de fonds. Dans cette maison, on donne un coup de main à ceux et celles qui ont commis des tentatives de suicide, presque tous des jeunes. L'Accalmie est l'ultime bouée. Philippe m'a demandé de parler lors d'une soirée de levée de fonds. J'ai accepté. Il y avait une centaine d'invités dont elle, Denise Bellemare.

Denise est une jeune femme délicate au sourire doux. Notre lieu de rencontre, notre point commun, c'est que Denise a aussi dans sa vie une petite Marie qui est un ange. C'est sa fille aînée et elle s'appelle Marie-Pier. Elle est décédée accidentellement à l'âge de dix ans et demi. C'était le mercredi 7 avril 1999.

Chaque fois que je rencontre une maman qui a un ange dans sa vie, je suis aimanté, attiré et curieux. Je sais que cette personne-là est comme moi : elle sait à propos des anges.

Cette maman a une aura particulière parce qu'elle a un ange dans sa vie, un ange avec qui elle est en contact quotidien. Pas dans sa tête, mais dans son air, dans son souffle, dans ses gestes et sa réalité habitée. Il y a du bonheur sur le visage de Denise. Une paix qui ne peut être que l'œuvre de son ange. Je suis curieux d'en savoir plus.

Mon ange à moi, elle a deux ans et quart. Marie-Pier est un ange de dix ans et demi. Le meilleur âge de tous les temps, c'est dix ans et demi. C'est l'âge où je retournerais mes fils, si je le pouvais, et où je retournerais moi-même.

Une petite fille de dix ans et demi. La pensée me fascine. J'avais envie de lui demander là, tout de suite, ce soir-là. Raconte l'histoire, Denise. Pas seulement le drame, le deuil et les circonstances mais toute son histoire à elle, sa petite histoire.

Je ne savais pas à ce moment-là que j'allais revoir Denise. Je ne savais pas que j'allais un jour, pour ce livre, lui demander pour de vrai.

## Le jour est arrivé

Les fils me passionnent. L'amour de mes fils a été au centre de toute ma vie. C'est pour rendre hommage à ce mot merveilleux, «fils», que j'ai un jour décidé d'écrire ce livre. Mais cette histoire ne peut pas se terminer sans le principal, un ange. Les anges sont plus qu'une passion pour moi et pour tous ceux et celles qui en ont un autour d'eux. Les anges sont l'essence de beaucoup plus grand que la vie qu'on connaît.

25 novembre 2008, 18 h 06
De : Christian Tétreault
À : Denise Bellemare
Objet : La petite Marie-Pier

Je me trouve assez importun, je confesse, mais mon ami François est une personne pour qui j'ai plus que de l'amitié. Quand il me parle de personnes autour de lui, je le crois. Ce qu'il me raconte de vous, Denise, est très inspirant. J'écris actuellement un nouveau livre. Il porte sur les enfants et les parents. Le titre provisoire est *Trois fils et un ange*. C'est un titre qui est un reflet de ma réalité, puisque j'ai trois fils et un ange, mais ce n'est pas de moi dont il s'agit.

Je raconte l'histoire vraie de trois fils. Le premier est Jean-François, fils de Yolande. Il a 44 ans et est atteint du syndrome de Williams. Il vit encore avec sa maman de 83 ans. C'est la plus belle histoire d'amour qu'il m'ait été donné de connaître. Je raconte aussi l'histoire de Michel, 44 ans. Quand il était adolescent et qu'il croisait son père dans le corridor de sa petite maison à Laval, il retenait son souffle pour ne pas respirer l'air qu'il déplaçait, tant il le détestait. La vie s'est chargée d'écrire le reste de l'histoire. Aujourd'hui, six ans après sa mort, le père est devenu le guide spirituel quotidien de son fils. C'est l'histoire méconnue de Michel Courtemanche, le comique.

Et puis, je raconte l'histoire de Jean-Louis, 49 ans, fils de Jean-Jacques. Son père, un ancien militaire et homme d'affaires prospère, aurait souhaité voir son fils marcher dans ses pas et le dépasser. Jean-Louis est devenu son parfait contraire. Un éternel adolescent, peintre de son état. Un des rares peintres québécois à vivre de son art. Leur histoire est un hymne à la découverte de l'amour improbable.

L'ange, je le cherche. C'est peut-être Marie-Pier. Je voudrais raconter sa vie.

Quand j'ai demandé à François si vous étiez une femme heureuse, il m'a dit que oui. C'est ce qui est important. Je suis moi-même un homme heureux, Denise, et mon ange comme vous savez, n'est pas étranger à ma façon de voir la vie. Je suis un peu intimidé de vous demander cela.

Voilà. La demande est faite. Soyez aussi assurée que je comprendrais très bien que vous refusiez. Je vous remercie beaucoup.

Christian

26 novembre 2008, 09 h 11
De : Denise Bellemare
À : Christian Tétreault
Objet : RE : La petite Marie-Pier

Bonjour,
Comment pourrais-je refuser de parler de ma belle Marie-Pier au meilleur ami de François. Je crois que c'est mon ange et qu'elle veille sur sa petite sœur, qui aura bientôt 17 ans, et que j'aime de tout mon cœur.

Mon ange n'avait que dix ans et six mois lors de son décès. Cela va bientôt faire dix ans que ce drame est arrivé, mais je me souviens de chaque seconde de cette journée, des jours et années suivantes.

Soyez assuré que ce sera un réel plaisir de vous rencontrer et de vous parler plus longuement. À bientôt !

Denise Bellemare
*Adjointe au Cabinet du maire*
*Ville de Trois-Rivières*

Nous nous sommes rencontrés dans un resto de la rue des Forges. Quand je suis arrivé sur les lieux, elle était déjà là, avec des albums de photos, des articles de journaux et des découpures. Elle m'a raconté l'histoire. Elle m'a raconté la vie de sa grande fille, à partir de sa naissance. J'ai été absorbé par cette histoire. Chacune des anecdotes est devenue un beau chapitre. Je n'avais jamais entendu une histoire si touchante par sa douceur, ses couleurs quotidiennes, sa simplicité et sa joie.

Marie-Pier a été une petite fille aimée et joyeuse. Son histoire est juste une belle histoire qui ressemble à celle de toutes les petites filles du Québec moderne.

Excepté la fin.

J'ai aimé chaque moment. J'ai vécu par la voix de Denise chaque instant de la vie rêvée d'une petite fille heureuse. J'ai envié chaque joie comme chaque peine. J'aurais tellement aimé vivre ces heures de bonheur avec ma propre petite fille.

Après cette rencontre, avant de commencer la rédaction de cette histoire, je suis allé marcher, et il y avait Marie-Pier à ma gauche. Je suis habitué de marcher avec ma petite Marie à ma droite, mais marcher avec une grande fille de dix ans et demi, c'était la première fois. C'est comme ça que Marie-Pier m'a proposé de me raconter elle-même sa vie à sa façon.

Je me suis penché sur mon clavier et j'ai entendu l'histoire de Marie-Pier par elle-même. Marie-Pier Panneton, mon amie éternelle. Laissez-la vous la raconter. Une belle petite vie tranquille et si bien remplie. Une vie avec une maman, un papa et une petite sœur. Je sais que vous en connaissez déjà la fin, mais faites-en abstraction. Laissez-vous bercer par la douceur de cette toute précieuse et fragile existence, si belle et si parfaite.

Une vie de bonheur.

# Le journal d'un ange

## Mes parents s'aiment

Mon nom est Marie-Pier Panneton. Denise Bellemare, c'est ma mère et Steve Panneton, mon père. Ils se sont rencontrés à l'âge de 14 ans.

À cette époque, la famille de ma mère c'est mon grand-père, ma grand-mère et les enfants : Louise, 16 ans, Denise, 14 ans, Hélène, 13 ans et petit François, 11 ans. Hélène, la petite sœur, c'est le chaperon de ma mère. Elle la suit partout tout le temps. Surtout quand elle sort avec Steve. Denise ne trouve pas tellement ça drôle. Denise et Hélène couchent dans la même chambre, suivent les mêmes cours, sont presque toujours ensemble.

C'est quand même incroyable, non ? La première flamme, la première petite étincelle entre deux jeunes de 14 ans du Cap-de-la-Madeleine, et c'est réglé pour la vie. Wow ! Elle est tout de suite devenue sa blonde et lui son amoureux. Ils ne se sont jamais quittés. Ils ont même étiré l'adolescence jusqu'à très loin passé la date limite.

Après des études en coiffure, maman est allée à l'école commerciale du Cap. Elle a pris des cours et elle est maintenant une vraie secrétaire professionnelle. Elle a travaillé dans une compagnie d'assurances, ensuite pour des urbanistes (des gens qui bâtissent des villes) et après, à la petite ville de Saint-Louis-de-France, où elle rencontre plein d'amies.

Maman et ses amies ont beaucoup de plaisir. C'est le bon temps. Toutes les fins de semaine, ces jeunes profitent de toutes les occasions de s'amuser : *partys*, soupers en gang, bases de plein air, petits et grands tours à Trois-Rivières, à Montréal, en Gaspésie, au Saguenay ou à Québec. La belle vie, quoi. Maman a 26 ans et elle travaille maintenant à l'hôtel de ville de Cap-de-la-Madeleine. Elle est en pleine action.

Avec papa, ils avaient parlé de peut-être fonder une famille, mais pas tout de suite, dans le temps comme dans le temps. Mais parfois, la vie réserve des surprises et, d'autres fois, il y a des mamans qui oublient de prendre des pilules. À la fin de l'hiver 1988, il y a quelque chose d'anormal. Denise ne se sent pas bien. À la pharmacie, la madame lui apprend qu'elle est enceinte.

Elle est enceinte, c'est sûr, sûr, très sûr.

Denise a 26 ans et elle a un bébé dans son ventre. Un bébé plus petit qu'une bille de stylo Bic, mais qui est bien là. S'il y a quelqu'un qui le sait, c'est moi. Cette journée-là, maman est comme un peu mêlée. L'idée de devenir une maman est tellement loin dans sa tête, c'est si inattendu… Elle ne sait même pas comment réagir ni quoi faire. Alors elle reste figée. Par contre, dans les yeux de papa, on peut voir qu'il est tout fier de son coup. Et il ne m'a même pas encore vue !

Bon. Finalement, maman s'est faite à cette idée et elle a réalisé qu'à 26 ans, c'est parfait. La plus contente, c'est grand-maman, la mère de maman. Elle est aux oiseaux. Je suis grosse comme une miette et je suis déjà son idole. Elle n'arrête pas de lui donner des conseils : « N'oublie pas, il faut que tu manges pour deux. » Et Denise l'écoute. Elle l'a tellement écoutée, elle a engraissé de 40 livres. Tu imagines, 40 livres ! Maman a la

plus grosse bedaine du monde. Ma date d'arrivée, a dit le docteur, c'est le 7 décembre.

La journée du 6 novembre 1988, à quatre semaines de la
date prévue, maman a mal dans le bas du ventre. Beaucoup
mal au bas du ventre. Comme des crampes. Mais c'est trop
loin avant ma date, alors elle ne pense pas que je suis impatiente de sortir. Pourtant, le soir venu, ça y est, les eaux crè-
vent. Et là, mon cher papa, très énervé, appelle à l'hôpital.

— Ses eaux ont éclos! Ses eaux ont éclos!

Il a dit exactement ça: «Ses eaux ont éclos!»

Même si elle a mal au ventre avec ses crampes, maman
trouve ça pas mal drôle. Il faut dire «crevé» papa, pas «éclos»!

## Six livres et trois onces

Le 7 novembre 1988, à 7 h 31 du matin: «Coucou, c'est moi!»
Voici mon CV: petite fille de six livres et trois onces, appelée
Marie-Pier. Ça tombe bien, maman a toujours souhaité une
fille. J'ai plein de cheveux et je mesure 21 pouces. Je suis une
grande maigre qu'elle dit. En arrivant au monde, j'ai fait une
jaunisse et je suis restée à l'hôpital six jours. Mais pour dire la
vérité vraie, aussi bien l'admettre: je suis une vraie princesse
descendue du ciel. Dans la famille de maman, je suis le premier
enfant de ma génération et dans la famille de papa, je suis la
première petite fille depuis **deux** générations! Une princesse.

Le jour où je suis arrivée à la maison, il y a d'ailleurs une
foule pour m'accueillir: les deux familles, plus les amis, les
collègues et les enfants. C'est la liesse. Une princesse est arrivée rue L. P. Brodeur, au Cap.

Ma première maison est la seule que mon papa, un brico-
leur expert n'ait pas bâtie de ses mains et avec ses outils. Toutes

les autres après, c'est lui qui les a construites. Tout un homme, ce papa. La journée de mon arrivée, tout le monde veut voir de quoi ça a l'air, une petite « Pannetoune ». C'est très beau une petite Pannetoune, laissez-moi vous dire.

J'ai à peine trois semaines, le soir du vendredi 25 novembre 1988 quand ma mère Denise, la brave héroïne de Cap-de-la-Madeleine, m'a sauvée. Ce soir-là, la terre a tremblé.

Le vendredi 25 novembre 1988, le plus fort tremblement de terre de l'est de l'Amérique du Nord des 53 dernières années a ébranlé le Québec : 6,5 à l'échelle de Richter.

Il y a eu des dommages un peu partout, mais chez nous, rien. Dès que le plancher s'est mis à bouger bizarrement, super-maman s'est élancée dans ma chambre, m'a prise dans ses bras et m'a serrée contre elle. Le tremblement a duré même pas une minute, mais Denise Bellemare, de Cap-de-la-Madeleine, a bravé les éléments comme Wonder Woman. Elle m'a prouvé qu'à ses côtés, je n'ai même pas à craindre que le ciel me tombe sur la tête ou que la Terre se brise en deux sous ma bassinette.

Maman me consacre tout son temps. Toutes ses pensées tournent autour de moi. Elle me traîne partout. L'hiver, c'est très le fun. Elle enroule la belle poupoune (poupoune, toutoune, pannetoune, tout ça, c'est moi...) dans le gros manteau de fourrure de grand-maman et elle prend de longues marches dans le beau quartier tout neuf, avec d'autres mamans neuves qui ont des petits enfants tout neufs, comme elle.

Il y a un an, la vie de maman tournait autour des sorties de groupe et des *partys*, et aujourd'hui, sa vie et son bonheur, ce sont toutes ces jeunes mamans et leurs discussions autour des enfants. Parfois c'est une nouvelle dent, d'autres fois, un nouveau mot, un peu de fièvre qui inquiète, une nouvelle gardienne bien bonne et responsable ou un bébé qui a fait une finesse inattendue.

Le 29 janvier 1989, c'est mon baptême et tout le monde est là. J'aurai bientôt trois mois et c'est aussi la fête de mon grand-père Fernand, le père de maman que je n'ai jamais connu.

Maman avait 20 ans quand elle l'a perdu. Elle s'est toujours beaucoup ennuyée de lui.

Les *partys* de famille, c'est la spécialité de maman. C'est mon oncle François, son petit frère, qui a la chance et l'honneur d'être le parrain de l'étoile du jour, moi. Sa sœur, ma tante Hélène, a le privilège d'être ma marraine. Maman est fière. Mon baptême est la première réunion officielle et générale de la famille et des amis depuis ma naissance. Il y a eu mon arrivée, mais ça n'avait été qu'une petite réception improvisée, là c'est la vraie affaire. Elle aime ça.

Il faut l'admettre, je suis la reine de la journée, même pas la princesse : la reine. J'ai eu une promotion. Je suis au centre de l'action et tout le monde me trouve belle, avec raison. Tout le monde rit, tout le monde est de bonne humeur.

Presque tout le monde.

On sait comment c'est, les *partys* de famille. Il y en a toujours un ou une qui fait la tête, qui boude ou qui rouspète. Aujourd'hui, c'est moi. Je suis la reine qui fait la baboune. Je vous explique. Grand-maman a sorti la robe de baptême. LA robe. Une jolie petite robe, un véritable trésor familial. Maman a été baptisée dans cette robe, grand-maman a été baptisée dans cette robe, et même la maman de grand-maman a été baptisée dans cette magnifique petite robe blanche qui a 105 ans d'existence. Elle a été portée pour la première fois en 1884. Quel honneur pour moi que de poursuivre la tradition.

Comme la robe est petite, parce qu'à cette époque on baptisait les bébés à la naissance, maman a dû l'agrandir un peu pour que j'y sois à l'aise. C'est mon baptême quand même. Une fois ajustée, la taille est parfaite, ce qui ne m'a pas empêchée de chialer pendant toute la cérémonie. Tout le monde m'a trouvée maussade, avec raison, mais c'est pas de ma faute : la belle robe, la robe sacrée, la robe héritée de cinq générations, elle est bien belle, mais elle est en laine ! Et la laine, eh bien, ça s'adonne que ça pique ! Toutes les autres sont bien belles et bien souriantes dans leurs robes de coton ! Moi, avec ma peau délicate et ma laine, je proteste ! Ça me gratte, ça me gratte, ça me gratte. Non mais a-t-on idée !

Que Dieu et mon arrière-grand-mère me pardonnent, cela a été une journée d'enfer !

## Retour au travail pour maman

Maman a eu congé seulement pendant quatre mois ; elle est retournée au travail au printemps de 1989. Ce n'est pas très grave, parce que j'ai une gardienne pour moi toute seule. Une gardienne fantastique que j'aime : grand-maman Pauline, qui me garde chez elle et prend soin de moi tous les jours pendant que maman est à l'hôtel de ville.

Je suis l'idole de ma grand-mère depuis le début. Faut comprendre que je suis sa première petite-fille. Elle me dorlote, me cajole, me parle, me promène et me berce. Elle sait exactement de quelle façon me prendre dans ses bras : elle ne me serre pas trop fort et elle ne m'emmitoufle pas trop dans mes couvertures, elle sait que je n'aime pas ça. J'aime me sentir bien à l'aise et libre de mes mouvements. Grand-maman sait tout ça.

Au printemps de 1989, à l'âge de sept mois exactement, j'ai dit le mot le plus formidable de la vie : « maman ». Ce fut une grande journée et maman a hâte d'annoncer la grande nouvelle aux promeneuses : « Marie-Pier a dit maman ! »

# Les bottes

J'ai commencé à marcher à 16 mois. Je sais qu'il y en a de plus rapides que moi, mais où est l'urgence ? Maman me trouve de plus en plus lourde. Mais pourquoi marcher ? Pourquoi, quand on peut se faire porter sans effort et humer le cou de maman pour le même prix ? Papa a eu une super-idée. Il sait que je suis prête à passer de quatre pattes à deux pattes. Ça serait plus rapide et plus efficace pour moi, et plus léger pour eux.

Papa construit des maisons et toutes sortes de choses, aussi, il a toujours de bonnes idées. Il est ingénieux, Steve Panneton. Trouver une façon d'accélérer mon processus d'apprentissage, pour le ratoureux qu'il est, c'est rien. Le futé a remarqué mes grosses bottes d'hiver au fond du corridor, juste à côté de la porte d'entrée et il a pensé que la surface de mes bottes étant plus grande que la surface de mes pieds, ça serait plus facile pour moi de garder mon équilibre. Il a eu raison : cela a marché et je marche !

C'est génial, marcher ! Tout est plus intéressant debout. Debout, c'est plus facile de faire ce que j'aime. Je marche depuis à peine quelques heures quand maman, papa et moi, on s'en va dans une fête d'enfants chez des amis. Là, c'est moi la star. Je donne mon spectacle. J'ai commencé à faire le trajet entre le coffre à jouets et une petite trottinette posée contre le mur. Tout le monde est impressionné. Je suis ovationnée. Sans blague. Merci public délirant. Et maintenant, attention, je vais aller encore plus loin ! La foule est tout excitée.

Tous les enfants mangent du gâteau de fête. Moi, le gâteau j'aime bien, mais pas trop, parce que c'est salissant. Je regarde les autres : ils ont la bouche sale et du glaçage sur les mains et les vêtements. Je ne sais pas comment ils font pour endurer ça. Moi, je déteste. Pas de crémage sur mes doigts, nulle part. Pas capable. Ouache! Là, maman fait sa drôle. Elle voit tous les enfants qui rient et qui ont du glaçage sur le visage et elle me taquine.

— Pis toi, Marie-Pier? T'as pas de crémage sur ton petit visage? Tu sais, c'est pas grave d'avoir du crémage, ça fait pas bobo. C'est juste drôle. Viens ici, maman va mettre un peu de crémage sur ton nez!

Quoi? Pas question! Jamais! Et maintenant que je peux aller vite sur deux jambes, grâce à papa, je m'enfuis. Mais l'agaçante me rejoint en deux pas et, pour faire sa fine, pour faire rire ses amies, elle me met du glaçage sur la joue! Du glaçage dégueu sur le nez! Et sur le front! Ma propre mère m'a salie devant tout le monde! Je suis indignée et insultée et mon orgueil est blessé. Quand elle a vu que je ne trouvais pas ça drôle du tout, elle a changé de ton, ça, je peux le dire. Elle m'a essuyée, vite, ça presse! Je lui ai fait une de ces crises! Ça crie fort une Pannetoune quand c'est fru. Non mais, c'est un vrai crime ! Elle n'a plus jamais osé me refaire le coup du glaçage. Bon, je dois avouer qu'avec le temps, j'ai réalisé qu'il y a un certain plaisir à ne pas toujours être propre, propre, mais quand même...

## Mon canard

Quand on est tout petit comme ça, on manque parfois de mesure. On fait des drames avec des riens. C'est vrai, après tout, un peu de glaçage, ce n'est pas si grave. J'ai réagi trop fort. C'est comme la fois où Marie-Ève est venue se baigner dans la mini-piscine soufflée que maman a installée sur le patio, dans la cour. Dans la mini-piscine, il y a mon canard.

Et comme tout le monde est supposé le savoir, mon canard, c'est mon canard. C'est à moi. C'est mon, mon, mon canard. Et j'aime pas que quelqu'un d'autre prenne mon canard parce que ce canard-là, c'est mon canard. C'est facile à comprendre.

Eh bien, Marie-Ève, elle a pris mon canard ! Merde !

Dans la piscine, il y a aussi une grosse éponge des Tortues Ninja. Une mégahypergrosse énorme éponge des Tortues Ninja. Je l'ai saisie à deux mains, et pour régler le problème de la petite fille qui a pris mon canard, je lui ai donné de toutes mes forces un coup de mégahypergrosse énorme éponge des Tortues Ninja. Splashhhh ! Sur la margoulette !

Pauvre petite fille. Elle est tombée et elle s'est mise à pleurer. Elle l'a lâché mon canard, ça, c'est certain, mais la pauvre petite pleure... et maman pouffe de rire. Maman est incapable de s'en empêcher. Elle me chicane et rit en même temps. Comme s'il y avait deux mamans en une. Une maman qui rit et l'autre qui est fâchée.

La mère de la petite fille, elle, elle ne la trouve pas drôle. Je crois que c'est elle qui a raison. Il y a une autre façon de régler le problème du canard qu'avec un coup de mégahypergrosse énorme éponge Tortues Ninja. J'ai exagéré, j'avoue. J'aurais pu lui laisser le canard, aussi. Et l'autre, ma mère, Denise-Bellemare-la-Coucoune, elle rit !

## Ma mère m'abandonne

Le premier matin à la garderie, quelle histoire ! Aujourd'hui, personne ne rit. En ce matin du mois de septembre 1990, quand Maman est venue me conduire à la garderie, oh, la, la ! Pas drôle. Pas drôle pour Denise, pas drôle pour Marie-Pier.

On sait comment c'est, le premier matin à la garderie. C'est l'abandon. Maman m'abandonne. Depuis le matin du 7 novembre 1988, à 7 h 31, tous les jours, si je ne suis pas la princesse de maman, je suis celle de grand-maman. C'est fini tout ça. La couronne de la princesse a déboulé. Je suis maintenant une orpheline abandonnée. Ma mère, ma propre mère, me laisse entre les mains de terribles gardiennes, avec d'autres enfants orphelins, comme moi, qui me veulent probablement du mal. Des enfants qui vont se salir en mangeant du gâteau ce midi.

— Maman ! Maman ! Non ! Ne t'en va pas ! Ne me laisse pas dans cet enfer ! Ne te sauve pas ! S'il te plaît, maman ! Tu ne vois pas mes larmes couler ? Que je suis désemparée ? Tu m'abandonnes ? Tu n'as pas de cœur !

Maman aussi pleure. En s'en allant elle me voit paniquée à la fenêtre du salon de la garderie. Elle a passé une journée de merde à l'hôtel de ville. La pire de sa vie. Elle a été incapable de se concentrer sur son travail, elle n'a pu faire qu'une seule chose : attendre que 16 heures arrivent. Tout le monde au bureau se demandait ce qui n'allait pas.

— J'ai laissé ma fille à la garderie ! C'est épouvantable !

Ses amies ont souri. Pauvre maman, c'est le métier qui rentre, c'est juste le métier qui rentre...

— Tu vas voir, quand tu vas aller la chercher tout va être correct. Calme-toi.

Les amies de maman ont raison. J'ai fait toute une histoire au moment de me séparer de maman, mais ensuite j'ai trouvé formidable d'avoir des amis. On joue, on rit, on s'amuse. On a vraiment beaucoup de plaisir à la garderie. Quand maman est arrivée à 16 h 04, j'étais toute pimpante, toute joyeuse. En fait, ma petite crise a duré à peine dix minutes. Tout de suite, je me suis fait des amis. J'ai plein de nouveaux amis.

Je commence à comprendre que, dans la vie, tout finit toujours par s'arranger. Pour moi aussi c'est le métier qui rentre. J'adore la garderie, même si parfois mes amis me donnent la scarlatine, une otite, un rhume ou la grippe, toutes sortes de boutons et un nez qui chauffe, qui pique ou qui mouche en vert. Maman dit que c'est normal et que, probablement, je donne autant de maladies que j'en reçois.

J'aime faire des projets, organiser les choses, animer les activités avec les amies à la garderie. Je n'aime pas tellement me faire dire quoi faire, j'aime mieux décider, c'est plus simple. En plus, il n'y a pas de chicane, puisque c'est moi qui décide. Les autres n'ont pas besoin de se casser la tête. Si on ne fait pas ce que je veux, je veux au moins savoir pourquoi, ça c'est sûr. Je suis mignonne et j'ai les yeux doux, alors on peut penser que je suis nunuche, mais non. J'ai du caractère, mesdames et messieurs : on ne me bouscule pas. J'ai du ressort.

## Un garçon

J'ai deux ans et des fois je me dis que j'aurais peut-être dû être un garçon. Ça serait le fun d'être un garçon, parce que ça bouge plus et ça pleure moins. En plus, ça fait des affaires plus drôles, comme de jouer avec des autos et des legos, ou encore construire des maisons, comme mon beau papa. C'est plus drôle que de jouer à la poupée. C'est mon opinion.

À la garderie, j'ai remarqué que les garçons font pipi debout. Ils s'approchent du bol de toilette, ils lèvent le premier couvercle, puis l'autre, celui sur lequel on s'assoit, et ils visent dans le bol, en se tenant debout bien en face. Ils ont un pénis pour ça. Un pénis, c'est comme un fusil à l'eau. Je suis sûre que je suis capable de faire pipi comme un garçon. C'est trop simple.

Moi aussi, je dois bien avoir un petit fusil à l'eau. Il est juste mieux caché mais il est là, je le sais. Ça y est, ce matin, j'essaye. Je vais faire pipi comme un garçon. Ça dérange personne si je suis capable, non? Eh bien, j'ai réussi. La gardienne s'est doutée de quelque chose, parce que je visais pas parfait, parfait, chaque fois. Elle m'a suivie et elle m'a vue. Elle m'a dit que c'est trop difficile de viser parfait pour une fille. Et que de toute façon, une fille, c'est fait pour être assis en faisant pipi. Les tuyaux des filles sont faits comme ça. Un garçon faut toujours que ça vise. C'est une affaire de tuyau. Mais j'aimerais quand même ça, être un garçon.


## Maman et moi, on jase

On jase, maman et moi. On se parle. On parle de toutes les personnes qui nous entourent. De mes grands-parents, de papa, et aussi de la vie. J'ai mes habitudes. Ma collation du soir, par exemple. Il faut absolument que j'aie ma collation avant d'aller me coucher, c'est très important. On parle aussi de mon pied qui est croche. Maman me dit que si je porte la bottine spéciale, mon pied va devenir droit et que je vais finalement pouvoir courir vite. Courir vite, ça peut être tellement commode des fois.

Je viens d'avoir deux ans et ce sera bientôt Noël. J'ai fait toutes sortes de décorations pour mettre dans l'arbre. Maman m'a dit que c'est magnifique et je pense bien qu'elle a raison. C'est assez magnifique, je trouve.

## Jenny

Là, les choses sérieuses vont commencer. C'est le printemps 1991. Maman est revenue de la pharmacie avec une nouvelle pour papa et moi. Elle a un bébé dans son ventre.

Un bébé dans son ventre? Pour dire vrai, je ne sais pas trop comment réagir à cette nouvelle. C'est intéressant, mais ça ne change pas grand-chose, finalement. Je ne pose même pas la question à savoir si le bébé est dans son ventre pour rester, ou comment il est arrivé là, ou quoi que ce soit. Elle a un bébé dans son ventre, tant mieux pour elle, elle est contente. Pour moi, ça me fait juste quelque chose de nouveau à dire aux amis à la garderie: «Maman a un bébé dans son ventre.» Mais mes amis sont des garçons, alors ils s'en foutent des bébés dans le ventre des mamans.

Au début, un bébé c'est tout petit, c'est minuscule. Ça ne paraît même pas. C'est pour ça que je n'ai pas beaucoup réagi la première fois qu'elle me l'a dit. Un bébé? Où ça, un bébé?

Pendant l'été, au mois d'août, j'ai été une super-vedette.
C'est vrai. Ma tante Hélène, la sœur de maman, elle est en
amour et elle se marie à l'église avec son amoureux. Elle veut
que je sois sa bouquetière et elle a demandé la permission à
maman. C'est sûr que maman a dit oui. Elle connaît ça, les bouquetières et elle m'a fait pratiquer. Je suis bonne. Ma tante
Hélène est chanceuse, elle a gagné un mariage gratuit au Salon
de la mariée, à Trois-Rivières. Elle a gagné la salle, la robe de
mariée, un habit pour son amoureux, la décoration, et surtout,
une grande *moulusine* blanche avec un chauffeur pour l'amener
à l'église. Je suis allée moi-même avec maman pour acheter le
bouquet de fleurs. Une mariée, il faut que ça apporte un bouquet pour le lancer à la visite. C'est moi qui transporte le bouquet,
c'est pour ça qu'on dit une «bouquetière». J'ai une belle robe
rose et des souliers vernis qui brillent. La journée du mariage, je
suis allée dans un salon de coiffure pour les grandes et la coif-
feuse m'a fait une coiffure de superstar, toute bouclée. Je suis
tellement belle que maman n'arrête pas de me regarder.

Une grande *moulusine* blanche avec chauffeur est venue chez grand-maman pour nous prendre, moi et ma tante Hélène. Je suis montée dedans. Tout le monde veut monter, mais c'est juste les mariés et les bouquetières qui ont le droit. C'est comme un règlement.

Le mariage s'est bien passé. Ma tante a dit oui, et son amoureux aussi. Après, il y a eu une fête, mais j'étais hyperfatiguée. Grand-maman m'a prise dans ses bras et je me suis endormie. Je n'ai même pas goûté au gâteau.

Le bébé grossit dans le ventre, et maman a une grosse bedaine. Comme un ballon. Et elle a de la difficulté à marcher et elle pleure pour rien. Elle a hâte que le bébé sorte.

Le bébé, c'est Jenny. Elle est arrivée le 2 décembre 1991. Maman est restée quelques jours à l'hôpital avec elle et puis elle est revenue à la maison. Un bébé, c'est bien amusant tant que ça reste dans le ventre, mais quand ça sort, ça prend toute la place, toute. Jenny ici, Jenny là, le bébé pleure, le bébé a faim, le bébé est fatigué, le bébé est beau, le bébé reçoit des cadeaux, le bébé ceci, le bébé cela. En plus, tout le monde qui rentre dans la maison veut voir le bébé, prendre le bébé, chatouiller le bébé. Mon dieu qu'il est beau ce bébé ! Et tout le monde s'énerve et tout le monde parle du bébé tout le temps. Et maman est fière de son bébé. Même papa, il veut toujours prendre le bébé.

— Oh, elle a fait une petite risette !

— Oh, regardez comme elle est belle quand elle dort !

— Oh, regardez ses petits doigts et ses petits pieds, comme ils sont mignons…

Moi, ça me tape sur les nerfs, un bébé ! Vous n'avez pas idée à quel point ! Et moi là-dedans ? Je suis qui ? Hé oh, tout le monde ! Eh oh, l'univers ! Vous faites quoi de moi ? Je n'existe plus ? Vous me jetez comme un vieux jouet cassé ?

Allô ? Y a quelqu'un ? Je suis une princesse, vous ne vous en souvenez pas ?

À son baptême, Jenny a mis la même robe que moi. Elle est rendue à 108 ans maintenant. La robe, pas Jenny. Mais cette fois, maman a pensé à lui mettre un petit sous-vêtement, la chanceuse. Elle n'a pas pleuré comme moi parce que ça la gratte.

## Patience et longueur de temps...

Les choses arrivent toujours tranquillement dans la vie. Peu à peu, Jenny devient comme un lien entre maman et moi, quelque chose qu'on partage. Elle n'est plus un sujet de dispute ou de bouderie pour moi. J'ai compris quelque chose : Jenny est avec nous pour toujours. Maman a commencé à me faire faire des tâches et j'aime ça. Au début, quand elle disait que Jenny était belle et fine et tout, ça m'agaçait. Plus maintenant. Au contraire, je trouve que c'est vrai : Jenny est super belle et super fine. On passe beaucoup de temps ensemble, les trois filles et papa. Maman me fait confiance, alors je donne le biberon à ma sœur. J'apprends même à changer sa couche et j'aide maman à plier ses petits vêtements de bébé et à ranger ses choses dans les tiroirs. Même que je lui fais faire ses petits rots. Ça ne me dérange pas quand elle régurgite sur moi. Bon, disons que ça me dérange un peu, mais je fais pas de crise. Vous savez, le salissage, c'est pas tellement mon fort. Aussi, je la promène, je prends mon bain avec elle et nous rions dans le bain, parce qu'elle est chatouilleuse.

Un peu avant que Jenny arrive au monde, à ma fête de trois ans, j'ai eu une poupée qui a des petites rougeurs sur les fesses et qui a grand besoin d'une maman. Je me suis vite attachée à ma poupée et j'en prends bien soin. Je lui lave les cheveux presque chaque jour. Aussi, je la fais manger et je la change souvent, ses vêtements sont toujours propres. Je suis une très bonne maman.

## Grand-maman

Après neuf mois à la maison, maman est retournée pour le travail. Tous les matins, elle va maintenant conduire Jenny et moi chez grand-maman, qui a recommencé à nous garder. Plus de garderie pour moi. La semaine, maintenant, c'est chez grand-maman. Ça tombe très bien, parce que je l'aime beaucoup, et elle continue comme toujours à m'aimer beaucoup. On se parle de toutes sortes de choses toutes les deux. On a toujours des tonnes de questions à poser. Quand Jenny fait sa sieste, c'est-à-dire souvent, grand-maman et moi on fait toutes sortes de choses. On se parle surtout, de la vie et de nos secrets.

Ce matin, ça va mal pour maman. C'est l'hiver. Rien ne se passe comme elle veut, tout va tout croche : elle s'est levée en retard, il faut qu'elle fasse le déjeuner, qu'elle se prépare pour le travail et, en plus, il y a Jenny à habiller et il y a moi. Je l'avoue, je ne suis pas de bonne humeur non plus. Quand maman est de mauvaise humeur, je copie sur elle. Je deviens malcommode. Ensuite, Jenny enlève son chapeau et le jette par terre. Maman s'impatiente. Je refuse de mettre mes bottes. Elle s'impatiente un peu plus. Jenny pleure et moi je chiale. Elle est pressée. Enfin, nous sommes sur notre départ. En sortant de la maison, la poignée de la porte reste dans la main de maman et, en plus, les portes de l'auto sont gelées. Oh, la, la ! Quand ça va mal, ça va mal !

Lorsqu'elle arrive chez grand-maman avec Jenny et moi dans les bras, elle est en larmes. Maman n'en peut plus, pauvre petite.

— Denise, ne viens plus les conduire ici. Demain, j'irai les garder chez vous.

C'est comme ça que grand-maman a commencé à nous garder à la maison de la rue Angers, que papa a construite. Maman trouve que c'est une idée formidable. Tout est là : les petits lits, les jouets, la bouffe. Maman n'a plus à nous habiller chaque matin. En plus, grand-maman m'a offert un cadeau formidable, elle m'a inscrite à Ratapom, trois fois par semaine. Ratapom, c'est un genre de prématernelle.

Le lundi, le mardi et le mercredi, je vais passer la matinée avec des amis tout neufs à Ratapom, sur la rue Mercier. Il y a un petit autobus qui passe me chercher à la maison vers 8 h 30 et qui me ramène à 11 h. Là, je fais toutes sortes d'activités. Un autre avantage, cela me permet de ne pas oublier la garderie, parce que c'est certain que je vais y retourner un jour. Toutes ces matinées-là, c'est comme des vacances, surtout que j'y ai rencontré Pierre-Luc. C'est un beau bonhomme, Pierre-Luc, et je sais qu'il me trouve de son goût, lui aussi. Il a bien raison. Je suis belle avec mes cheveux blonds bouclés, mes grands yeux et mon petit air espiègle. Je fais de l'effet, c'est pas ma faute.

## Le pied de Jenny

Ma sœur et moi, nous sommes devenues les deux meilleures amies du monde. Sans farce, depuis qu'elle a commencé à parler, à marcher et à courir, nous sommes inséparables. Je suis toujours très heureuse quand je suis avec ma petite sœur... Hum, disons presque toujours. Hier soir, par exemple, je peux dire que je n'étais pas très heureuse, mais j'ai de bonnes raisons. Voilà : nous sommes dans le bain, elle et moi, et papa est avec nous. J'ai décidé d'être courageuse et de mettre ma tête sous l'eau. Je n'ai encore jamais mis ma tête sous l'eau. Il y a toujours une première fois et c'est ce soir, devant papa et Jenny. Je dis à papa de bien surveiller. Je bouche mon nez avec mes doigts, je ferme les yeux et la bouche. Délicatement, parce que c'est dangereux, je mets ma face dans l'eau. Je reste là. Mes oreilles ne touchent pas à l'eau, mais mon nez et mes yeux oui, et même ma bouche. Ça prend du courage...

Jenny est debout dans le bain et me regarde affronter le danger. Soudain, elle met son pied sur ma tête et me fait couler jusqu'au fond du bain ! Ma tête est complètement submergée ! J'ai très peur de me noyer et j'avale énormément d'eau ! Il y a même de l'eau dans mon nez et dans mes yeux. Et là, je suis déçue de Steve Panneton parce que plutôt que d'être inquiet, il rit ! Quand ce n'est pas maman qui rit de moi, c'est papa ! Mais il a beau rire, Steve Panneton, je trouve quand même que des fois Jenny fait des choses très dangereuses...

## Chut, papa dort

Souvent, la fin de semaine, on fait des activités, surtout parce qu'il faut laisser papa dormir en paix. Il travaille à toutes sortes d'heures, parfois même en pleine nuit. Alors il faut qu'il se repose. Lorsque c'est le cas, Jenny, maman et moi, on s'organise.

Le samedi matin, c'est le paradis, le bonheur. Toute la semaine, c'est toujours la même chose. C'est comme une routine : on se lève, on s'habille, on déjeune, puis je pars à

Ratapom. Je suis toujours entourée d'amis. Quand le samedi arrive, c'est comme congé d'amis. On se repose. On est juste Jenny, maman, moi et papa, quand il est réveillé, mais personne d'autre.

Ça fait du bien à maman aussi de voir ses deux filles s'amuser tranquillement et de les avoir pour elle toute seule. Elle aussi se repose de ses amies de l'hôtel de ville et du maire.

— Qu'est-ce qu'on fait aujourd'hui, maman ? C'est quoi, ton idée ?

Des fois, on va glisser sur la côte Saint-Maurice, d'autres fois, on s'en va sur l'île Saint-Quentin, pour jouer dans les gros modules. Quand c'est Pâques, on va visiter des fermes avec des animaux. D'autres fois, on va voir des expositions ou des films et on mange du *pop-corn*. Si on ne sort pas, on reste à la maison et on fabrique des costumes d'Halloween, on fait des collages, du bricolage, de la pâte à modeler. Dans ces moments-là, maman est une petite fille comme nous.

Ce matin, maman regarde le journal. Il y a toujours plein d'activités dans le journal. Un beau samedi, maman nous réserve une surprise à Jenny et à moi, mais surtout à moi. J'adore les Tortues Ninja. Michelangelo, Raphael, Leonardo et Donatello, ce sont mes idoles et ils sont invités au restaurant Patachou. Ils sont là, les vrais, en personne ! Ils se font prendre en photo avec les enfants. Ils signent des autographes à ceux qui le désirent, mais maman ne me l'a pas dit, elle a voulu me faire une surprise.

Elle m'a juste dit :

— Je t'amène au restaurant pour quelque chose de spécial.

Honte à moi ! J'étais tellement surprise lorsque j'ai vu les Tortues Ninja que j'ai paniqué. Je sais que j'ai été un peu beaucoup bébé. Je me suis mise à pleurer… et à paniquer. Trop d'émotions d'un seul coup et j'ai eu beau essayer, je n'ai pas été capable de me contrôler. Et là, cela m'a occasionné deux malheurs. Pas juste un, deux malheurs. Le premier, c'est d'avoir pleuré comme un bébé. Et le deuxième, c'est que les Tortues Ninja pensent maintenant que je suis bébé. Dur samedi matin pour Marie-Pier.

Mais, par exemple, je n'ai jamais eu peur du Père Noël. Ça, jamais. Chaque année, je suis là pour le voir arriver aux Galeries du Cap. Je n'ai jamais manqué son arrivée. En plus, je m'assois dessus et je lui dis les cadeaux que je veux. Je suis tout à fait à l'aise. Noël, ça c'est le bon temps. En plus, le Père Noël arrive toujours aux environs de mon anniversaire, au mois de novembre. Alors là, ça me fait tout un samedi : ma fête avec mes amis avec des jeux et tout, et ensuite, le père Noël.

## Lumineuse idée

Je ne sais pas ce qui se passe à Noël, mais on dirait que ça donne plein de bonnes idées à maman. Noël, chez nous, c'est toujours super. On fait des décorations et on en met partout. On décore le sapin et tout, mais le moment le plus extraordinaire, la meilleure idée de Noël du monde entier, c'est ma mère qui l'a eue : on va visiter les décorations de Noël. Jenny et moi on met nos pyjamas en dessous de nos manteaux, et on s'en va en auto avec maman faire la grande tournée des décorations de Noël. Dans l'auto, on a nos doudous et nos oreillers, maman met de la musique de Noël et on se promène toute la soirée pour regarder les décorations de Noël que les gens ont mises. On se demande aussi pourquoi il y a des maisons qui ne décorent pas du tout. Même pas un petit peu de lumière. Rien. C'est triste. Il ne doit pas y avoir d'enfants ni de joie dans ces maisons-là. On passe des commentaires. On dit ce qu'on pense et on vote.

Maman a toujours de bonnes idées. Des fois, le soir dans le salon, elle met des couvertures et des oreillers par terre et elle fait jouer de la musique calme et relaxante, ça s'appelle Enya. Elle nous fait des massages avec son huile à massage. Mon père et ma mère ont toujours de bonnes idées. Des fois, je me réveille la nuit pour les aimer un peu plus.

## Mon mec

La fin de semaine, quand les sorties sont finies, il y a juste Jenny et moi. Et aussi mon mec. Lui, il a la permission de venir jouer avec nous. Juste lui. Mon mec, c'est Michaël. Il habite juste en face. Je ne sais pas pourquoi je l'ai baptisé comme ça, mais c'est mon mec et il est gentil et très beau. Il est resté mon mec jusqu'à ce que je déménage, à six ans.

Pendant toutes ces années, mon mec et moi on est des champions. On descend d'immenses, de gigantesques côtes de sable avec chacun notre ski. On a toujours un plan, ou une nouvelle aventure en tête, lui et moi. Il y a d'autres garçons dans le voisinage, mais il y a juste un Michaël.

Depuis que ses amis et lui se sont mis à rouler sur leurs bicyclettes sans les deux petites roues accrochées à l'essieu arrière, j'ai senti qu'il fallait que je me décide avant qu'il ne s'éloigne trop, trop vite. Alors papa a enlevé les petites roues. C'est papa qui est l'expert pour ces choses-là. Tantôt, c'est marcher avec des bottes dans la maison, et là, c'est des conseils pour savoir rouler à bicyclette sans les petites roues. Il m'a juste poussée en me disant de ne pas m'inquiéter.

— Inquiète-toi pas. Je vais courir derrière toi et je vais tenir ta bicyclette. N'aie pas peur. Le truc, c'est de ne pas avoir peur, de pédaler et d'aller bien droit. Ça va aller tout seul, tu vas voir.

Je suis partie comme une fusée rejoindre mon mec.

— Hé les gars, attendez-moi! Hé, mon mec, me revoici!

Le lendemain matin, j'ai juste une envie, c'est de sauter sur ma bicyclette sans les petites roues. Ça, c'est la liberté! Mais la liberté a quand même ses limites. Maintenant, je peux aller toute seule à bicyclette, mais rendue au coin de la rue Belleau, il faut que je descende et que je regarde des deux côtés. La rue Belleau, c'est une grosse rue dangereuse, avec plein d'autos.

J'ai la permission de la traverser, mais il faut que je sois méga-prudente. Ne vous inquiétez pas, personne, je suis exactement ça, mégaprudente.

Des fois, je suis mégatraîneuse aussi. Comme quand j'ai laissé mon vélo juste derrière l'auto. Maman ne l'a pas vu et elle l'a écrasé. J'ai pleuré cette fois-là, parce que c'était un vélo tout neuf et, en plus, maman m'a chicanée. Je pensais que mon vélo était détruit pour toujours, mais papa l'a réparé. Il était moins beau, mais il était solide. Laissez-moi vous dire que je ne le laisse plus traîner, mon vélo.

## J'ai pas fait exprès

Il est arrivé un truc avec mon mec. Un jour je suis revenue chez moi parce que le père de mon mec m'a chicanée. Je pleurais. Ma mère s'est inquiétée.

— Pourquoi il t'a chicanée?

— On jouait au docteur et j'ai fait mal à Michaël sans faire exprès.

— Qu'est-ce que tu as fait?

— Je lui ai fait bobo dans l'oreille.

J'ai voulu prendre la température dans son oreille et je lui ai percé le tympan. Pauvre «mon mec», il n'entendra plus de cette oreille-là. Une chance qu'il en a deux!

## Des cœurs dans la tête

J'ai cinq ans. C'est l'après-midi et je suis avec maman et Jenny fait sa sieste. Parfois, nous faisons du bricolage. J'adore le bricolage. Les ciseaux avec les bouts ronds, la colle en bâton, le papier collant, le papier et les crayons de toutes les couleurs, c'est le fun. Ce n'est pas pour me vanter mais j'ai presque toujours des bonnes idées. Maman trouve que je suis bonne. À Pâques, on fait toujours comme un énorme village avec plein de maisons, d'animaux et de personnages. Il y a des arbres et des fleurs de toutes les couleurs. On les colle sur la porte-miroir dans ma chambre. Ça nous prend beaucoup de temps pour tout bâtir, mais c'est hyperbeau. Il y en a plein sur le miroir. Je suis obligée de monter sur un petit escabeau pour les coller jusqu'en haut. J'adore quand on fait ça. On est à la table de cuisine et, en découpant, on discute.

— Maman, est-ce que tu es allée à l'école avec papa ?

— Oui. Pourquoi tu demandes ça ?

— Tu devais avoir des cœurs qui te sortaient de la tête…

— Des cœurs ?

— Quand on aime quelqu'un, on a des cœurs qui nous sortent de la tête. Moi, quand je pense à toi et à papa, j'ai des cœurs qui sortent de ma tête.

## Super-Marie-Pier à la rescousse

Il s'est passé quelque chose de drôle aujourd'hui à la maison. On ne joue pas dehors, Jenny et moi, parce qu'il fait trop froid. Je suis dans le bain, l'eau coule et maman est avec Jenny en bas. Maman veut aller porter les déchets dans la grosse poubelle dehors.

— Jenny, maman va aller porter le sac dans la poubelle et elle va revenir tout de suite. Juste une petite minute. Bouge pas, O.K. ?

Maman est sortie sans mettre son manteau et a couru jusqu'à la poubelle, au froid. Jenny, qui a à peine deux ans, a fermé la porte, qui est verrouillée de l'intérieur. Maman était coincée dehors ! C'est l'hiver, il fait froid, je suis en haut et je n'entends rien, et papa travaille jusqu'à minuit ce soir. Pauvre maman.

— Jenny ! Jenny ! Tourne la poignée... Tu vois la poignée, là ? Tourne-la.

Jenny est trop petite, elle en est incapable. Elle se demande ce que maman fait dehors. Elle voit bien qu'il se passe quelque chose d'anormal, avec maman qui cogne à la porte, et qui sonne. Toc ! Toc ! Toc ! Ding-dong ! Ding-dong ! En vain. Moi, je n'entends rien parce que je suis dans mon bain, et Jenny ne comprend rien parce qu'elle est trop petite.

Quand j'ai fermé le robinet, j'ai entendu sonner et frapper en bas. Qu'est-ce qui se passe ? Maman ne va pas répondre ?

— Maman ? Maman ?

Je ne comprends pas. Alors, je m'enveloppe dans une serviette et je descends. Je vois maman dehors, incapable d'entrer et surtout, très énervée. Et là, c'est à mon tour de rire d'elle. Et j'ai ri de bon cœur. Et Jenny aussi.

— Qu'est-ce que tu fais là, maman ?

Je lui ai ouvert la porte et elle m'a raconté ce qui s'était passé. Une chance que j'étais là, sinon, je me demande bien ce qu'elle aurait fait. Super-Marie-Pier a sauvé la situation. Bravo ! Finalement, nous avons bien ri, maman aussi. Ma maman m'aime et ça nous fait un souvenir.

## La maternelle

Au début du mois de septembre 1994, je commence la maternelle. Je vais à l'école Sainte-Bernadette. J'ai presque six ans. Je sais ce que c'est que de prendre l'autobus, je l'ai fait avec Ratapom, mais cette fois c'est plus sérieux, c'est la maternelle.

La «vraie» maternelle des grandes. Je suis fin prête. Maman a choisi mes vêtements.

Avec ma petite sœur Jenny, nous attendons de voir l'autobus jaune tourner au coin de la rue. Maman a le cœur serré. Pour elle, c'est comme si je quittais le monde des petits pour commencer une nouvelle vie dans le monde des grands. À la garderie, il y a trois ans, je paniquais. Mais aujourd'hui, j'ai beaucoup moins peur. Pour elle, c'est une autre histoire.

Maman a le cœur serré. L'autobus est arrivé à l'heure prévue. Je suis montée. J'ai trouvé une place au bord de la fenêtre. J'ai fait des bye-bye à maman et à Jenny, qui est dans ses bras. Maman est aussitôt remontée dans l'auto, mais elle n'est pas retournée à la maison. Elle a plutôt devancé l'autobus et s'est rendue à l'école Sainte-Bernadette avant moi. Elle a garé l'auto en cachette et a attendu, parce qu'elle voulait me voir sortir de l'autobus et entrer en rang dans l'école. Elle m'a espionnée! Elle est là au coin de la rue avec ma petite sœur et elle me regarde sortir en essuyant des larmes.

Ne t'inquiète pas, maman, tout est sous contrôle. Je suis grande maintenant, occupe-toi de ma sœur, tout est correct pour moi. Je ne pleure plus pour rien. Je connais ça, la vie, maintenant. Maman est retournée à la maison et elle a continué à pleurer un peu. Elle a attendu que ses larmes s'arrêtent avant d'aller à l'hôtel de ville. Ma maman m'aime, mais elle est trop sensible.

## Val-Marie

L'année suivante, c'est la première année. Maman aurait bien voulu que je continue à Sainte-Bernadette, mais il y a un petit problème, parce qu'il n'y a pas de service de garde le midi et après les classes, alors c'est impossible. Je vais donc à l'école Val-Marie, une école privée. J'y suis allée deux ans. C'est une très bonne école et je m'y suis fait plein d'amies. Je trouve que l'école c'est plus difficile que la maternelle, et puis il y a des règlements et il faut les respecter.

Il y a aussi Pierre-Luc, le beau bonhomme que j'ai rencontré à Ratapom. Il est là. Et il est encore beau. Chaque fois qu'on arrive dans une nouvelle école, le vrai plaisir de la vie, c'est les nouveaux amis et les nouvelles choses à faire. Il y en a beaucoup. Et pas juste des choses dans la classe, toutes sortes d'activités, pendant l'heure du midi, par exemple. Maman s'inquiète pour rien des fois. Comme pour ma boîte à lunch. Elle me fait toujours un bon dîner, mais moi manger, ce n'est pas ce que je préfère. Je mange, mais je donne mes choses, surtout parce que ça prend du temps, manger, et que je ne veux pas rater mes activités. J'ai des amis qui ont toujours faim, des garçons surtout. Alors je leur donne souvent mes sandwiches. Pierre-Luc trouve que maman fait de bons sandwiches. Moi j'aime mieux jouer.

À Noël, à Val-Marie, il y a une exposition de crèches. Moi, ma force, c'est les personnages. Je suis bonne là-dedans. J'ai fait plusieurs personnages en papier mâché, aidée de maman. Elle est venue en auto les porter à l'école, parce que je ne peux pas les transporter dans l'autobus, c'est trop dangereux de les abîmer. Quand mon professeur a vu mes personnages et ma crèche, elle m'a félicitée. Après Noël, je les ai rapportés chez nous. Ce n'est pas le genre de personnages qu'on gaspille. Ils vont durer plusieurs Noëls.

Je fais aussi partie de la chorale et je chante fort. Je ne chante pas si bien que ça, mais je chante super fort.

J'ai fait aussi les Olympiques à la fin de l'année. Ma tante Hélène et mon cousin Pierre-Luc sont venus me voir pour m'encourager. Je n'ai pas eu de médaille, mais presque. J'étais contente d'avoir des spectateurs venus exprès pour me voir, moi toute seule.

En troisième année, je vais aller à Marie-de-l'Incarnation. À vrai dire, j'ai hâte, parce que Jenny et moi on ira à la même école. Maman et papa trouvent que c'est plus facile comme ça.

## Grand-maman Pauline et moi, c'est le grand amour

Grand-maman m'aime, et ça paraît sur son visage : elle est toujours heureuse de me voir. Elle aime toujours entendre ce que j'ai à dire. Elle passerait sa vie avec moi si elle le pouvait. Être aimée comme ça, c'est hyperformidable. Alors je l'aime aussi ma grand-mère. Elle est trop gentille ! En plus, et ça n'est pas toutes les grands-mères qui ont cette qualité, c'est une excellente pianiste.

Grand-maman Pauline, c'est une professionnelle du piano. Elle a un diplôme. Le piano, ça court dans la famille. La mère de mon grand-père aussi jouait du piano, même qu'à l'époque, elle accompagnait les films muets au piano. Deux fois par semaine, je vais chez elle et elle me donne des cours. C'est toute une chance quand ta grand-mère te donne des cours de piano. En plus, il y a un super-bonus, parce qu'il y a la tradition qu'avant le cours, elle me donne des biscuits et un verre de lait.

Ce que je trouve extraordinaire avec grand-maman Pauline, c'est que je sais que je lui donne du bonheur. J'ai toute une collection de vêtements que ma grand-mère m'a tricotés depuis que je suis toute petite. Ma grand-mère est une petite fille et je suis sa poupée. Quand elle a changé de maison, elle m'a donné son piano. Un vrai piano pour moi. C'est quelque chose...

## Sébastien dans l'eau

Je n'ai pas été gentille aujourd'hui. Je pourrais dire que Jenny non plus n'a pas été gentille, mais c'est surtout moi, la pas fine. À quelques maisons de chez nous, il y a un petit garçon qui se fait garder chez sa grand-maman. Il s'appelle Sébastien et il vient jouer avec nous. Il est gentil mais un peu bébé. Aujourd'hui, on jouait dans la cour et il s'est approché d'un gros bac d'eau que maman a installé pour qu'on s'amuse. Alors, même s'il n'avait pas son costume de bain, Jenny et moi, on l'a poussé dans l'eau. Il était complètement détrempé et ses vêtements dégoulinaient. Au début, il riait, mais il s'est mis à pleurer et il a couru chez sa grand-mère. Jenny et moi, on riait. Le poussage dans l'eau, c'est la spécialité de Jenny, j'en sais quelque chose...

Maman a tout vu.

— Qu'est-ce que vous avez fait ? Pourquoi vous avez poussé Sébastien dans l'eau ?

— C'était juste pour rire.

— Pour rire ? Mais c'est pas drôle du tout ! Et si sa grand-maman n'a pas de vêtements de rechange pour lui ? Il va faire quoi ? Il va passer la journée mouillé ? C'est drôle ça ? Vous allez toutes les deux aller vous excuser, et tout de suite à part ça ! Ça presse !

Oh, la, la ! Sa grand-mère n'est pas très contente. Maman trouve qu'elle a bien raison. Je n'ai plus jamais fait quelque chose comme ça, et Jenny non plus.

## Marie-de-l'Incarnation

En troisième année, je suis donc au Collège Marie-de-l'Incarnation, une autre école privée mais moins sévère, et pour filles seulement. Là aussi, je vais à l'école en autobus. Le premier matin, maman a insisté pour venir me conduire à l'arrêt d'autobus, mais je lui ai dit non. Je peux y aller toute seule, je ne suis plus un bébé, mais comme je ne connais personne, maman se fait du souci pour moi. Finalement, je lui ai donné la permission de m'accompagner, mais seulement un petit bout. Je lui ai demandé qu'elle me laisse marcher le reste du trajet. La vérité, c'est que je ne veux pas que mes nouvelles amies me voient dans l'auto avec ma mère, comme un bébé. C'est plate de passer pour un bébé quand tu arrives dans une nouvelle école.

Maman se faisait bien inutilement du souci pour moi à mon entrée à Marie-de-l'Incarnation, parce que cela a été le succès total. Dès la première journée, je me suis fait sept amies. Juste une journée et déjà sept nouvelles amies. Je ne veux pas me vanter mais c'est comme ça, je me fais facilement des amies. Le truc, c'est qu'il faut être gentille, pas trop gênée et il faut rendre service, c'est tout. Dans les sept, mes meilleures amies sont Catherine et Stéphanie. L'école, j'aime ça surtout à cause des amies et des activités, parce que la classe, c'est plutôt difficile. Il faut toujours travailler fort et se concentrer. Parfois les choses sont difficiles à comprendre et d'autres fois, difficiles à apprendre par cœur. Il faut répéter, répéter et répéter encore. Il faut dire qu'à force de répéter on finit par comprendre et se souvenir, mais ce n'est pas facile. Et en plus, Jenny fait exprès pour me faire crier. Quand j'étudie mes tables de multiplication avec maman, elle se met sous la table et là, elle répète après moi, comme un perroquet. Et ça, je regrette, mais ça me tape sur les nerfs ! Et en plus, même si maman chicane Jenny, elle s'en fout, elle continue. Qu'est-ce qu'on va faire avec elle ?

## Un samedi, un film

Aujourd'hui, on va vivre toute une aventure, parce que maman nous amène, mon amie Stéphanie et moi, voir un film très populaire dans un cinéma. C'est l'histoire d'un énorme gigantesque bateau qui coule avec plein de monde dedans qui se noient. Ça s'appelle *Titanic*. Et c'est une histoire vraie. C'est toute une aventure aussi parce que je n'ai pas le droit d'aller voir le film. Il y a des scènes qui ne sont pas pour les enfants et ça prend 13 ans. Alors maman m'a demandé si je pense que je suis capable de voir le film, même si c'est pour les grands. Ce n'est pas des monstres, ni rien de ça, c'est juste des scènes de stress. Un bateau qui coule avec du monde dedans ce n'est pas très comique, surtout en hiver quand l'eau est glacée.

J'ai dit à maman que ça pouvait aller, mais j'ai peur que le monsieur à l'entrée du cinéma me dise que je n'ai pas le droit d'entrer. Catherine et moi on a essayé de faire semblant qu'on a 13 ans et ça a marché. Le monsieur nous a laissées passer. C'est vrai que c'est un film trop triste. Toutes les trois, on pleurait en revenant et il est resté dans ma tête toute la semaine.

## Les vacances

Les vacances d'été, c'est à l'Annonciation ou au lac des Piles. Ma tante Louise, la sœur de maman, habite au bord du lac Paquet. Elle est infirmière dans un hôpital de l'Annonciation.

Chez elle, il y a tout ce qu'une petite fille qui aime les bateaux peut espérer : un ponton, une chaloupe et des pédalos. En plus, le soir, on fait des feux de camp avec des guimauves et des chansons. C'est la fête chaque fois.

Mon oncle Serge, le mari de Louise, est formidable. Il attache la planche à voile, sans la voile, derrière la chaloupe à moteur avec une longue corde. Moi j'embarque sur la planche et lui, il me tire sur le lac et on fait des grands tours. Des fois il va à 1000 kilomètres à l'heure, enfin, presque.

L'été dernier, on est allés au lac des Piles avec grand-papa Roger et grand maman Carmen. J'ai adoré ça et j'ai fait plein de tours de ponton sur l'eau. Un ponton c'est comme un bateau. Des fois, je m'assoyais même sur grand-papa Roger et je conduisais le bateau comme un capitaine. C'est l'activité la plus merveilleuse que j'ai faite ! Pour aller au chalet de grand-papa, il faut prendre un petit bateau et, rendus là, il y a le ponton. S'il y a plein de moustiques le soir, toute la famille monte sur le ponton et on s'en va au milieu du lac, parce que la plupart des moustiques restent au bord. Qui sait, ils ont peut-être peur de se noyer.

Pour tenir les moustiques tranquilles, mon grand-père met de la musique. C'est un vieux monsieur avec une vieille voix égratignée qui chante. Maman dit que c'est une belle chanson et elle pleure à chaque fois. Ça raconte que la vie est belle, mais moi, je ne parle pas l'anglais.

Je suis assise au bout du ponton qui avance lentement en fendant le miroir du lac des Piles, le soir. Jenny est avec moi et nous avons les pieds dans l'eau. On a nos « flottes » et maman est assise juste derrière. Elle est penchée et nous retient par l'anneau de métal cousu au collet de la ceinture pour plus de sûreté. Maman, c'est Jeannot Prudent. Quand maman a suffisamment pleuré, on arrête le ponton au milieu du lac et on danse.

Papa, lui, ne pleure pas. Il est plus raisonnable et il a envie de s'amuser. J'ai mis La *Macarena* cinq fois de suite sur la cassette, alors elle joue pendant au moins dix minutes. C'est vraiment super comique. Jenny surtout, elle est drôle quand elle danse. Elle ne connaît pas les pas, mais elle fait son possible. Maman, grand-maman et moi, on connaît les pas.

Ma grand-mère vient souvent au bord du lac avec Jenny et moi. Notre plaisir, c'est quand on fait exprès pour se salir. On se met plein de boue partout... Je ne suis plus comme à l'époque où je ne tolérais pas la petite trace de crémage de gâteau. J'ai évolué... Après, on plonge dans l'eau et tout d'un coup, on redevient propre, propre, propre. Grand-maman dit que ça garde jeune, la boue.

## Tout seul avec papa pendant que Jenny boude

Je sais pourquoi elle boude et peut-être que j'aurais boudé moi aussi si j'avais été à sa place. C'est difficile à comprendre quand on a juste cinq ans, mais le Village des Sports, c'est surtout pour les plus grands que cinq ans. Ça peut être dangereux, avec toutes les activités, surtout les glissades d'eau. Alors c'est normal que mon père n'ait emmené que moi. C'est la première fois que je pars toute seule avec lui pour toute une journée. Quelle belle journée ! On a fait plein d'activités, on a essayé toutes sortes de choses. Le Village des Sports, c'est quand même assez loin, c'est comme un petit voyage. Le soir, on était super fatigués et on a mangé au restaurant, seulement nous deux.

À notre retour, Jenny a continué à bouder un peu, alors je n'ai pas pu tout lui raconter parce qu'elle était comme frustrée. Mais le lendemain, elle était de bonne humeur. La prochaine fois, quand elle aura grandi, peut-être que ça sera son tour.

## Ouache, une perdrix !

C'est l'automne. Mes parents et mes grands-parents ont loué un chalet dans une réserve près de La Tuque et c'est très, très loin. C'est en haut de tout, au fin fond des bois. C'est un peu après Saint-Roch-de-Mékinac. Papa et grand-papa veulent aller chasser la perdrix et il y en a beaucoup là-bas.

On arrive le vendredi soir tard, il fait super noir et il n'y a pas d'électricité dans le chalet. Je ne sais pas si c'est parce qu'elle a peur dans le noir, mais grand-maman veut même s'en retourner tout de suite à Trois-Rivières... Il faut allumer des lampes à huile. Mon père est habitué et ça ne le dérange pas. Jenny et moi, on aime ça aussi. On est comme dans une aventure. Le chalet n'a pas l'air très solide. Les marches de l'escalier tiennent avec des bûches de bois, les lits tiennent aussi avec des bûches et on a peur qu'il y ait des souris et des bibittes... quand il fait noir. C'est certain qu'il y a des souris et des bibittes... On marche dans la maison avec nos bottes, parce que sinon, on va salir nos pantoufles. Il manque un lit. Il faut un autre lit. Dans le chalet, il y a une porte barrée avec un cadenas. Jenny et moi on a un peu peur de ce qu'il peut y avoir derrière. Papa pense qu'il y a un lit. Il est fort et débrouillard, aussi, il brise le cadenas pour aller voir dans la chambre. C'est à l'envers et il y a des photos de pieds partout sur les murs, plein, plein de photos de pieds. C'est bizarre. Pourquoi des photos de pieds? Peut-être que le monsieur est réparateur de pieds.

Ce soir-là, dans le ciel, il y a des aurores boréales. Ça s'appelle comme ça. C'est difficile à expliquer. C'est comme des rideaux de lumière qui s'ouvrent et qui se ferment dans le ciel, la nuit. On regarde le ciel, et soudain, de gauche à droite, ou de haut en bas, il y a des rideaux de lumière qui courent. Le spectacle est fabuleux.

On n'a pas trop bien dormi cette nuit-là, à cause de la saleté, des photos de pieds et des bibittes... Le matin, on a hâte de se lever. C'est très silencieux dans la forêt, mais quand on écoute bien, il y a des sons inquiétants. Grand-papa nous assoit, Jenny et moi, sur le frigo qui fonctionne au gaz, parce qu'il n'y a pas l'électricité. C'est rigolo. Ensuite, on mange des bonnes galettes de sarrasin avec du sirop d'érable. C'est super bon.

Papa et grand-papa vont à la chasse à la perdrix et ils reviennent avec quelques-unes. C'est des gros oiseaux, presque aussi gros que des poules. Papa et grand-papa aiment taquiner les filles, c'est sûr. Ça les fait rire. Un truc qui fait crier beaucoup les filles, c'est de les pourchasser avec des perdrix mortes. Ils font exprès pour nous faire peur. Mon père prend la perdrix par ses pattes et il court après moi, et je vais me cacher derrière maman.

C'est dégueu, une perdrix morte. Il y a du sang et elle a encore les yeux ouverts.

## Le monde du spectacle

J'adore lire, parce qu'un livre, c'est comme une aventure. Tu la vois dans ta tête quand tu lis. Quand je plonge dans la lecture, je n'arrive pas à m'arrêter. Je dois absolument continuer à lire pour savoir comment mon aventure finit. C'est comme voir un film, mais dans ma tête. J'ai lu plein de livres de La courte échelle. Mon livre favori, il s'appelle *Marie la chipie*. C'est madame Dominique Demers qui l'a écrit. C'est l'histoire de Marie Cléo, qui n'est pas fine du tout. Elle rouspète constamment. Son frère Alexis a hâte qu'elle se couche le soir. Il a de la misère à l'endurer parce qu'elle n'arrête pas de lui dire des platitudes. Il fait même semblant de faire une fugue pour lui échapper. C'est un bon roman. Papa aime bien me faire fâcher, aussi, il m'appelle Marie la chipie, mais ça ne me dérange pas… Ça me fait plus rire qu'autre chose, parce que papa est fou de moi, je le sais.

Une autre de mes activités favorites, c'est de donner des spectacles. Ça, j'adore. Je suis même devenue une très bonne organisatrice de *shows*. Quand je sais qu'on va avoir de la visite, je me prépare à l'avance. J'ai tout ce qu'il me faut : des décors, des costumes, du maquillage facile à nettoyer, tout. J'ai de la musique et plein, plein d'idées, presque trop. Il y a deux choses importantes pour qu'un spectacle ait lieu : des acteurs et un public, et aujourd'hui, les deux sont réunis parce que j'ai des amies, des cousins et des cousines qui sont venus nous visiter.

Il faut savoir organiser les spectacles et j'avoue que c'est un peu ma spécialité. Souvent, on réussit bien les choses qu'on aime faire. Quand je suis en forme et que les acteurs écoutent bien, il peut m'arriver de monter deux et même trois spectacles dans une même journée. Un des spectacles super bien réussis que j'ai présentés, c'est *Allegria*. J'ai monté un numéro du Cirque du Soleil.

Avec une amie et Jenny, on a mis un costume de gymnastique et on a fait des pyramides humaines, des numéros d'équilibre et des culbutes difficiles. Nous avons présenté notre spectacle plusieurs jours de suite devant maman, qui était très impressionnée.

Jenny est bonne pour son âge. Elle n'écoute pas toujours, c'est son seul problème. Je suis obligée de la disputer, des fois. Comme elle n'aime pas se faire disputer, elle se met à bouder et quand elle boude, je suis fru, alors c'est la chicane.

Mais dans le monde du spectacle, si on veut que ça marche bien, il faut régler les chicanes. Alors, on fait la paix. Je la prends par le cou, je l'embrasse et j'essaie d'être patiente avec elle. Je fais aussi des spectacles dans la cour avec ma fidèle Jenny. Il y a là un accessoire extraordinaire pour réaliser des numéros très difficiles, comme faire disparaître Jenny dans un mélange de cordes et de serviettes.

Ne vous inquiétez pas personne, elle va réapparaître.

## La jambe de Claudie

Je ne sais pas si ma cousine Claudie va pouvoir faire des spectacles à l'avenir, parce qu'il y a eu un drame. Un accident. Ce n'est la faute de personne, mais Claudie s'est cassé la jambe, une très mauvaise cassure. C'est arrivé quand ils ont décidé de couper des arbres chez elle. Une de ses tantes reculait et elle est tombée sans le faire exprès sur la jambe de Claudie, qui a cassé d'un coup. Crac! Il paraît que ça fait super mal.

En plus, il faut qu'elle reste à l'hôpital. Combien de temps? Je ne sais pas, mais longtemps. C'est une vraie malchance que d'avoir une jambe cassée. Elle a la jambe suspendue dans les airs, retenue par une corde. Elle a une grosse vis qui passe au travers de sa jambe. Claudie ne peut même pas bouger. Il y a eu un gros mois sans nouvelles de Claudie et de sa jambe.

Un matin, maman décide de prendre des photos de Jenny et moi. Quand elle se met à prendre des photos, c'est long… Il faut se faire photographier en avant, puis dans la cour, puis sur le balcon, puis devant les fleurs, dans la balançoire, et dans la grande chaise, sans compter qu'il faut mettre nos beaux vêtements et être parfaitement coiffées.

En plein pendant la séance de photos, le téléphone sonne. C'est Claudie! Elle sort de l'hôpital! On devrait tous se réunir et faire un souper pour célébrer sa sortie de l'hôpital! Je parle au téléphone avec ma petite cousine et je suis tellement contente que je pleure. J'ai des sanglots. Ma chère petite cousine qui a eu la jambe cassée est réparée, enfin! Ensuite, maman continue sa séance de photos.

## Mésaventure

Les émotions. On dirait que j'apprends à avoir des émotions et à les comprendre. Comme la joie de parler à Claudie qui m'a fait pleurer. C'est difficile à expliquer les émotions, ça peut nous faire pleurer même si c'est de joie. On n'est pas toujours obligés de rire pour montrer qu'on est heureux.

Il y a des mésaventures des fois. Comme avec mes amies Catherine et Stéphanie. Je ne me souviens pas comment cela a commencé, mais on est en chicane. On ne se parle pas. Si c'était juste ça, ça serait pas grave, mais elles ne me taquinent pas gentiment. J'essaie de ne pas en parler à ma mère, pour ne pas être bébé, mais quand j'arrive à la maison, j'ai le cœur qui bat et je suis au bord des larmes. Ce n'est pas une émotion que je conseille.

Elles ont téléphoné à la maison pour continuer à m'agacer. Elles ont fait des blagues, mais je ne me sentais pas bien et j'ai pleuré. Catherine et Stéphanie, ce sont mes amies, et c'est ça qui me fait peur: perdre mes amies. Jenny m'a vue pleurer.

— Papa, Marie pleure.

— Qu'est-ce que tu as, Marie?

— Rien.

— Marie, dis-moi pourquoi tu pleures. Ce n'est pas normal. Pourquoi tu as de la peine ?

Je lui ai raconté. Je lui ai dit que Catherine et Stéphanie me taquinaient et que ça me faisait pleurer. Papa a essayé de régler le problème. Il est allé chez Catherine pour lui dire de ne pas téléphoner parce que ça me faisait de la peine. Il a dit : « Si vous ne voulez pas jouer avec Marie, ce n'est pas grave, elle va se trouver d'autres amies. Mais ça ne sert à rien de la taquiner. Elle est sensible et ce serait mieux que vous arrêtiez. » Quelque chose comme ça. Le même soir, les deux ont rappelé à la maison, mais c'était pour dire qu'elles ne me taquineraient plus et pour s'excuser. Elles ont arrêté et ça m'a soulagée.

Encore une fois, papa a bien raison. Il me dit d'attendre un peu, que les choses vont se régler. Et il me dit aussi que c'est une occasion pour me faire de nouvelles amies. Aussi, je me suis souvenu que j'avais déjà poussé Sébastien dans l'eau. Même la belle Marie-Pier n'est pas parfaite.

## Ce qui me rend malheureuse

Par Marie-Pier Panneton

Ce qui me rend malheureuse, c'est voir des enfants qui meurent de faim parce que ceux qui ont la richesse ne la partagent pas.

Et de voir ceux dans ma famille qui se sont fait mal, car de les voir pleurer me fait de la peine. Ça me fait mal quand quelqu'un me dit des mots méchants. Dans ce temps-là, je me sens abandonnée.

## Le trampoline

Jenny et moi, on fait du trampoline au centre Jean-Noël-Trudel, au Cap. C'est un centre très sérieux avec des profs réputés. Ce n'est pas une petite école banale, c'est une vraie de vraie.

Le trampoline, c'est formidable pour plusieurs raisons. La première, c'est le trampoline lui-même. C'est trop cool de sauter si haut dans les airs, c'est comme si on était surhumains. On saute très haut dans les airs et on a le temps de faire toutes sortes de figures avant de retomber. C'est trop magique. Mais il faut faire attention pour toujours sauter au milieu du trampoline, c'est très important. D'abord, cela t'aide à monter plus haut dans les airs et ensuite, c'est plus sécuritaire. Au début, ils te montrent des techniques pour toujours sauter juste au milieu du trampoline. Ils te font mettre un harnais de sécurité avant de sauter. Ensuite, ils te montrent à faire des figures. Au début elles sont faciles, ensuite plus difficiles, et ensuite, encore plus difficiles.

Une autre raison pour aimer le trampoline, c'est les amies, bien sûr. Il y a beaucoup d'amies de mon âge et on parle de trampoline parce qu'on aime ça. Une autre raison encore, c'est les compétitions. Je n'ai jamais fait de compétitions de toute ma vie. Avec le trampoline, il y a des compétitions. Alors je veux absolument être bonne. Je m'exerce et j'écoute les instructions. Je veux gagner pour que tout le monde dise : « Marie-Pier, tu es super bonne. » Même quand je ne saute pas, j'y pense dans ma tête.

Mes profs me félicitent parce qu'ils voient que je fais des efforts. J'ai harcelé maman pour participer aux compétitions. Il faut qu'elle soit d'accord, parce que ça coûte des sous et aussi qu'il faut parfois aller loin en auto. Elle me dit toujours : « Oui, oui, Marie-Pier, une bonne fois, on va y aller, mais là, maman est occupée » ou « Maman a quelque chose de prévu » ou « Maman a pas le temps. »

Je sais qu'elle n'aime pas conduire l'auto pour aller loin. Et c'est pour ça qu'elle me dit non. Et mon père, ce n'est pas de sa faute, il travaille la fin de semaine. Mais Bois-des-Filion, est-ce que c'est si loin que ça ? Est-ce que c'est à l'autre bout du monde ? J'ai dit à mon entraîneure que maman n'avait pas le temps. Mon entraîneure est allée voir maman. Eh bien, c'est formidable, maman a dit oui, enfin !

Le 8 mars 1999, le grand jour est arrivé : ma première compétition de trampoline. Il faut être à 8 heures du matin à Bois-des-Filion.

J'ai écrit une chanson pour encourager l'équipe Intercité :

## Intercité

Nous Intercité
On est là pour gagner,
Participer et s'amuser.
Nous, dans les compés,
On est toujours très peppées
Intercité, là pour gagner
Intercité, là pour gagner
Intercité, là pour gagner
Ouh ! Oh ! Ouh !
Ouh ! Oh ! Ouh !

Jenny et moi, on est toutes les deux dans la compétition. En disant oui, maman n'a pas idée à quel point elle me fait plaisir. Pour moi, cette compétition, c'est un vrai rêve. C'est comme les Jeux olympiques. Je m'en vais loin de ma maison représenter mon grand pays de Cap-de-la-Madeleine. Je m'en vais à Bois-des-Filion, l'autre bout du monde. Je vais ramener la gloire, c'est certain !

Merci maman, merci tellement.

Arrivée sur place, mon cœur pompe. Je sens toute une fierté à l'intérieur de moi. J'ai l'impression que tout le monde me regarde et je me dis : « Oui, oui, regardez-moi, c'est moi Marie-Pier de la rue des Prairies, vous allez voir que je suis bonne sur le trampoline ! »

J'aimerais tellement ça, gagner la médaille d'or. Juste à y penser j'ai des frissons. *Go* ! Marie-Pier, *go* ! On a juste nos léotards, ma sœur et moi, on n'a pas le survêtement officiel de l'équipe Trampoline Intercité, qui coûte quand même cher, mais pour la compétition, ils nous en ont prêté un. C'est vraiment pareil comme aux Olympiques. Il faut que je réussisse à être calme, mais c'est difficile. C'est très excitant. Je suis trop fière d'être ici. Je veux gagner. Si je gagne, ils vont dire mon nom devant tout le monde au micro. Même si je finis deuxième ou troisième, ils vont dire mon nom. Calme-toi, beauté, calme-toi !

— Du club Trampoline Intercité, Cap-de-la-Madeleine, Marie-Pier Panneton !

Je suis montée sur le trampoline. Je sais exactement ce que j'ai à faire, je l'ai fait cent fois et je suis bonne. Il faut juste que je reste calme. Mon instructeur m'a dit : « Concentre-toi. »

Je suis *full* concentrée. Je sais que dans les spectateurs, maman est méganerveuse pour moi. Une chance que ce n'est pas elle qui saute, elle ne serait jamais capable. Il ne faut pas que je pense à tout le monde qui regarde, il faut juste que je pense à sauter et à faire les figures les plus parfaites possible. Il y a des juges qui donnent des points. *Go* ! Marie-Pier, *go* !

J'ai fait ma routine et je suis fière de moi. Il y a plusieurs filles qui font la compétition avec moi, mais il me semble que j'ai été super bonne. Jenny aussi a fait sa routine, dans sa catégorie, les sept ans. Elle est plus petite que moi, mais elle a bien fait ça, elle aussi. Elle était *full* concentrée. Maman pleure. Elle se promène avec ses deux filles athlètes et elle est trop heureuse. La prochaine compétition, elle va dire oui, tout de suite, ça va être plus facile.

Attention, c'est la remise des médailles.

Le malheur est tombé sur moi. Je finis septième. Je n'ai pas de médaille, même pas de ruban. J'ai travaillé si fort et je suis sûre que j'étais vraiment, vraiment très bonne. Tout le monde me l'a dit et je n'ai pas de médaille !

Le pire, c'est que Jenny elle, elle a gagné un ruban ! Elle a fini sixième. C'est vraiment injuste. Très injuste. Je fais du trampoline depuis plus longtemps qu'elle et mes figures sont plus difficiles. Pourquoi elle a un ruban et pas moi ? Je suis jalouse. Je suis même fâchée. Je ne veux pas le voir, son ruban. Je ne veux même pas qu'elle en parle. Je suis frustrée. Je bougonne. C'est la première fois que je me sens comme ça. Je suis tellement déçue et j'ai de la peine.

Maman m'a parlé et elle m'a expliqué des choses. Premièrement, elle m'a dit que c'est beaucoup plus difficile de gagner dans ma catégorie, celle des grandes, tout simplement parce qu'il y a plus de filles en compétition et qu'elles sont meilleures. Dans la catégorie des petites, comme Jenny, il y a beaucoup moins de filles. Elle m'a aussi expliqué qu'il faut être content quand de bonnes choses arrivent aux gens qu'on aime.

Je le sais dans le fond, je le sais bien… C'est juste que dans cette compétition-là, je voulais tellement gagner, c'était si important pour moi. Je trouve ça difficile. Bon, cela finit par me passer et je vais voir Jenny puis je la serre dans mes bras. Je suis contente pour ma petite sœur. C'est *hot* de gagner un ruban.

Dans l'auto, en revenant à la maison, on s'est endormies. Ça dort tellement bien quand on a la tête en paix et qu'on s'aime.

Le lundi matin, au moment de partir pour l'école, maman nous a donné une note à remettre à nos professeurs, pour dire que Jenny et moi nous avions participé à une compétition de trampoline dans une autre ville et que nous avons représenté Cap-de-la-Madeleine. La direction de l'école a dit aux parents de les aviser quand il se passe des choses comme ça, parce qu'elle veut l'annoncer dans l'intercom de l'école, devant tout le monde. Eh bien, merde, ils ont dit félicitations à Jenny Panneton, mais rien pour Marie-Pier Panneton ! Mon prof a oublié de remettre la note et il était trop tard ! Jenny a eu droit à des félicitations et pas moi. Quand ça va mal, ça va mal !

Par contre, dans le journal du Cap, l'*Hebdo-Journal*, ils ont parlé de la compétition et ils ont nommé mon nom, pas seulement celui de Jenny. J'ai découpé l'article.

## Lundi de Pâques, le 5 avril 1999

Ce matin, ma tante Sylvie, la maman de Claudie, a appelé très tôt. C'est le jour de la cabane à sucre. Elle a demandé à maman si elle veut venir avec tout le monde. Maman ne peut pas, parce qu'elle a trop d'ouvrage à la maison, surtout qu'il y a eu de l'action en fin de semaine, avec Pâques et la fête de grand-maman. Il y a du lavage et du rangement à faire et elle retourne à l'hôtel de ville demain matin. C'est parfait, comme ça, elle sera toute seule toute la journée et elle va pouvoir s'avancer dans son ouvrage. Il y a plein de monde qui va venir à la cabane à sucre. Grand-papa et grand-maman seront là.

On s'est disputées, Jenny et moi. Maman nous a acheté chacun un Kinder Surprise (c'est un œuf en chocolat avec une surprise dedans). Il y en a de toutes les grosseurs. Celui du matin de Pâques, c'est toujours un mégagros. Donc, hier, on a reçu chacun notre œuf géant, mais on l'a ouvert seulement ce matin.

Jenny et moi, nous sommes à la table du salon avec nos œufs. Dans le mien, il y a une girouette, une espèce de grosse main en plastique que j'ai assemblée sur la table. Jenny veut aussi avoir la table pour jouer avec son jouet, mais je ne peux pas faire de miracles, il n'y a pas de place pour deux.

— Tout à l'heure, ce sera ton tour.

— Non tout de suite !

— C'est moi qui étais ici la première, et tu le sais.

— Pis ça ?

— Joue par terre en attendant.

— Maman !

Pourtant Jenny est assez grande pour comprendre que si on se chicane, maman va être frustrée après nous. Les matins de congé, maman n'aime pas tellement entendre crier. Jenny crie quand même. Alors, je le savais, maman nous a bien menacées de nous priver de cabane à sucre.

— Tu vois, Jenny, ce que ça donne quand tu cries : il n'y a pas de cabane à sucre pour nous. Tout le monde y va, grand-papa, grand maman, Claudie… merde !

Mais je connais ma mère. Si on fait la paix, si on se montre gentilles et si on lui chante un peu la pomme avec nos petites voix de fillettes idéales, elle va retirer son châtiment. Alors je prends Jenny à part, je lui fais comprendre l'urgence de revenir en bons termes. Je lui laisse la table du salon. Nous attendons quelques minutes avant de retourner dans la cuisine.

— Maman, On a fait la paix. Tout est correct. On s'excuse et juré : il n'y aura plus de chicane. C'est très important pour Jenny et pour moi d'aller à la cabane à sucre. Très important, s'il te plaît !

— S'il te plaît, maman !

— C'est bon, c'est bon. Mais le prochain cri, je le jure, pas de cabane à sucre. C'est bien clair ?

— Parfait, maman, juré.

Ouf, je crois que j'ai sauvé la cabane. Les supplications ça marche toujours, surtout quand c'est suivi d'un colle-colle.

## Qu'est-ce qu'un colle-colle ?

Le colle-colle entre maman et moi, c'est notre caresse personnalisée. C'est une habitude qu'on a depuis toujours. La journée commence avec le colle-colle. Quand je me réveille, la première chose que je fais, c'est mon colle-colle avec maman. Ma chambre est juste à côté de la cuisine et quand je l'entends préparer un lunch ou le déjeuner, ou faire la vaisselle, je me lève et je lui fais mon colle-colle du matin. C'est seulement après que je vais à la salle de bain. Je sais que ça a l'air bébé, mais j'ai besoin de mon colle-colle. Et maman aussi d'ailleurs. Ce colle-colle a une cote très élevée.

\* \* \*

Maman vient nous conduire chez grand-papa avant midi. Il y a ma cousine Claudie, celle qui avait une jambe cassée, mon oncle et ma tante, plus Jenny et moi. On s'en va surtout manger de la tire sur la neige.

Claudie, Jenny et moi, on aime mieux monter dans l'auto avec grand-papa et grand-maman, parce que ça n'arrive pas souvent. C'est grand-papa qui conduit et grand-maman est toujours assise juste à côté de lui. C'est certain, ce sont des amoureux...

Nous, on est assises en arrière et c'est bien important que Claudie soit assise dans le milieu, parce qu'elle a une sœur de chaque côté. Et c'est important pour nous aussi qu'on se partage Claudie également. Et puis, c'est bien plus drôle d'être assise à côté de notre cousine que de notre sœur, tout le monde sait ça.

Jenny veut changer de place avec moi. Quand on est montées dans l'auto, je me suis assise à gauche et Jenny a boudé. Elle voulait s'asseoir à ma place et j'ai dit non. Elle a fait une tempête. Des fois, Jenny fait son gros bébé pour rien.

— C'est pas grave, Jenny, qu'est-ce que ça dérange ?

— Je veux pas m'asseoir là, bon.

— T'es bébé...

— Sinon, j'y vas pas, bon !

— O.K., O.K., arrête de bouder ! On change de place, O.K. d'abord !

Ça ne me dérange pas de toute façon... On a changé de place. Voilà.

Mon livre est terminé.

> La joie existe. Il suffit de la trouver pour te consoler. Va chez une amie. Joue avec elle. Dis-lui ce qui ne va pas et elle t'écoutera.
> À ce moment, tu sentiras la joie.
> Aide une amie, tu la rendras heureuse.
> Toi, tu vas aimer la voir sourire et tu auras le bonheur.
>
> Marie-Pier Panneton, 10 ans, mars 1999
> *Collège Marie-de-l'Incarnation*
> *Quatrième année « J »*

## L'accident

Lundi de Pâques, 5 avril 1999, 13 h, Denise est en mode « ménage » à la maison. Le téléphone sonne. C'est Sylvie, sa belle-sœur. Il y a eu un accident...

Voici le film. Sylvie est dans la voiture qui suit celle du grand-papa. Tout est arrivé devant elle, soudainement. Le petit convoi de deux autos est arrivé à l'intersection à Saint-Barnabé-Nord. Tout le monde connaît ce coin-là, un coin assassin où les accidents mortels se sont succédé. Le grand-père a mal vu à sa droite. Il a pensé qu'il avait le temps de traverser la grande route, mais non. Un gros camion de dix roues l'a frappé de plein fouet, à pleine vitesse, à l'arrière de la voiture à droite, là où Marie-Pier était assise. C'est l'hiver et le camion est blanc. Blanc sur blanc, ce n'est pas évident. Le gros camion a frappé et l'auto est une perte totale.

Jenny, le grand-père, la grand-mère et Claudie sont tous blessés, ou tout au moins très ébranlés, mal en point, mais hors de danger. Marie-Pier respire à peine. Elle est inconsciente, dans le coma. Les ambulances vont quitter pour deux hôpitaux, Shawinigan et Trois-Rivières. Denise, au téléphone, s'objecte et exige que toutes les ambulances convergent à Trois-Rivières.

L'univers de cette femme vient d'exploser. Cette petite femme paisible, cette mère de deux belles petites filles est soudainement propulsée en enfer. Elle a reçu un boulet de fonte dans le ventre. Mais elle résiste. Elle n'a qu'une idée en tête, sauver Marie-Pier. Steve est là, avec elle, lui aussi dans la tourmente infernale. Les deux soudés l'un à l'autre.

En arrivant à l'hôpital, haletante et déjà au bord de l'hystérie, une pression énorme dans la tête, ils entrent dans une salle attenante à l'urgence et assistent à une scène irréelle. Il y a quatre civières devant eux: une avec grand-papa, une avec grand-maman, une avec la petite Jenny et la dernière avec Claudie. Les quatre sont côte à côte contre le mur, affaiblis, mal en point. Ils sont quatre. Il en manque une, Marie-Pier!

Où est Marie-Pier?

Dans une petite chambre, juste à côté, il y a un enfant dans un lit. L'enfant est sous respirateur. Denise ne reconnaît pas son enfant. L'infirmière lui confirme le pire. C'est bien Marie-Pier. Une machine respire pour elle.

Denise est soudainement étourdie, sonnée, ébranlée par un choc indescriptible, mais elle réussit néanmoins à garder le contrôle. Le cœur serré, elle se penche sur sa petite fille et lui dit doucement à l'oreille: «Maman est ici, ma belle, maman est ici. Inquiète-toi pas. Maman va s'occuper de toi.» Comme elle finit de lui dire ces douces paroles, le sang se met à couler de l'oreille de sa fillette, d'une entaille causée par de la vitre brisée. Denise a tout de suite pensé : « Elle m'entend, elle m'entend... Le sang, c'est sa façon de me le dire... »

C'est sa petite fille !

Sa Marie-Pier !

La petite fille qui ne peut pas respirer toute seule, c'est sa fille. C'est Marie-Pier !

Marie-Pier fait une hémorragie. Elle est inconsciente. Elle est dans un coma profond, irrécupérable. Elle a perdu un rein dans l'accident. Elle est maintenue en vie artificiellement.

Elle a dix ans et demi et elle est plus belle que le jour.

Les médecins l'amènent vite en salle d'opération. Ils doivent lui passer un scanner, évaluer son état avec précision. Steve est demeuré aux côtés de sa grande fille et Denise est allée avec Jenny dans la salle, là-bas. Elle fait des mathématiques avec elle pour ne pas qu'elle s'endorme.

— 1 + 1 ?

— 2.

— 2 + 2 ?

— 4.

— 3 + 3 ?

— Maman, je suis fatiguée.

— Non, Jenny, il faut continuer, tu ne peux pas dormir. 3 + 3 ?

## La décision

Le lendemain matin, mardi le 6 avril, la condition de Marie-Pier a changé. Elle est toujours dans un profond coma, mais la pression sur son cerveau a diminué. Personne ne peut dire si elle sortira un jour du coma. Si jamais elle en sort, elle sera dans un état végétatif profond, total et irrémédiable.

Son cerveau a subi des dommages très graves et les séquelles sont plus qu'importantes. Personne n'ose prononcer le mot fatidique. Personne n'ose dire que son cerveau est mort, mais rien n'est moins sûr que son réveil.

La vérité, c'est qu'on la garde en vie pour ses organes. De beaux organes tout neufs qui vont sauver la vie d'autres enfants. Voici une belle petite fille en pleine santé. Voici une enfant en parfaite forme, victime du hasard cruel et impitoyable, un lundi de Pâques. Voici un petit foie, et un cœur, et un rein tout neufs. Un foie, un cœur et un rein qui pourront permettre à d'autres enfants de son âge de survivre. Une infirmière a apporté les papiers. Denise et Steve ont signé. Denise a demandé à l'infirmière de ne pas toucher à ses yeux. Que son visage demeure intact.

Denise est livide. Sa douleur est telle qu'elle est devenue insensible. Elle a perdu toute notion d'amour ou de haine. Il n'y a plus ni de temps ni d'espace. Elle n'a plus d'émotions. Elle est si dévastée qu'elle ne voit rien et n'entend rien, comme si elle avait cessé d'exister.

Tuée par la violence de l'émotion.

Voir sa petite fille, sa petite Marie-Pier, dix ans et demi, celle qu'elle massait dans le salon en écoutant Enya, celle qui chialait parce qu'elle n'a pas eu de ruban à la compétition de trampoline, celle qui dansait la macarena sur le ponton et qui pleurait pour la jambe de Claudie.

Sa grande fille est morte. C'est fini.

Il lui est impossible d'affronter ça.

Denise ne fait que souffler. Elle bouge, elle bouge, elle marche, elle marche, dans toutes les directions et sans direction.

Comme si elle aussi était dans le coma.

Finalement, Jenny n'a aucune fracture, que des ecchymoses et des malaises musculaires qui l'ont empêchée de marcher pendant quelque temps. On a craint la commotion cérébrale, mais elle n'a rien.

Louise, l'infirmière, la sœur de Denise, est descendue de l'Annonciation et a pris soin de la petite Jenny pendant une dizaine de jours parce que Denise est incapable de s'en occuper. La tête lui tourne sans arrêt et ses yeux ne peuvent plus rien regarder, constamment à la recherche d'un ailleurs. Elle respire à moitié, veut fuir loin d'elle-même, mais elle en est incapable. Un grand cri reste coincé dans sa gorge. Elle veut mourir.

Louise est restée auprès de Jenny. Elle lui a retiré tous les minuscules éclats de verre coincés dans son cuir chevelu. Denise a dû apprendre la terrible nouvelle à Jenny. Elle ne se souvient plus de ce qu'elle lui a dit, ni comment elle lui a dit. D'une façon bête et maladroite, sans doute.

Il n'y aura plus de colle-colle le matin.

Pendant des heures qui n'ont ni début ni fin, Denise a fait la navette entre la maison et l'hôpital, se promenant comme un zombie entre la petite Jenny, mal en point et un peu perdue, mais saine et sauve, et sa grande fille plongée dans un coma profond. Steve, lui, s'est attaché à l'hôpital, n'a pas bougé de là, malgré l'ouragan. Il n'a jamais laissé sa fille toute seule, n'a jamais cessé de s'accrocher, mais Marie-Pier est irrécupérable, son cerveau est mort. Denise touche à sa grande, elle est froide, glacée.

La terrible décision s'est imposée.

Collés l'un sur l'autre dans une étreinte douloureuse et insoutenable, les deux parents, ces deux-là qui sont ensemble depuis l'âge tendre de 14 ans, en sont arrivés à la seule et douloureuse conclusion possible. Trois médecins ont examiné Marie-Pier. Ils ont fait les tests et confirmé officiellement la mort cérébrale. Cause officielle du décès : œdème cérébral. Ils amèneront le corps toujours vivant de Marie-Pier en ambulance jusqu'à Montréal.

Christopher est le jeune homme responsable des dons d'organes. C'est lui qui va rester tout le long avec Marie-Pier pour que tout soit fait selon la volonté des parents. Marie-Pier est restée branchée jusqu'au moment où ses organes ont tous été prélevés.

Au moment où Steve et Denise quittent l'hôpital, une dame se tient à l'entrée pour recueillir des dons en argent pour la Banque d'yeux. Denise lui a dit ne rien pouvoir donner de plus que ce qu'elle vient de donner. Sa fille.

Christopher revient le lendemain avec le corps de Marie-Pier pour les funérailles. À Montréal, ils ont prélevé le foie, le rein qui n'a pas été touché lors de l'accident, et le cœur pour les valves et les tissus.


## L'odeur envolée

Ce fameux lundi de Pâques, Denise avait fait le lavage : la literie de Marie-Pier, plus sa robe de chambre, sa robe de nuit, son pyjama, ses bas, ses draps et ses couvertures, tout. Au retour de l'hôpital, le premier soir, quand elle a voulu se perdre et se saouler de la douce odeur de sa chère petite fille, l'odeur n'y était plus. L'odeur de Marie-Pier n'existait plus.

Pourquoi ce matin-là, a-t-elle décidé de tout laver ? Pourquoi ? Elle s'est mise à chercher l'odeur de Marie-Pier. Elle a fouillé tous les tiroirs. Elle a cherché dans tous les placards. L'habit de neige, les bottes et les souliers.

Rien.

Elle est allée dans tous les coins pour retrouver son odeur et n'a rien trouvé. Elle n'a pas gardé les vêtements tout découpés et déchirés que les policiers lui ont remis après l'accident. Il y avait du sang et plein d'éclats de verre dans les petites poches. L'odeur de Marie-Pier n'existe plus. C'est comme une autre secousse après le tremblement de terre.

## Dommages collatéraux

Les petites filles toutes habillées pareil, tunique bleue et chemise blanche, du Collège Marie-de-l'Incarnation étaient parties chacune chez elle pour le long congé de Pâques le mercredi après-midi. C'est le printemps. Ça commence à sentir l'été et les vacances. Il reste un peu de neige, mais bientôt, on n'aura même plus besoin de manteau. Bientôt, il va faire encore jour après souper. C'est le temps du bonheur. Cinq jours de vacances, comme un avant-goût des semaines à venir.

Cap-de-la-Madeleine, c'est tricoté serré. Le tragique accident du lundi 5 avril 1999 a eu l'effet d'une bombe dans toute la communauté. Une bombe ressentie de plus en plus fortement, plus on approche de l'épicentre. L'épicentre, c'est le Collège Marie-de-l'Incarnation. Le mardi matin, les petites filles en tunique bleue et chemise blanche sont revenues à leur école. Quelques-unes savaient et la nouvelle s'est répandue vite dans la cour et la salle principale. La direction l'a confirmée via l'intercom. On a invité les jeunes filles à la réflexion et à la prière.

Jenny Panneton, en première année « B » et Marie-Pier
Panneton, en quatrième année « J » ont été impliquées
dans un accident.

Jenny va bien.

Marie-Pier est dans le coma et va mourir.

L'angoisse serre toutes les petites gorges. L'été est soudainement disparu de leur radar et les vacances n'existent plus.
Tout ce qui existe, c'est la tristesse. Toutes les petites filles en
bleu se promènent la tête basse. Elles ont le cœur serré. Toutes
les petites filles en bleu partagent leur peine avec d'autres
petites filles. Certaines pleurent. Les petites filles de quatrième année « J » ont encore plus mal que les autres. Marie-
Pier était assise juste là. Personne n'a le goût de parler dans
cette classe. Ce n'est pas supposé se passer comme ça. La vie
est cassée. La vie ne marche plus.

La joie existe. Il suffit de la trouver pour te consoler.

Va chez une amie. Joue avec elle. Dis-lui ce qui ne
va pas et elle t'écoutera. À ce moment, tu sentiras la
joie.

Aide une amie, tu la rendras heureuse.

Toi, tu vas aimer la voir sourire et tu auras le bonheur.

## Catherine et Stéphanie

La veille des funérailles de Marie-Pier, Denise a pensé à Catherine et à Stéphanie, les deux fillettes avec qui Marie-Pier avait eu eu une innocente dispute d'enfants. Les deux petites sont particulièrement touchées par la tragédie.

Quand elles ont appris la nouvelle de l'accident de Marie-Pier, Denise a pensé que les deux fillettes ont dû se sentir trop tristes de n'avoir jamais pu redevenir des amies. C'est inattendu, anormal et difficile d'être forcée de se dire « trop tard ». Comment peut-il être trop tard quand tu n'as pas 11 ans ?

Elle a appelé les deux fillettes. Elle leur a offert d'être servantes à la messe des funérailles. Catherine et Stéphanie ont accepté et la cérémonie a été empreinte de beaucoup d'émotions. Les deux fillettes ont vécu un grand moment. Une heure sacrée qu'elles n'oublieront pas. Dans l'église, de nombreuses petites filles en tunique bleue et chemise blanche ont fait une haie d'honneur. Toutes avaient une marguerite, la fleur favorite de leur amie Marie-Pier. C'est l'aumônier de l'école, qui a connu et beaucoup aimé Marie-Pier, qui a célébré la messe.

## Grand-papa

Il est difficile voire impossible d'imaginer l'épouvantable calvaire qu'a vécu le grand-papa pendant le reste de ses jours. Son fils Steve et Denise, sa belle-fille adorée, malgré leur peine atroce, ont rassuré ce grand-papa, physiquement fort mal en point lui-même. Mal en point, mais bien vivant et, surtout, conscient.

Denise a toujours adoré son beau-père, qui le lui rend bien. Comme le père de Denise est décédé alors qu'elle était encore jeune, elle s'est beaucoup attachée à cet homme. Il est devenu très important pour elle. Même dans un moment aussi tragique, elle peut imaginer la nouvelle réalité de cet homme. Une réalité qui deviendra une souffrance intérieure constante et quotidienne. Lui qui était complètement en amour avec sa petite-fille, qui l'a serrée dans ses bras mille fois, qui l'a trimballée partout, qui a dansé avec elle, qui l'a assise tout là-haut sur le réfrigérateur avec sa petite sœur, dans un chalet tout sale...

Sa première petite-fille, sa meilleure. Il devra maintenant se réveiller tous les matins avec cette réalité : il conduisait la voiture. Il a mal vu, c'est tout. Son erreur. C'est lui qui a fait ça. Le pauvre homme aurait souhaité avoir tous les cancers du monde plutôt que ça. La grand-maman a vécu elle aussi l'injuste calvaire de son mari. Elle est restée à ses côtés jusqu'à la toute fin. Sa vie est devenue une longue agonie qui aura duré huit ans. Après l'accident, la maladie s'est jetée sur l'un et l'autre. Diabète, hypertension, déprime continuelle. Pour le reste de sa vie, le grand-papa a regardé Jenny, la belle petite, en se répétant qu'il lui avait enlevé sa sœur. Il est mort d'un œdème cérébral, comme sa petite-fille, à 70 ans, au bout d'une souffrance affreuse et injuste.

Dans ses derniers instants à son chevet, Denise l'a rassuré une dernière fois. Mais cette fois, elle a vu dans son regard qu'il partait en paix, enfin. Comme s'il avait hâte de retrouver Marie-Pier. La grand-maman écoule ses derniers jours dans un centre de soins de longue durée, au bout d'une maladie apparentée à l'Alzheimer.

## Mars 2006

Sept ans plus tard, au collège, Stéphanie, l'amie d'enfance de Marie-Pier, termine son secondaire V cette année. Elle est allée voir Jenny, qui est en secondaire II. Elle aimerait avoir une photo de Marie-Pier et la permission de publier un texte en son hommage. Elle veut que Marie-Pier apparaisse aux côtés de ses anciennes compagnes de classe. Jenny en a parlé à ses parents et Steve et Denise ont accepté avec plaisir.

Dans l'annuaire, au milieu de toutes ces jeunes femmes de 17 ans, il y a une petite fille de 10 ans et demi.

### En souvenir de Marie-Pier...

Marie-Pier, un rayon de soleil qui brûle de tous ses feux et qui propage la joie tout autour d'elle, voilà ce que je retiendrai de toi.

Tu sais que ton passage dans cette injuste, mais combien belle vie n'est pas passé inaperçu, car tous ceux qui t'ont connue et même ceux qui n'ont pas eu la chance de te connaître parlent de toi aujourd'hui. Pendant les quelques années où tu as été parmi nous, tu as su nous marquer profondément par ta douceur, ta bonté, ta bonne humeur, ton sourire radieux et surtout par ta simplicité. Tu ne tolérais jamais les disputes et tu étais toujours celle qui réglait les conflits, même si tu n'en étais pas la responsable. Nous savons tous qu'il existe des personnes qui, de nature, ont une facilité et du talent dans tous les domaines et qui pourtant ne prennent pas la grosse tête et restent simples. Tu avais l'incroyable chance de faire partie de cette catégorie de gens.

En mon nom et en celui de toutes les filles de cinquième secondaire, nous tenons à te rendre hommage et à t'inclure dans l'album des finissantes. Trop peu de mots ont été écrits ici pour montrer à tout le monde combien tu étais une fille fantastique, mais ils suffisent à démontrer la place que tu as et que tu auras toujours dans nos cœurs. Continue à briller sur nous tous comme tu l'as fait jusqu'à présent et j'espère que d'où tu es, tu auras pu lire cet hommage fait pour toi. Nous ne t'oublierons jamais.

Stéphanie Verreault et toutes les filles de cinquième secondaire, juin 2006
*Collège Marie-de-l'Incarnation*

## Jenny a 17 ans

Début janvier 2009. Jenny est partie à Cuba avec son jeune amoureux, la mère de celui-ci et sa demi-sœur. C'est la première fois que Denise et Steve sont séparés d'elle durant le temps des fêtes.

Ô ennui, quand tu nous tiens…

Jenny avait sept ans, le lundi de Pâques 1999. Longtemps, il n'a pas été question qu'elle monte dans une autre auto que celle de ses parents, conduite par Denise ou Steve. Denise était terrifiée à l'idée qu'un accident puisse lui prendre sa cadette. Elle a refusé systématiquement toutes les offres de sorties. Pas de Zoo de Granby, ni de Ronde, ni rien, nulle part. Personne d'autre qu'elle ou Steve au volant quand Jenny est dans une auto. Ni les parents de ses amis, ni sa mère, ni ses sœurs, ni ses frères, personne. Après des années, elle a fini par mater cette peur viscérale.

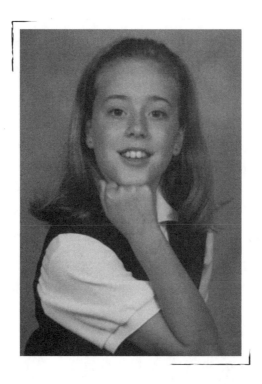

— Je la surprotégeais pour mieux me protéger moi-même parce que si quelque chose arrivait à Jenny, j'en mourrais.

Aujourd'hui, Jenny peut aller chercher quelques instants avec Marie-Pier, ici et là, loin dans sa mémoire, mais pas beaucoup. Il y a surtout les photos. Elle fait du *scrapbooking* et a réservé ses plus belles pages à Marie-Pier. Pour cette jeune femme à l'orée de l'âge adulte, Marie-Pier est entre l'imaginaire et la réalité. Son image s'est fixée dans le temps. Marie-Pier est sa grande petite sœur.

Elle est en même temps son modèle et sa protégée.

Sur toutes les photos des deux petites sœurs, on voit et on sent la douceur dans les gestes et la fierté dans les regards que pose Marie-Pier sur sa chère Jenny. C'est cet amour qui s'est imprimé dans la mémoire de Jenny, plus qu'une anecdote ou une autre.

Elle aussi a reçu l'amour d'un ange en héritage.


## Denise a 47 ans

Denise pleure deux fois par année. Le 7 novembre et le 7 avril. Des larmes comme une tradition. Des larmes qui disent : « Je t'aime toujours, mon enfant. » Denise, qui n'a jamais écrit de sa vie, qui n'a rien d'une poétesse, Denise qui est juste une mère. Ordinaire. Ces mots sont d'elle.

### Petite rose

Chaque matin, je retourne au jardin
où j'avais semé ma rose.
J'ai souvenir du bonheur que
m'apportait cette toute petite fleur.
Je rêvais de voir ma petite rose s'épanouir
et admirer ce qu'elle allait devenir
Quelle douleur j'ai ressenti, lorsqu'au jardin,

ma si petite rose était partie pour fleurir celui du paradis
Depuis ce temps, je ne peux que rêver de ma rose.
Chaque jour, son beau souvenir vient me frôler
telle la sensation d'un chaud vent d'été
Tu seras toujours dans mon cœur
ma douce petite fleur
jusqu'au jour où à tes côtés
je fleurirai ce jardin qui nous est tous destiné
Je t'aimerai toujours ma douce petite fleur d'amour.

Maman

Denise est une femme calme et souriante, une femme de paix. Dix ans après l'accident, elle parle souvent à sa grande fille, mais elle n'ose pas le dire trop fort. Elle ne veut pas que les autres pensent qu'elle est encore prisonnière de la douleur, alors que ce n'est pas vrai. C'est juste qu'elle ne peut pas concevoir que la petite fille qu'elle a tant aimée, qui a été le sucre de sa vie, devienne un synonyme de douleur. C'est impossible. Tout comme il est impossible de la pousser en dehors de tout, de l'éloigner du cœur et de la mémoire. Elle parle à sa fille. Denise et Marie-Pier se parlent. Des fois, elle se demande si elle lui parle, ou si elle se parle à elle-même? Est-elle la créatrice de ses propres illusions? Est-ce qu'elle se raconte une histoire? Quand elle demande à Marie-Pier d'envelopper Jenny entre ses bras, de voir à ce que son pied ne glisse pas, c'est dans le vague qu'elle parle, ou non?

Il lui a fallu du temps pour réaliser qu'au-delà de son corps et de son souffle, il y a elle, Marie-Pier. Marie-Pier sans limites, ni de temps, ni d'espace. Il aura fallu huit ans à Denise pour être guérie. Elle a commencé par vider complètement sa chambre. Elle n'y avait jamais touché, sauf pour la dépoussiérer chaque semaine. Depuis le décès de Marie-Pier, elle n'avait pas touché à sa chambre, tout était resté intact.

Le jour où elle a réalisé qu'elle est habitée par Marie-Pier jusqu'à sa dernière seconde ici-bas et plus encore, que rien ne changera jamais ça, elle a vidé sa chambre. Elle a tout remisé dans un coffre. Elle a conservé quelques albums avec des photos de sa petite et rangé soigneusement tous les souvenirs dans une belle malle. Marie-Pier, par contre, ne peut être remisée, car elle ne sera jamais un souvenir et n'habitera jamais seulement dans sa mémoire. Elle coule dans ses veines et fait partie intégrale de sa conscience. Elle est dans la paix de sa voix. Elle est dans la générosité de ses gestes et dans le sourire de ses jours.

Quant à Steve, avec le temps, il a pansé sa plaie et guéri sa blessure. Il l'a fait discrètement, loin des regards. Il se souvient de tout. Aujourd'hui, dans les conversations, il rappelle souvent un geste, une parole, un événement lié à sa grande fille qu'il aime tant.

Quelque part sur un lac calme au pays éternel, un ponton avance tranquillement sur un lac en miroir et un grand-papa sourit enfin. Il est assis aux commandes, derrière. Devant, les pieds dans l'eau, une petite fille de dix ans et demi. Elle a sa flotte. Il n'y a pas de danger. «*And I think to myself, what a wonderful world.*»

# Épilogue

Dans les mois qui ont suivi le point final précédent, j'ai revu ou reparlé aux trois fils, à Denise et à Yolande.

## Jean-François

J'appelle Yolande une fois par semaine. Elle est très fière parce que Jean-François a été nommé Citoyen d'honneur 2009 par la Ville de Sainte-Thérèse. Le soir de son intronisation, il avait un beau chandail bleu. Tout le monde était là, les officiels de la ville, mais surtout les voisins et les amis d'enfance, toute la famille. Yolande a pris la parole : « Vous avez retenu Jean-François Papin, mon fils, comme citoyen d'honneur 2009. Merci d'avoir eu l'œil ouvert sur la différence. Vous avez trouvé en Jean-François le morceau manquant du paysage de la ville, pour en faire une œuvre d'art. C'est un juge impartial qui parle…

« Mes autres enfants, Marie-Claude, Jacques, Luc, Lisanne et Monique, les parents et les amis, les familles du patelin où nous habitions, Andrée Petelle, et combien d'autres ont été les artisans de la première heure. Merci à toutes et à tous, le résultat porte le sceau de votre implication. »

En pleine salle du conseil, il a accepté tous les honneurs et les compliments avec une fierté non dissimulée. Jean-

François a remercié les convives « d'être venus en si grand nombre ».

## Michel

Je suis retourné voir Michel à quelques reprises. Malgré la simplicité et la belle humeur, je me sens toujours un peu groupie. C'est comme s'il avait été le deuxième but des Yankees pendant 12 ans. Dans ma tête, il sera toujours un géant.

Son appartement a été cambriolé. Un cambriolage qui a été l'œuvre de gens très cons ou très sensibles. À vous de décider : ils ont pris la télé, l'ordinateur, des DVD, etc., mais ils ont laissé le Gotlib. Cons ou sensibles ?

## Jean-Louis

Jean-Louis est devenu un ami. Un ami avec qui je parle d'oiseaux, de bière, de soupe, de requins, d'amour et de littérature.

Un jour, il m'a demandé si je connaissais Mario Clément. Mario est l'ex-vice-président à la programmation télé de Radio-Canada, mais surtout un ami. Il adore le peintre Jean-Louis Courteau. Ils ne se sont jamais rencontrés, mais Mario a acheté *L'apéro à Rome* de JLC. J'ai appelé Mario. Je lui ai dit que j'écrivais un livre sur son peintre favori.

— C'est quand même incroyable, un peintre si extraordinaire, et daltonien ! m'a-t-il dit.

— Pardon ?&?! ai-je répliqué.

— Il est daltonien, Jean-Louis Courteau.

Daltonien ? Il ne me l'a jamais dit, le vilain. J'ai vérifié et c'est bien vrai. Il m'avait caché ce léger détail. Il est daltonien. Il mêle le vert et le rouge.

Un peintre daltonien !

C'est ce peintre daltonien qui a signé la page couverture de *Trois fils et un ange*. Je ne lui dirai jamais assez merci.

## Marie-Pier

Je laisse le mot de la fin à Marie-Pier, ma chère Marie-Pier.

### Le renard et la reine des neiges

Il était une fois un jeune renard qui voulait toujours jouer à la devinette. Il demandait à tous ses amis de lui en poser.

Un jour le jeune renard voit un livre de devinettes. Il ouvre le livre et il lit cette devinette : « Lis-moi trois fois et tu te joindras à moi. Je suis blanche et j'ai une couronne. »

Il chercha, chercha, chercha et trouva. Il a lu la phrase trois fois, et tout à coup, il entra dans le livre.

Le jeune renard commence à devenir gris, et pouf : il devient blanc. Il marche lentement et voit un chat. Celui-ci lui dit : « Pourquoi il fait si froid ? » Le renard dit : « Je ne sais pas. »

Il continue à marcher et rencontre le chien qui lui demande : « Pourquoi il fait si froid ? » Le renard dit : « Je ne sais pas. »

Il continue encore à marcher et il rencontre le perroquet. Celui-ci lui demande la même chose que les autres animaux. Un instant plus tard, il vit un immense château de glace. Le renard entra dans le palais et vit une reine. Elle lui dit : « Si tu veux sortir du livre, il faudra obéir à mes ordres : aller chercher la neige d'argent, la glace d'or et la clé du livre. » Le renard hésita, puis accepta.

Il marcha, marcha, marcha et trouva tout ce qu'il lui fallait.

Le petit renard retourna au palais et apporta tout à la reine.

Elle lui dit : « merci » et partit mettre la clé dans la serrure.

Tout le monde est sorti du livre et le renard a retrouvé sa couleur.

La reine promit de faire venir l'hiver un mois au lieu d'un an et ils vécurent tous heureux. Surtout le renard.

Marie-Pier Panneton, octobre 1998
*Collège Marie-de-l'Incarnation*
*Quatrième année « J »*

# Table des matières